W0357535

SV

Band 598 der Bibliothek Suhrkamp

Gertrude Stein
Kriege die ich gesehen habe

Aus dem Amerikanischen von
Marie-Anne Stiebel

Suhrkamp Verlag

Titel des amerikanischen Originals:
Wars I Have Seen
Die Erstausgabe erschien 1945
bei Random House, Inc. New York

Zweite Auflage 1992
© The Estate of Gertrude Stein
© der deutschsprachigen Ausgabe Suhrkamp Verlag
Frankfurt am Main 1984
Alle Rechte vorbehalten
Druck: Nomos Verlagsgesellschaft, Baden-Baden
Printed in Germany

Kriege die ich gesehen habe

ICH WEISS NICHT ob ich die Dinge an die ich mich nicht erinnere ebenso aufnehmen soll wie die Dinge an die ich mich erinnere. Zunächst einmal bin ich geboren, daran erinnere ich mich nicht aber man hat mir ziemlich oft davon erzählt, ich wurde nicht nachts geboren sondern gegen acht Uhr morgens und wenn irgend etwas mit mir nicht stimmte sagte mein Vater immer vorwurfsvoll daß ich als vollkommenes Baby geboren sei. Ich weiß nicht ob die vier lebenden und die zwei toten älteren Kinder nicht auch als vollkommenes Baby geboren wurden jedenfalls warf es mein Vater ihnen nie vor wenn mit ihnen irgend etwas nicht stimmte. Immerhin gab es obwohl ich mich daran nicht von Anfang an erinnern konnte keinen Zweifel daß ich das jüngste der Kinder war und als solches hatte ich natürlich Privilegien das Privileg verhätschelt zu werden das Privileg die Jüngste zu sein. So etwas verliert man sein ganzes weiteres Leben nicht, man ist da man ist privilegiert, niemand kann etwas anderes tun als sich um einen zu kümmern, so war ich und so bin ich noch, und jeder der so ist hatte das natürlich gern. Ich hatte es gern und habe es gern.
Das nächste was ich über mich hörte war daß ich acht Monate alt war. Natürlich bin ich in Amerika geboren, natürlich sind wir alle in Amerika geboren aber dennoch waren wir als ich acht Monate alt war nicht dort. Mein Onkel erzählte mir immer davon. Er war damals Kunststudent in Deutschland, und weil die Familie meiner Mutter nicht reich war obwohl alle in Amerika geboren waren und keine Geschäftsleute waren, obwohl der Vater Gerber war, aber Gerben ist nicht wirklich ein Geschäft war es wenigstens damals nicht, es war ein Gewerbe und deshalb half mein Vater nachdem meine Mutter ihn geheiratet hatte meinem Onkel nach Deutschland zu gehen um Bildhauerei zu studieren. In jenen fernen Tagen gingen Amerikaner nach Deutschland um Kunst zu studieren vor allem Bildhauerei und ihren Abschluß machten sie dann in Rom. So

war es und wir waren alle in Europa und ich war acht Monate alt und sie ließen mich in den Armen meines Onkels, warum wurde nie erklärt, aber jedenfalls schrie ich und die Damen die er kannte kamen vorbei und er mochte das gar nicht. Er war damals jung aber ich war soviel jünger daß er es nicht mochte. Viele Jahre später erzählte er mir oft davon.
Das nächste was geschah war daß ich ein klein wenig älter war und wir in Wien waren, ein hübscher Ort damals. Und jetzt gab es schon etwas woran ich mich erinnern konnte neben dem anderen bei dem man mir helfen konnte mich zu erinnern indem man es mir wieder und wieder erzählte, damals und später.
Von meiner Geburt her gibt es keinen Grund warum ich so viele Kriege hätte sehen sollen. Ich habe drei gesehen. Den spanisch-amerikanischen Krieg, den ersten Weltkrieg und den zweiten Weltkrieg. Es gab natürlich eine Anzahl anderer die mich nicht direkt angingen. Der Burenkrieg an den erinnere ich mich, der japanisch-chinesische Krieg, und der russisch-japanische Krieg an den erinnere ich mich auch sehr gut. An jeden dieser Kriege erinnere ich mich aus einem anderen Grund. Ich nehme an es ist nicht weiter bemerkenswert daß ich so viele Kriege sehen mußte da ich eine ziemliche Anzahl Länder gesehen habe schon als Baby und auch ein Gefühl für Länder habe was einen wie ich annehme früher oder später da es nun einmal Kriege gibt zu denen gehören läßt die sie miterlebten.
Und wir waren also in Wien und ich habe es nie wieder gesehen aber es ist für mich stets etwas sehr Wirkliches geblieben. Dort war es daß ich zum erstenmal ich selbst war und so war es natürlich etwas Wirkliches und dann gab es auch wirkliche Dinge, es gab einen öffentlichen Garten, eine gepflegte Anlage und der Phantasie eines Kindes gefällt eine gepflegte Anlage auf eine Art besser als ein natürlicher Garten. Es ist mehr wie ein Garten den man selber machen würde. Und es gab Musik und es gab den alten Kaiser der eine natürliche Figur für eine

gepflegte Anlage war und es gab seine Nationalhymne und dann gab es die Salzkammern und dann gab es Vögel und Schmetterlinge und Insekten in den Wäldern und die konnte man fangen und es gab gutes Essen und an meinem dritten Geburtstag einen Geschmack von Wiener Bier. Und es gab meine Mutter und meine Brüder zu Pferde und es gab einen tschechischen Hauslehrer, man hatte noch keine Vorstellung wie wichtig alle diese Nationalitäten später für jeden sein sollten und eine ungarische Gouvernante, und es gab den ersten Kontakt mit Büchern, mit Bilderbüchern aber jedenfalls Büchern da in Bilderbüchern die Bilder erzählen. Ich habe gerade zwanzig für die Schulkinder von Bilignin gekauft und sie erzählen wirklich.

Meine Mutter war wie ich später hörte nicht gern mit fünf Kindern allein in Wien. Erst war eine Schwester aus Baltimore bei ihr gewesen, aber die war abgereist, mein Vater war geschäftlich nach Amerika zurückgegangen und meine Mutter sagte sie wolle näher an Amerika sein so packte sie zusammen und ließ den Hauslehrer und die Gouvernante zurück und ging mit fünf Kindern nach Paris. Ich blieb weiterhin das jüngste. Ich war damals ungefähr vier Jahre alt und ich weiß nicht ob mir von Paris wirklich mehr als das im Gedächtnis geblieben ist aber ich glaube schon. Es macht immer Krieg weil mir Paris neben anderem 1914 so vorkam wie ich mich an es erinnerte als ich vier war nur war damals kein Krieg. Aber Krieg läßt Dinge sowohl vorwärts- wie rückwärts gehen und so war 1914 auf eine Weise das gleiche wie 1878.

Natürlich gibt es ziemlich viele Zeiten in denen kein Krieg ist aber genauso ziemlich viele Zeiten gibt es in denen Krieg ist. Wenn Krieg ist sind die Jahre zwar länger das heißt die Tage sind länger die Monate sind länger die Jahre sind viel länger aber die Wochen sind kürzer das eben macht der Krieg. Und wenn kein Krieg ist, nun gerade jetzt kann ich mich nicht erinnern wie es eigentlich ist wenn kein Krieg ist.

Und dann hatte meine Mutter sogar in Paris genug davon fern

von Amerika zu sein und ihre ganze Familie in Baltimore und mein Vater geschäftlich wieder in Amerika und so packten wir alle alles zusammen, nachdem wir alles Mögliche dutzendweise gekauft hatten und gingen nach London und dann nach Amerika. In London gab es keinen Krieg überhaupt keinen Krieg aber das erste Theater das ich je sah, das war das Pinafore und ich erinnere mich nicht daran aber ich erinnere mich an das Foyer des Theaters und ich erinnere mich an einen Glanz und ich erinnere mich daran daß eines auf das andere folgte und das war alles von London. An die Heimfahrt auf dem Schiff erinnere ich mich überhaupt nicht mehr und ich erinnere mich nicht daß irgendeiner jemals sagte daß es etwas davon zu erinnern gäbe. Bis zu jener Zeit hatten sich Gefühle wie ich sie hatte deutsch und dann französisch geäußert und dann in Baltimore obwohl ich nicht glaube daß wir dort sehr lange blieben begannen Gefühle sich englisch anzufühlen. So das eine das meine Mutter erzählte daß da ein kleiner Indianer war zwei kleine Indianer drei kleine Indianerjungen, vier kleine fünf kleine sechs kleine sieben kleine acht kleine Indianerjungen. Und dann kam auch noch der Krieg, ich weiß nicht genau wie aber Baltimore war ein Ort wo es einen Krieg gegeben hatte als meine Mutter jung war, und wo sie die Yankeesoldaten von einem Bahnhof zum andern hatte gehen sehen und die waren angeschossen und sie erinnerte sich daran und wir erinnerten uns daran und da war ein geheimnisvoller Onkel der den ganzen Krieg mitgemacht hatte und zurückkam mit oder ohne oder nur mit oder nur ohne ein Paar Schuhe und er war dann im Schuhhandel und natürlich war da eine Verbindung. Erst später als ich eine leidenschaftliche Bewunderin General Grants und der Armee der Nordstaaten war wurde mir klar daß der Onkel in der Armee der Südstaaten gewesen war.

Von Baltimore aus gingen wir nach Kalifornien und dann begann ich wirklich mich zu erinnern. Natürlich erinnerte ich mich nicht an alles, aber wenigstens wirklich an etwas Landschaft ebenso wie an Essen und Herumlaufen. Ich erinnere mich nicht daß wir Indianer gesehen hätten aber mir wurde später erzählt daß es so war, und jetzt gab es für eine ziemlich große Anzahl von Jahren keinen Krieg, es gab natürlich Geschichte und es gab den Bürgerkrieg der vorbei war aber sonst gab es keine Kriege. Kriege die es gab waren in mir, und natürlich gab es obwohl ich ein sehr glückliches Kind war eine ganze Anzahl solcher Kriege. Nicht viele mit irgend jemand anderem weil ich nicht zänkisch war und da ich weiter die jüngste in der Familie blieb immer weiter von jedem besonders umsorgt wurde hatte ich als die jüngste auch ein einschmeichelndes Wesen, das hat man wenn man immer die jüngste bleibt.

In Kriegszeiten weiß man viel mehr was Kinder fühlen als in Friedenszeiten, nicht daß Kinder mehr fühlen aber man muß mehr über das wissen was sie fühlen. In Friedenszeiten betrifft das was Kinder fühlen das Leben der Kinder als Kinder aber in Kriegszeiten geht es ineinander über da gibt es kein Kinderleben und Erwachsenenleben da gibt es nur Leben und so muß man ganz natürlich wissen was Kinder fühlen. Und da jetzt Krieg ist und ich gerade beiläufig aber dennoch unvermeidlich sehe und das Gefühl von Kindern jeden Alters kenne muß ich mich jetzt nicht an mein Fühlen erinnern sondern nur das Gefühl fühlen wie es in einem gewissen Alter einmal war. Und so war das Leben in Kalifornien von ungefähr sechs bis sechzehn, und was alles passierte passierte tatsächlich. So viele Dinge geschahen aber in der eigentlichen Erinnerung nicht mehr als ein oder zwei im Jahr bestimmt nicht eins jeden Monat bestimmt nicht eins jede Woche bestimmt nicht eins jeden Tag. Sagen wir zwei oder drei im Jahr. Gerade genug auch um sich zu erinnern weil der Rest der Zeit eben nur der Rest der Zeit ist.

Während dieser Jahre gab es keinen Krieg und wenn es einen gab war es kein Krieg für mich. Aber natürlich gab es die Geschichte, und es gab Romane historische Romane und so war in gewisser Hinsicht die ganze Zeit Krieg. Warum auch nicht wo es immer Krieg gibt und zuweilen einen netten Krieg und zuweilen einen interessanten Krieg. Und Kinder nehmen Krieg nicht ernstlich als Krieg. Krieg ist Soldaten und Soldaten müssen nicht Krieg sein sondern müssen Soldaten sein. Was eine hübsche Sache ist. Ich erinnere mich daß der einzige Krieg der nicht Soldaten für mich war sondern Krieg der Bürgerkrieg war. Die andern Kriege waren Soldaten Emotion und etwas zu sehen. Sie sagten Dinge die klangen wie Soldaten nicht wie Krieg, ausgenommen der Bürgerkrieg, nicht aber die anderen Kriege in Amerika, nicht der Freiheitskrieg auch nicht die Indianerkriege die waren Soldaten nicht Krieg. Abgesehen von den englischen Kriegen war einer der ersten an den ich mich erinnere aber schließlich war auch der ein englischer Krieg die Niederlage von Braddock durch die Indianer weil wir eine Erzählung darüber hatten doch war sie auch wieder Soldaten und nicht Krieg aber der amerikanische Bürgerkrieg war nicht Soldaten er war Krieg. Wie die Kriege jetzt sie sind nicht Soldaten sie sind Krieg. Für Veteranen ist es gefühlsmäßig Soldaten obwohl sie wissen daß es Krieg ist. Irgendwie war General Grant nicht ein Soldat er war Krieg und das ist der Grund warum ich ihn gern hatte.

Die ganze Zeit über ging ich also zur Schule und Schule in Kalifornien bedeutete Bekanntschaft mit vielen Nationalitäten. Und wenn man mit ihnen zur Schule ging und über ihr Haar Bescheid wußte und über ihre Art und alles andere so konnte man später gar nicht überrascht sein daß Deutsche sind wie sie sind und Franzosen und Griechen und Chinesen und Japaner. Es gibt später nichts als Bestätigung, Bestätigung dessen was man schon wußte, weil niemand sich ändert, sie mögen sich entwickeln aber sie ändern sich nicht und warum sollte man sie folglich nicht kennen wenn man mit ihnen zur Schule gegangen ist. Jemand hat mir gerade erzählt daß es auf deutschen Universitäten Professoren gab die Rassenmerkmale erforschten. Ganz unnötig wenn man mit ihnen zur Schule

gegangen ist aber die Deutschen wußten das natürlich nicht. General Grant wußte es. Er war mit sämtlichen Generälen des Bürgerkriegs zur Schule gegangen so wußte er immer was sie vorhatten.
Das war es was mich an den Memoiren die er geschrieben hat und die ich gelesen habe am meisten interessierte.
Und um nun auf historische Kriege zurückzukommen. Ich hatte natürlich Geschichte gern und Shakespeares Stücke und historische Romane und immer gab es darin Krieg. Selbstverständlich war die antike Geschichte voll von Kriegen und Der Untergang und Fall des Römischen Reiches war voll von Krieg aber nicht einer davon interessierte mich als Krieg. Englische Kriege interessierten mich, einige französische Kriege und der amerikanische Bürgerkrieg. Und ich hatte recht weil der amerikanische Bürgerkrieg der Prototyp aller Kriege war die ich ganz und gar miterlebt habe nämlich der beiden großen Kriege. So auch der amerikanische Bürgerkrieg.
Natürlich gab es da meine Mutter aus Baltimore stammte den Süden, und natürlich gab es den Norden. Mein Vater spielte für mich was Krieg anbetraf nie eine Rolle obwohl er aus dem Norden stammte.
Selbstverständlich gab es Indianerkriege damals natürlich ohne Kino aber wenn es existiert hätte, wären Indianerkriege genauso gewesen, obwohl man Leute kennen konnte die sie mitgemacht hatten und man die wirklichen Indianer auf der Bühne sehen konnte und es gab ja auch Fenimore Cooper. Das waren nicht wirkliche Kriege, nicht so wirklich wie einige englische Kriege in der Geschichte und bestimmt nicht so wirklich wie der amerikanische Bürgerkrieg. Ein sehr wirklicher Krieg.
Aber natürlich war nicht meine ganze Kindheit ausgefüllt mit der Freude an vergangenen Kriegen, obgleich es für einen alles verschlingenden Leser natürlich eine ganze Menge Kriege gab. Da war etwas sehr Eigenartiges an den Kriegen wie ein

Kind es sieht, obwohl so viele getötet werden und schon so viele tot sind ist das im Grunde nicht sehr wirklich, mein Gefühl dabei war etwas ganz anderes und hatte nichts mit Krieg zu tun. Und das ist nur natürlich. Wie nah ein Krieg auch immer ist er ist nie sehr nah. Selbst wenn er hier ist und ganz da. Das ist sehr seltsam aber es ist wahr. Vielleicht wäre es anders wenn man ein Junge wäre aber ich glaube es nicht. Ich glaube selbst wenn Männer in einem Krieg sind tatsächlich in einem Krieg ist er nicht sehr nah, er ist da aber er ist nicht sehr nah. So kommt es mir vor nach allem was ich hören kann und nach allem was ich sehen kann. Aber der Bürgerkrieg war ziemlich nah. So nah wie ein Krieg nur sein kann. Aber wie gesagt hatte meine Kindheit meine wirkliche Kindheit nichts mit Kriegen zu tun. Es ergab sich so daß es gerade damals keine Kriege gab keinen einzigen. Am Ende meiner Jugend gab es welche aber vorher nicht. Vom Säuglingsalter bis zum Burenkrieg gab es keinen Krieg. Überhaupt keinen Krieg.
So war meine Kindheit und meine Jugend ohne irgendeinen Krieg außer in mir selbst.
Was ist das in uns drinnen das einen alles über Krieg wissen läßt. Ihr stellt jetzt Fragen warum sich die Deutschen in Rußland nicht ergeben wenn sie umzingelt sind. Und es gibt keine Antwort außer daß sie sich vielleicht fürchten. Vielleicht. Was ist das in uns das einen alles über Krieg wissen läßt.
Tod stiftet Geschichte und Ängste. Und das beginnt sehr früh und stirbt nach und nach aus oder ganz und gar nicht oder ganz.
Ein Bauer auf einem Hügel sagte von den Deutschen, sagt mir nicht daß es mit ihren Führern zu tun hätte, sie sind ein Volk dessen Schicksal es ist sich immer einen Mann zu wählen den sie dann zwingen sie in eine Richtung zu führen in die sie nicht gehen wollen.
Derselbe Mensch auf demselben Hügel sagte, es war nach einem Gewitter und wir unterhielten uns darüber. Ja sagte er es sieht ihnen ähnlich von einem Donner-und-Blitz-Krieg zu

sprechen. Donner und Blitz ein Unwetter mit Donner und Blitz kann ziemlich viel Schaden anrichten und ängstigt einen enorm aber sonst hinterläßt es nichts, überhaupt keine Nachwirkung.

Und so gab es von der Zeit an da ich klein war meine ganze Jugend hindurch obschon ich über Kriege las und las, wenn man Geschichte und historische Romane und historische Theaterstücke gern hat muß man das, keinen wirlichen Krieg draußen wenigstens keinen den ich bemerkte oder den irgend jemand um mich herum bemerkte.

Sehr lange Zeit hindurch wußte ich nicht was es heißt ein Kind zu sein obschon ich mich so gut daran erinnerte und schrieb als ob ich es wüßte aber tatsächlich besteht ein großer Unterschied zwischen etwas haben und sich daran erinnern, und gerade jetzt sind so viele Kinder da und so viele Altersstufen wie in einer Dorfschule.

Ich ging in den Mondschein hinaus, und es war so schön und nicht kalt obwohl Januar und im Gebirge und ich machte einen Spaziergang und ich traf auf dem Weg einen jungen Gendarmen der nach der Demobilisierung der französischen Armee zur Gendarmerie gegangen war. Er war nicht aus dem Dorf das heißt er hatte ein Mädchen aus dem Dorf geheiratet als er in Belley in Garnison gewesen war und sie hatten eine einfache Hochzeit gehabt und hatten sich selbst Champagner und Würste mitgebracht und jetzt hatten sie ein Baby. Und ich sagte wie geht es und er sagte ich bin gerade zur persönlichen Wache vom Marschall ernannt worden. Marschall Pétain. Nun sagte ich das ist eine große Beförderung. Ja sagte er ich weiß nicht warum, nun sagte ich Sie sind eben gebildeter als Ihre Kameraden, nein sagte er nur Volksschule, wie alle anderen auch. Und jetzt sagte er gehe ich nach Vichy und sie machen mir gerade eine Uniform und ich begleite ihn überall hin auf meinem Motorrad. Sie wissen wie man sowas fährt sagte ich. O ja sagte er ich bin im Krieg damit gefahren ich war bei der Kavallerie. Oh sagte ich Sie waren also nicht die ganze Zeit bei

der Gebirgstruppe, nein sagte er nachdem ich entkommen war, ich war ein Gefangener, dachte ich ein Wechsel würde mir gut tun. Und sagte er, jetzt bin ich die persönliche Wache vom Marschall und bin der Regierung fest zugeteilt und wenn er stirbt werde ich wer immer sein Nachfolger ist, ob er ein Diktator ist oder etwas anderes die persönliche Wache der Regierung sein. Er war erst zweiundzwanzig und ich wünschte ihm viel Glück und sagte vielleicht treffen wir uns mal in Paris und er sagte wenn die Regierung dorthin geht gehe ich auch aber ich hoffe es wird dann frei sein und ich sagte ich sei ganz zuversichtlich und er sagte das war ich auch immer und er sagte er würde mir noch auf Wiedersehen sagen bevor er fortginge und ich sagte gewiß und ich ging weiter spazieren mit meinem weißen Hund im Mondschein.
Wie gesagt ich weiß also wie man ist in jeder, in allen Altersstufen jetzt da Krieg ist und deshalb ist sich zurückerinnern nicht nur Erinnern sondern könnte Sein sein.
Es ist seltsam mit Kriegen, sie sollten anders sein aber sie sind es nicht.
Auf eine Weise ist es das was an Frankreich hübsch ist. Im einen Krieg brachten sie die Deutschen außer Fassung durch unabänderlichen stetigen und geduldigen und tapferen Widerstand, vier Jahre lang, im nächsten Krieg brachten sie sie genauso sehr außer Fassung indem sie überhaupt keinen Widerstand leisteten und in sechs Wochen völlig untergingen. Ja das ist es was sie elastisch genug macht um Stile zu kreieren.
Ich war also fünf Jahre alt als wir nach Amerika zurückkehrten und hatte schon Österreicher Deutsche und französische Franzosen kennengelernt, und jetzt amerikanische Engländer, eine schöne Welt wenn genug von ihr da ist, und mehr oder weniger gibt es das immer.
Zurück nach Amerika und Baltimore woher die Familie meiner Mutter stammte, ich weiß nicht warum aber man ist immer stolz auf die Orte aus denen die eigenen Leute stammen, man mag sie nie sehen oder sie vielleicht nie wiedersehen tatsächlich

sah ich sie wieder aber nichtsdestoweniger, von hier stammt die eigene Mutter und ich nehme an das ist von größerer Bedeutung als wo man selbst geboren ist vor allem wenn man nie mehr da gewesen ist wo man geboren ist das heißt wo ich geboren bin. In Allegheny Pennsylvania. Alles kann ein Traum sein, und im Krieg ist es mehr ein Traum als sonst irgendwo. Gerade jetzt haben sie vierzigtausend Menschen aus ihren Wohnungen in Marseille weggeschickt, es ist so wirklich für mich daß es ein Traum ist, nicht daß ich einen von ihnen kenne, wenn das so wäre wäre es kein Traum aber wir waren so oft in Marseille während des letzten Krieges und das macht es zu einem Traum und in San Franzisko an der Meeresküste als ich ein Kind war, kamen die Frauen der Stadt alle aus Marseille, und als ich sie in Avignon und Arles am Flußufer sah und in Marseille da schienen sie alle die gleichen Umschlagtücher zu tragen, die Art Morgenrock die sie in San Franzisko nicht weit von Chinatown tragen und das sahen wir immer wenn wir mit unseren Eltern nach San Franzisko gingen, das also ist der Krieg die Einwohner in der Geographie.
Eine sehr hübsche Art Krieg war die indische Meuterei der Sepoy-Aufstand. Ich habe immer gern darüber gelesen von Jules Verne an, es war eine solch befriedigende Art Krieg für die Jungen, es hätte nicht befriedigender sein können, es gab so wenig Tote und sogar sehr wenig Verwundete und jeder war ein Held, und es gab keine Menschenmassen, Hindus natürlich aber keine anderen Menschenmassen um einen zu verwirren. In einem modernen Krieg gibt es auch keine Menschenmassen weil jeder mitten drin ist, so sehr daß es keine Individuen gibt, nun ja das ist etwas anderes, es ist ein merkwürdiges Leben das man in einem modernen Krieg führt, jeden Tag kann sich soviel ereignen und jeder Tag ist genau wie der andere und ist vor allem essen, essen und trotz allem was passiert ist jeder Tag essen, ich hatte eine Freundin die immer sagte Leben liebes Leben, leben ist streben, das Leben ist ein liebes Leben in jeder Hinsicht und leben ist streben in jeder Hinsicht. Die Deut-

schen sagen daß Krieg natürlich sei Friede sei nur ein Waffenstillstand die natürliche Sache sei Krieg, nun das ist ganz natürlich weil es selbstverständlich so ist, aber wenn man zuviel davon hat ist es genauso langweilig wie Frieden, daß heißt wenn man zuviel davon gehabt hat. Und so war ich ein kleines Mädchen in East Oakland Kalifornien und natürlich mußte man herausfinden daß es Leben gab, trotzdem Leben, daß es Tod gab, trotzdem Tod, und man mußte herausfinden daß Sterne Welten waren und sich bewegten und daß es Kometen gab und daß es Wind und Regen gab, Gras und Blumen und Vögel und Schmetterlinge waren weniger aufregend in Kalifornien, aber vor allem gab es Bücher und Essen, Essen und Bücher, beides ausgezeichnete Sachen. Und dann noch und das ist merkwürdig wenn man so will aber schon damals war ich Utopien gegenüber skeptisch, ganz natürlich, ich hatte Gewohnheiten gern aber ich hatte es nicht gern, daß Gewohnheiten als meine bekannt wurden. Gewohnheiten wie Hunde, Hunde haben Gewohnheiten aber sie haben es nicht gern wenn man ihnen von ihren Gewohnheiten erzählt, und die einzige Art eine Utopie zu haben ist nicht nur Gewohnheiten zu haben sondern es gern zu haben von diesen Gewohnheiten erzählt zu bekommen, und das hatte ich nicht gern. Ich kann mich sehr gut daran erinnern es nicht gern gehabt zu haben daß man mir erzählte ich hätte Gewohnheiten.

Um auf Shakespeare zurückzukommen, Shakespeare den ich so viel las vor allem die Stücke über Kriege, englische Könige und Kriege sagte oft daß nichts etwas sei daß Menschen keine Bedeutung hätten, daß nichts irgend eine Bedeutung hätte und eben alles nun mal so sei. Und es beunruhigte mich sogar als ich sieben und acht war, beunruhigte mich nicht wirklich aber es war da und dann eigentlich wieder nicht dann aber während der ganzen Jahre in denen ich erwachsen war war es nicht so und jetzt hier in Frankreich als wir alle dachten die jungen Männer wären sicher werden sie heute alle weggeholt es ist nun mal so, Shakespeare hatte recht es ist alles genau so, selbst

Aberglaube ist genau so, er bedeutet meistens, sagte das hochaufgeschossene dreizehnjährige Mädchen, er bedeutet immer Unglück und dann hoffen wir alle von neuem, einfach so, und obwohl Shakespeare recht hat, hoffen wir alle wieder.
Einmal vor langer Zeit schien der Mond.
Die Gäste kamen.
Das Klavier wurde angeschlagen das heißt die Tasten.
Die Altersstufen machten sie obwohl sie nur unter sich selbst und fünfzehn verschieden sind höflich und entgegenkommend, und niemand ist sorglos und wenn sie es sind ist es ein Verlust. Krieg ist niemals ein Ende aber immer verloren. Immer verloren. Und während sie das alle sagten wußten sie daß sie auch meinten was sie sagten. Immer verloren.
Und das bringt mich zurück zu der Zeit zwischen acht und zwölf als ich las und las und dazwischen las ich all die historischen Stücke von Shakespeare und all die anderen Stücke von Shakespeare und mehr und mehr wirkt dieser Krieg von 1942-1943 genauso. Die Greuel die Ängste jedermanns Ängste die Hilflosigkeit von jedermanns Ängsten, so anders als andere Kriege, macht diesen Krieg Shakespeares Stücken gleich. Rose d'Aiguy dreizehn Jahre alt hat gerade gesagt daß sie jetzt abergläubisch geworden sei weil sie jetzt natürlich abergläubisch geworden ist sie bemerkt daß alle Zeichen schlechte Zeichen sind, genau wie bei Macbeth genau wie bei Julius Caesar, die Iden des März, und die allgemeine Verwirrung, die allgemeine Angst, die allgemeine Hilflosigkeit, die allgemeine Nervosität ist genau wie bei all den Königen, sie sind so und sie bleiben so. Der Krieg 1914-1918 war nicht wie Shakespeare aber an diesem Krieg ist es die Sinnlosigkeit die das ganze Nichts so wirklich macht und als ich Shakespeare las zwischen acht und zwölf war ich vermutlich trunken von all dem aber ich glaubte es natürlich nicht oder doch. Bestimmt nicht später als es mehr Sinn und mehr Grauen gab. Aber bei Shakespeare ist kein Sinn und kein Grauen, da ist Verwirrung und Angst, und das ist so wie jetzt hier.

Als ich zwischen zwölf und siebzehn war machte ich die dunklen und schrecklichen Tage der Reifezeit durch, in denen die Angst vor dem Tod vorherrschte, nicht so sehr vor dem Tod wie vor der Auflösung, und natürlich ist auch Krieg so. Er ist es und er ist es nicht. Man kann wirklich sagen daß es in Kriegszeiten Tod Tod und nochmals Tod gibt aber gibt es Auflösung. Ich frage mich. Ob das nicht einer der Gründe unter so vielen anderen ist warum es weiter Kriege gibt, und warum vor allem Jugendliche ihn brauchen.
Es war eine sehr lange Zeit zwischen zwölf und siebzehn, zwischen Shakespeare und dem Burenkrieg der der erste Krieg war von dem ich wußte daß er ein Krieg war, ein wirklicher Krieg da ein Land das ein natürliches Land war sich im Krieg befand.
Und dazwischen gab es Religion, die auch mit Reifezeit und mit Krieg zu tun hat.
Es gibt kein Liebesinteresse in diesen modernen Kriegen. Ich spreche von den Weltkriegen aber besonders von dem Krieg 1939, es ist kein Liebesinteresse da, sehr wenig Religion und kein Liebesinteresse. Religiöse Menschen in diesen Weltkriegen sind religiös aber sonst sind sie wie jedermann in dem was sie tun und Liebende auch sie mögen verliebt sein aber sonst sind sie wie jedermann was ganz und gar nicht so war wie Krieg für mich war von meiner Babyzeit an bis 1900, ganz und gar nicht.
Vom Babyalter an bis vierzehn wenn die Reifezeit beginnt ist das Leben meist ausgefüllt mit dem langsamen Erkennen daß Sterne Welten sind, daß Worte Mittel sind und daß Kraft Stärke ist und daß Ränke Mittel sind wie Worte es sind, mit anderen Worten daß eins das andere ist und daß die andern so weit kommen können dazuzugehören. Das ist es was einem am meisten beschäftigt vom Babyalter bis vierzehn, und während dieser Zeit gibt es Dinge wie daß man Äpfel bekommen hat um sie nach Hause zu bringen einen für sich und die andern vier für die andern vier und langsam wird einer nach dem andern

gegessen bis keiner mehr da ist, und das ist der Grund auch den letzten zu essen da es weil die anderen gegessen sind natürlich keinen Sinn hat den letzten aufzuheben, weil dann die ganze Geschichte erzählt werden muß und warum sollte man wo man schließlich noch sein ganzes Leben lang bereuen kann daß man es getan hat. Krieg ist so er geht so weiter er geht immer noch so weiter und bald hat keiner etwas zu essen das heißt keiner der sich nicht nimmt was ihm nicht gehört und später obwohl man bereut ist der allerletzte aufgegessen wenn nicht muß es eine Erklärung geben und wenn es eine Erklärung gibt hilft es der Reue nicht noch hilft es irgend jemandem, Reue hilft nicht und ihn essen hilft nicht, und so wie ich damals war so bin ich heute, und Krieg den gab es damals nicht aber das Gefühl war genau das gleiche und Essen war genau das gleiche in vielerlei Hinsicht. Sogar eine Fischgräte kann ein Ärgernis sein alles was geschehen kann oder geschehen ist oder nicht geschehen ist kann ein Ärgernis sein und das ist Krieg, und was ist also der Unterschied zwischen Leben und Krieg. Es gibt keinen.

So gibt es zwischen dem Babyalter und vierzehn lauter solche Sachen, und romantischen Krieg dazu, nicht zum daran glauben sondern zum davon träumen.

Zwischen dem Babyalter und vierzehn gab es häufigen Ortswechsel. Moderne Kriege sind so, sie finden an Orten statt von denen man vorher in vielen Fällen nie etwas gehört hat, und zwischen dem Babyalter und vierzehn haben die Schauplätze so oft gewechselt. Und verschiedene Arten des Herumreisens, und auch das ist wie Krieg. Gerade jetzt müssen alle jungen Männer aus Frankreich fort, sie wissen nicht wohin, einige von ihnen laufen weg und wenn sie weglaufen wissen sie auch nicht wohin und sehr viele von ihnen werden fortgebracht sie wissen nicht wohin und das ist alles so wie es war zwischen dem Babyalter und vierzehn. Europa und Amerika und Eisenbahn und Wasser und Postkutsche und Gehen und Reiten und nichts war eine Überraschung und genauso ist Krieg.

Ich erinnere mich daß ich beim Lesen sehr bekümmert war,

wenn irgend jemand in dem Buch starb und keine Kinder hatte weil dann ja niemand mehr aus dieser Familie noch leben konnte, und wenn sie nicht mehr lebten wie konnten sie dann noch hören was geschah. Das störte mich immer von jener Zeit an bis jetzt und jetzt eben jetzt scheint es daß die Zukunft nicht mehr wichtig ist, die Welt ist so zusammengeschrumpft und es wird nie mehr anders sein und so bedeutet es nicht viel und es gibt kein Liebesinteresse, es sind meist Eltern die leiden, vielleicht war es so zwischen dem Babyalter und vierzehn.

Liebes Leben leben ist streben sagte Claribel immer, aber sie sagte liebes Leben und auf jeden Fall ist es lieb und sie sagte leben ist streben aber ist es das denn.

Das alles war zwischen dem Babyalter und vierzehn, und es war das neunzehnte Jahrhundert zwischen dem Babyalter und vierzehn, und das neunzehnte Jahrhundert stirbt schwer wie alle Jahrhunderte deshalb dauert der letzte Krieg so lang um es zu töten, es wird noch jetzt 1942 getötet, das neunzehnte Jahrhundert, genau wie das achtzehnte Jahrhundert die Zeit von der Revolution an bis 1840 brauchte um getötet zu werden, so brauchte das neunzehnte Jahrhundert die Zeit von 1914-1943 um getötet zu werden. Es ist schwer ein Jahrhundert zu töten fast unmöglich, wie in dem alten Witz über Schwiegermütter, und Jahrhunderte werden so sie werden lästig wie eine Schwiegermutter. Wie ich sagte vom Babyalter bis vierzehn und natürlich länger viel länger war neunzehntes Jahrhundert und die Kriege Bürgerkriege eigene und fremde Kriege waren Neunzehntes-Jahrhundert-Kriege ganz selbstverständlich.

Der Heilige Georg und der Drache, Siegfried und der Drache, jedermann und der Drache, der Drache ist immer das Jahrhundert jedes Jahrhundert das irgend jemand zu töten versucht, und das schlimmste von allem ist daß derjenige der sagt er versuche das Jahrhundert zu töten das getötet werden muß selbst das letzte Stück des Jahrhunderts ist das getötet werden muß und oft das am längsten lebende, so wie ein Napoleon ein

Hitler oder ein Julius Caesar, das Jahrhundert muß getötet werden und sie sind die Verkörperung das hartnäckigste Ende davon sie müssen leben während sie eigentlich weil es getötet werden wird gehen müßten, nur sagt ihnen das niemand, niemand und so wissen sie es nie, wissen es nie.
Jedenfalls als ich ein Baby war und dann weiter bis vierzehn, war das neunzehnte Jahrhundert in vollem Schwung.
Im neunzehnten Jahrhundert, da war Lesen, da war Evolution, da war Krieg und Gegenkrieg was dasselbe ist, und da war Essen. Noch jetzt verstimmt es mich immer wenn in einem Buch steht sie setzten sich zu einem herzhaften Mahl nieder und überhaupt nicht gesagt wird was sie aßen. Im neunzehten Jahrhundert sagten sie es oft. Und jetzt 1943 beim Essen tatsächlich ist es wie während der Prohibition ist man so sicher daß man nie wieder essen wird daß man nicht gierig ist aber man ißt alles und in einer solchen Zeit sollte man denken hätte man kein Vergnügen an dem was die Personen in einem Roman essen wenn sie essen, aber man hat ein enormes Vergnügen daran, nun jedenfalls das neunzehnte Jahrhundert weinte gern meinte gern aß gern strebte gern nach Evolution und hatte gern Krieg, Krieg und Frieden Frieden und Krieg und weiter nichts.
So wie ich damals war hatte ich Revolution gern und ich aß gern und aß gern ich weinte gern nicht im wirklichen Leben sondern über Bücher, im wirklichen Leben gab es nichts worüber man weinen mußte aber in Büchern du meine Güte, es war wunderbar da gab es soviel worüber man weinen konnte und dann gab es die Evolution. Meine Kindheit stand ganz im Zeichen der Evolution, unterwegs im Ausland mit einem Evolutionisten und die Welt war voll Evolution, biologischer und botanischer Evolution, mit Musik als Hintergrund für die Emotion und mit Büchern als Wirklichkeit, und sehr viel frischer Luft als Notwendigkeit, und sehr viel Essen als Erregung und Ausschweifung, und gerade damals gab es keinen Krieg keinen aktuellen Krieg irgendwo.

Im neunzehnten Jahrhundert gab es nichts Aufregenderes als einen hohen Hügel zu besteigen oder einen Berg und den Regen über eine weite Ebene oder ein Tal peitschen zu sehen und hinterher Sonnenschein.
Es gab nichts Interessanteres im neunzehten Jahrhundert als sich nach und nach den Einzelheiten der natürlichen Auslese bewußt zu werden bei Insekten Blumen und Vögeln und Schmetterlingen und Dinge und Tiere zu vergleichen und Schutzfärbung zu bemerken nichts Interessanteres, und das machte das neunzehnte Jahrhundert zu dem was es ist, des weißen Mannes Bürde, die allmähliche Beherrschung des Erdballs der Stück für Stück bekannt wurde und ganz zu einem Stück wurde, und die Hoffnung auf Esperanto oder eine Weltsprache. Jetzt kann man durch das Radio in so vielen Sprachen sprechen daß niemand mehr von einer einzigen Sprache träumt, und es sollte keine Eroberungsträume mehr geben weil der Erdball ein Ganzes ist, jeder kann alles hören und jedermann kann dasselbe hören, was hat es also für einen Zweck zu erobern, und so geht das neunzehnte Jahrhundert jetzt '43 langsam zu Ende.
Zwischen dem Babyalter und vierzehn ist es schwer zu wissen ob es lange dauert oder nicht und wenn ja dann ist jeder Abschnitt interessant aber sehr wenig davon ist sich besinnen sehr wenig und so erinnert man sich an Empfindungen, an einige Dimensionen, und an Gesehenes und jeden Tag.
An manchen Tagen gibt es Zufälle und an manchen Tagen gibt es keine und wenn es Zufälle gibt entsteht weil es Zufälle gibt der Aberglaube und in jedem Alter, da ist das gleiche Staunen und der gleiche Glaube, und zwischen den Babyalter und vierzehn gab es Zufälle und Staunen. Es gibt Zufälle jetzt gestern und heute und morgen und dann gibt es eine Zeitlang keine, aber immer wenn sie kommen sind sie erstaunlich. Lange Zeit hat es keine Korrespondenz mit Amerika gegeben und dann bot sich jemand an eine Verbindung durch Kabel herzustellen und am nächsten Tag kam eine Kabelnachricht,

durch so etwas entsteht Aberglaube und wenn man jung ist sehr jung ist jeder Aberglaube beängstigend und wenn man alt ist ziemlich alt ist jeder Aberglaube tröstlich.
Der Krieg dieser Krieg kann jeden Aberglauben außer acht lassen der Krieg von 1943 weil aller Aberglaube aufgebraucht worden ist aufgebraucht und dahingeschwunden, und es gibt kein Gefühl für irgendeinen neuen oder irgendeinen alten. Einige Kriege nicht viele machen jeden müde, der jetzige macht jeden müder als die meisten anderen, ich glaube der amerikanische Bürgerkrieg machte jeden müde aber er erschöpfte Zufall und Aberglauben nicht ganz doch dieser 1943iger, nun in gewisser Weise ja, und als ich zwischen meinem Babyalter und vierzehn war gab es nach und nach und die ganze Zeit über Aufregung durch Zufälle, und durch Aberglauben, Zufälle waren aufregender als jeder Aberglaube nur ab und zu war Aberglaube aufregender als Zufälle und jetzt wieder sind Zufälle nicht aufregend aber sie sind beruhigend jetzt im Jahre 1943.
Alles beginnt wieder, jetzt denunzieren sie einander, niemand weiß warum, vielleicht nur um Zufälle zu machen jetzt da es keinen Aberglauben gibt. Madame Chaboux erzählte mir gerade folgendes.
Da gibt es eine Frau die auf dem Land lebt, ihr Mann war Bauer, es gibt mehr Bauern als keine. Es ging ihr nicht gut und sie bat eine Nachbarin zu ihr zu kommen und sie zu pflegen, sie sagte sie habe Lungenentzündung. Die Nachbarin lebte mit einer andern Frau und ihre Männer waren Gefangene Kriegsgefangene. Nun die eine ging um nach der andern zu sehen, und sie sah daß die Leintücher blutbefleckt waren und sie sagte zu der Frau Sie haben eine Fehlgeburt gehabt nicht wahr. Und die andere sagte wie können Sie mich so beschuldigen. Und sie sagte aber das tue ich ja nicht ich wollte es nur wissen. Jedenfalls ging sie nach Hause und ungefähr eine Woche später kam ein Mann in Uniform und sagte die beiden Frauen müßten tausend Franken bezahlen weil sie eine Nachbarin fälschlich

beschuldigt hätten und sie sagten das hätten sie gar nicht getan und er sagte zahlen, und sie zahlten. Und sie trafen die andere Frau und die sagte sie werde ihnen alles wegnehmen und alle drei hatten sie Männer die Gefangene waren und sie hatten Angst und sie erzählten es Madame Chaboux, deren Mann der Arzt der Frau gewesen war und Madame Chaboux erzählte es dem Bürgermeister und er sagte ihr sie solle zum Friedensrichter gehen und das tat sie und die Polizei freute sich weil sie schon immer einen Zeugen gegen den Mann haben wollte und jetzt hatte sie zwei, und jedermann war erfreut und erleichtert selbst als sie ihr Geld nicht zurückbekamen und ihre Nachbarin war noch ihre Nachbarin und all die Männer waren immer noch Gefangene.

Nun zwischen dem Babyalter und vierzehn konnte niemand so etwas glauben, nicht im neunzehnten Jahrhundert aber eben jetzt 1943, was kann da irgend etwas aufhalten wo Zufälle obwohl es sie noch gibt nicht stattfinden und wirklich kein einziger Aberglaube da ist weil es den nicht gibt. Jeder ist zu müde für einen Aberglauben selbst wenn sie tausend Franken bekommen was der Fall war. So ist Krieg.

Zwischen dem Babyalter und vierzehn gibt es wenn nicht alles so doch sehr viel da gibt es den Verdacht gegen Leben und Tod das Nicht-sicher-Sein daß sie ein und dasselbe sind aber den beginnenden Zweifel daß es ein und dasselbe sein könnte. Und da gibt es die Natur und ihre Evolution und dann gibt es am Abend nach dem Spielen das Nachhausekommen bevor es dunkel ist und dann fängt man an eine Legende zu sein. Man kann jederzeit zu einer Legende werden zwischen dem Babyalter und vierzehn und man kann wissen man weiß sie wissen es alle wie es dazu kommen kann daß es wahr ist daß man eine Legende ist. Es ist leicht zu einer Legende zu werden zwischen dem Babyalter und vierzehn, und so kann man später immer Bücher lesen, denn Bücher handeln alle von irgend jemandem der zu einer Legende geworden ist, und die andern zu sehen zwischen dem Babyalter und vierzehn und sie können auch zu einer Legende werden. Sie wissen daß sie es können daß sie zu einer Legende werden können wenn sie auf einem Fahrrad einen Hund hinter sich im Korb haben, daß sie zu einer Legende werden können, wenn sie eine Blume in jeder Hand halten, daß sie zu einer Legende werden können wenn sie einen Unfall hatten und einen Finger verloren haben, daß sie zu einer Legende werden können, wenn sie Hand in Hand auf und ab gehen und einer von ihnen ständig ein Auge geschlossen hält. Sie können zu einer Legende werden und sie werden es weil eine Legende weil jedermann zwischen dem Babyalter und vierzehn zu einer Legende wird, zu einer reinen Legende. Später ist die Legende nicht so rein weil man sich mit ihr vermischt aber zwischen dem Babyalter und vierzehn ist das Legende-Werden schon selbst das Werden einer Legende. Ich kann mich erinnern wie ich zu einer Legende geworden bin, ich will von verschiedenen anderen erzählen, von einigen die zu Legenden geworden sind und was sie mit dem Krieg zu tun haben.

Dieser Krieg 1943 ist nicht sehr legendär, das ist einer seiner Fehler, er ist nicht wie der Krieg '14-'18 und andere Kriege die natürlich legendär wurden. Dieser ist mehr wie der Beginn des mittleren Alters wenn es kein legendäres Sein gibt, aber wie ich sage ist zwischen dem Babyalter und vierzehn jeder eine Legende einfach jeder, und ich war es auch.

Zufälle werden stärker und stärker zwischen dem Babyalter und vierzehn, sie ersetzen Glauben, Zufälle sind die Grundlage von Spielen, sie sind die Grundlage von Glauben, Zufälle dazwischen sind nicht so wichtig aber vom Babyalter bis vierzehn und dann wieder viel später, sehr viel später wenn man alt ist sind Zufälle wichtig, sie sind wirklich, sie schaffen wieder Glauben sie sind keine Spiele, sondern sie sind die Wirklichkeit die aus der Gegenwart und Zukunft entsteht wenn es vielleicht wirklich keine geben könnte. Nehmen wir den Krieg, in der Kriegszeit 1943 hat es so viele Zufälle gegeben und es gibt immer kleine Zufälle, nette kleine Zufälle,

später erzähle ich alles über diesen zufälligen Krieg diesen sinnlosen Krieg, diesen Krieg der dem neunzehnten Jahrhundert ein Ende ein wirkliches ein vollständiges Ende setzte da gab es so viele Zufälle und sie waren die einzige Wirklichkeit in dieser Zeit der Unwirklichkeit. Das neunzehnte Jahrhundert bezeichnete Zufälle als Wahrscheinlichkeitsgesetz und arbeitete dieses aus aber jetzt nachdem das neunzehnte Jahrhundert tot ist sind Zufälle wieder wirklich, sie schaffen wieder Glauben sie machen eine Zukunft, und sie werden das zwanzigste Jahrhundert machen. Abwarten und Tee trinken.
Aber zwischen dem Babyalter und vierzehn wurden Zufälle nur wirklich gebraucht als die wirklich notwendige Grundlage von Spielen, und was damals wirklich war waren nicht Zufälle sondern das Legende-Sein und das war ich, das waren wir.
Was der Legende zwischen Babyalter und vierzehn Wirklichkeit verleiht ist daß in dieser Zeit der erste Kampf stattfindet um nicht zu sterben und der erste Kampf um dazu beizutragen das Jahrhundert zu töten in dem man geboren ist.
Es ist ein Kampf nicht zu sterben zwischen dem Babyalter und vierzehn, nicht um nicht tatsächlich zu sterben, das ist eine Sache für Eltern und Kinderschwestern und Beschützer, aber nicht zu wissen daß es Tod gibt und nicht daran teilhaben, das heißt verschwiegen zu sein und nicht zu sterben, und nicht zu wissen warum das läßt jeden schüchtern werden zwischen dem Babyalter und vierzehn, und später hat man andere Dinge im Sinn, da ist Ewigkeit, da ist man oder sie es auch nicht ein König oder eine Königin, aber zwischen dem Babyalter und vierzehn, neben lesen schreiben und rechnen, und zählen, und den Spielen und Zufällen, und heiß und kalt, zwischen dem Babyalter und vierzehn ist man immer entweder sehr heiß oder sehr kalt.
Es hat keinen Sinn sich zu erinnern zwischen dem Babyalter und vierzehn, tatsächlich gab es damals keinen Krieg, es hätte einen geben können aber tatsächlich gab es keinen Krieg damals damals als ich zwischen dem Babyalter und vierzehn

war und damals als ich eine Legende war, selbstverständlich war ich eine, für mich und für sie und selbstverständlich kämpfte ich dafür nicht zu sterben das heißt um das Nicht-Wissen daß sterben sterben ist und sich fürchten war nicht nur sich fürchten sondern es hing mit allem zusammen. Kaum zu glauben, heute sagen sie, daß Kinder daß jeder zwischen dem Babyalter und vierzehn überhaupt kein Leben lebt und das nicht 1914 sondern 1943 und das neunzehnte Jahrhundert ist tot tot tot, und zwischen dem Babyalter und vierzehn war ich da um anzufangen das zu töten was nicht tot ist, das neunzehnte Jahrhundert das so überzeugt war von Evolution und Gebeten und Esperanto und solchen Ideen. Man könnte glauben ich meinte meinte ernstlich daß ich zwischen dem Babyalter und vierzehn das was ich tat mit Überlegung tat, und in gewisser Weise tat ich das, ich sehe sie jetzt, zwischen Babyalter und vierzehn und in gewisser Weise war ich das auch.
Was ist eine Legende.
Es gibt jetzt keine Legenden weil niemand heute weil niemand verstehen kann warum sie heute nicht mehr da sind, es ist 1943.
In einem Garten abends zu spielen wenn es dunkel wird ist vom Babyalter bis vierzehn eine Legende. Man empfindet es so, es ist so, jeden Abend wenn es dunkel wird.
Zwischen dem Babyalter und vierzehn kommt eine Zeit da man beim Lesen nicht aufhören kann zu denken was wohl danach geschieht und was mit ihren Kindern und ihren Enkelkindern geschehen wird und wer wen heiratet und welcher Krieg im Gange war während sie aufwuchsen oder erwachsen waren und ob sie nach der ganzen Zeit die es dauerte um geboren zu werden und erwachsen zu werden ob sie in dem Krieg der gerade im Gange war umkamen. Jetzt 1943 da es Armeen und Armeen gibt und sie brummend herüberkommen und die Luft bei Nacht wenn der Mond lacht voll von ihnen ist auf ihrem Weg nach Italien wo sie bombardieren und das Gebirge widerhallt, wie eine Frau zu mir sagte als ob man in

einem Kupferkessel sei nun dann denkt man weiter wie schnell jeder getötet werden kann, genau so schnell genau so sehr schnell, sogar schneller als in einem Buch sogar sehr viel schneller als in irgendeinem Buch, die da oben fliegen und bombardieren und die da unten, in ihren zusammenstürzenden und brennenden Häusern.
So zwischen dem Babyalter und vierzehn beginnt man zuerst zu denken daß alles weitergeht und weitergeht, und zur gleichen Zeit aufhört, aber das ist nicht vernünftig nein gar nicht vernünftig zwischen dem Babyalter, und vierzehn.
Zwischen dem Babyalter und vierzehn könnten sie Paul und Pauline heißen und sie könnten wissen wie sie das Warum und das Wann und das Wofür gelernt und wie sie Erregung Hoffnung und Stille gelernt haben.
Sich vorzustellen man wäre in der Zeit zwischen dem Babyalter und vierzehn entweder Paul oder Pauline und lebte in einer Zeit ohne Krieg oder lebte in einer Zeit mit Krieg.
Als ich zwischen dem Babyalter und vierzehn lebte gab es keinen Krieg und mein Name war weder Paul noch Pauline. Ich hatte eine Tante namens Pauline aber ich wußte damals nichts von ihr, und ich kannte niemanden namens Paul obwohl ich Paul immer hübsch fand als Namen und es gern hatte wenn ich ihn in einem Buch las.
Wie viele Bücher ich damals las, ich lese immer Bücher, da gab es natürlich Paul und Virginia unter einem Regenschirm, ich weiß nicht warum aber sie sind immer unter einem Regenschirm und ich fand die Art wie die Neger sprechen sehr merkwürdig. Dialekt in Büchern war störend, schon damals und heute noch, damals als es kein Esperanto gab und jetzt da es kein Esperanto gibt, kein universales Wissen obwohl jeder alles weiß. Man verliert einen Strumpf und es war der beste, er ging im Fluß verloren während sie wuschen, es gibt keine Seife, wir haben 1943, und so waschen sie im fließenden Wasser und der Strumpf schwamm den Fluß hinunter und es war der allerbeste Wollstrumpf, nur einer aber was nutzt ein einzelner

Strumpf, und keiner von uns schlief sehr viel in jener Nacht, weil der Strumpf weg war, ihr Strumpf, und dennoch hat man in dieser Zeit, was man behält das heißt man hat es nur während man es behält.
Zwischen meinem Babyalter und vierzehn stimmte das nicht man hatte was man behalten hatte und behielt was man hatte und man konnte sich fragen was die Kinder und Enkelkinder taten, vor allem wenn es bereits vorbei war. Alles sehr verträumt und aufregend.
Dann war da noch etwas anderes, in Gullivers Reisen gab es eine Beschreibung von Menschen die niemals sterben, und sie soll zeigen daß Tod notwendig ist, weil diejenigen die nicht sterben auch nicht leben wenn sie nicht sterben. Eben das denken manche und als ich zwischen Babyalter und vierzehn war dachte ich daß es nicht notwendig sei so alt zu sein und niemals zu sterben, warum konnte man nicht ebenso jung sein und niemals sterben, und wenn man nicht weint und wenn man niemals sterben will, warum nicht einfach so weitersein. Warum nicht. Zwar vergeht die Zeit zwischen dem Babyalter und vierzehn sehr langsam und selbst wenn sie noch langsamer vergehen würde wirklich noch langsamer auch dann gibt es bestimmt keinen Grund warum jemand nicht für immer leben sollte, keinen Grund. Erst viele Jahre später dachte ich daß wenn niemand sterben würde die Erde ganz und gar bedeckt wäre und daß ich, ich als ich, dann gar nicht dazu kommen würde da zu sein und zu versuchen so sehr ich könnte nicht ich zu sein, trotzdem würde mir das sehr viel ausmachen, soviel wie alles, warum also nicht sterben, und doch und wieder nichts, gar nichts zum Gernehaben, gar nichts.
Aber zurück zu dem was man ist zwischen Babyalter und vierzehn und zum Legende-Sein. Selbstverständlich war ich eine. Jeder ist in diesem Alter eine.
Rosen und Stiefmütterchen, Butterblumen und Gänseblümchen, daraus entsteht eine Legende lange bevor Poesie entsteht. Und unter einer Legende verstehe ich daß man alles

macht, genauso wie daß man aussehen sollte als ob man es täte, und man tut es. Jedes kleine Mädchen und jeder kleine Junge zwischen dem Babyalter und vierzehn weiß genau wie sie aussehen, weiß ganz genau wie sie aussehen, und so ist es nur zu natürlich daß es damals keinen Krieg gab, weil wirklich ein Krieg ein wirklicher Krieg nicht ganz legendär genug ist er ist nicht ganz genau so wie er scheint.

Als mein Bruder und ich spazierengingen und die Berge hinaufgingen auf den staubigen Straßen und wir weggingen und wiederkamen und alles und nichts dazwischen kam, da waren wir eine Legende, gerade damals.

Als wir zelten gingen und einen kleinen Wagen hinter uns herzogen und eng aneinandergeschmiegt schliefen und als jeder kleine Junge oder jedes kleine Mädchen hätte sein können was jedes kleine Mädchen oder jeder kleiner Junge ist, damals waren wir eine Legende, damals waren wir legendär. Jeder ist das zwischen dem Babyalter und vierzehn. Es ist als ob es gewesen wäre, und wirklich jeder tatsächliche Krieg ist nicht so, er ist wirklich nicht so.

Heute war ein Flugzeug über unseren Köpfen, und Victor, er ist neunzehn, sagte ich habe Angst. Und wir sagten und warum hast du Angst, nun sagte er der Grund warum ich Angst habe, natürlich sie werfen keine Bomben auf uns. Natürlich nicht sagten wir selbst wenn es Boches sind weil hier kein Ort ist zum Bombenwerfen. Natürlich nicht sagte Victor, aber ich habe Angst. Warum sagten wir. Weil es noch Buben sind die jetzt in diesen deutschen Flugzeugen aufsteigen, und man weiß wie Buben sind, sie wissen nicht was tun und sie könnten abstürzen und so auf uns fallen. Nun das ist nicht legendär. Das ist unsicher aber zwischen dem Babyalter und vierzehn, warum hat man da Angst und warum ist man froh und warum ist man wie man ist, und warum spielt man, und warum schreit man und weint dann, all dies obwohl man denkt man könne es versuchen, all dies ist legendär. Es gibt nichts anderes außer Legende. Selbst wenn ein kleines Mädchen von sechs erzählt

wie es krank war und bettlägerig und natürlich waren sie auf der Flucht, natürlich 1940, und als der Doktor kam sagte er drei Zimmer in einem Bett oder drei Betten in einem Zimmer und niemand tot, und das kleine Mädchen von sechseinhalb konnte nicht anders als lachen, obwohl es ihm nicht gut ging und sie alle geflohen waren, und keiner von ihnen war tot.
Das meine ich wenn ich sage daß zwischen dem Babyalter und vierzehn eine Legende ist, alles und jedes ist was es scheinen kann, und es scheint tatsächlich so und nichts liegt dazwischen.
Essen und Erbrechen und Krieg, das Ende der Spanne zwischen Babysein und vierzehn, daraus wird eine Szene. Jeden Tag und ganz gleich wie man's sieht, Essen und Erbrechen und Krieg. Jedenfalls entsteht weil essen etwas ist was man muß mit oder ohne zu stehlen Erbrechen und Krieg. Und das Ende vom Babyalter bis vierzehn macht daraus nicht einen Traum sondern ein Erwachen. Wenn ein Baby ißt und erbricht ist das kein Krieg. Aber wenn Vierzehn ißt und erbricht dann ist Krieg.
Etwas ist sicher wenn es keine Nahrung gibt oder nur sehr wenig Nahrung, ist sie leicht zu verdauen, diese Nahrung, viel leichter als wenn es Nahrung gibt, reguläre Nahrung. Jetzt 1943, nun da gibt es Nahrung natürlich gibt es Nahrung, und jeder nun nicht gerade jeder aber ziemlich viele finden Nahrung. Jeden Tag machen sie sich auf den Weg um Nahrung zu finden, und jeden Tag und auf jede Art finden sie Nahrung. Jemand sagte daß es wie während der Prohibition in Amerika sei aber das ist es nicht weil man damals schließlich zuviel Nahrung fand aber hier und jetzt sind die einzigen die zuviel Nahrung finden die Bauern, und die finden sie gar nicht, die bauen sie an. Sie sagen und sie meinen es ernst, jeder will essen jeder will es mehr als irgend etwas anderes und wir sind die einzigen die anpflanzen und deshalb sind wir die einzigen die das Recht haben zu essen, und essen das tun sie. Bauern waren früher mager aber jetzt sind sie es nicht. Niemand sonst war

damals mager und jetzt sind sie es, Männer eher als Frauen, im allgemeinen kommen Frauen besser zurecht mit dem was sie zu essen finden als Männer. Aber wie dem auch sei selbst ein kleiner Junge ein sehr kleiner Junge ein sehr dicker kleiner Junge, noch nicht mal vier, sagt wenn er auf dem merkwürdigen Hut einer Dame drei Äpfel sieht, noch dazu sehr kleine Äpfel, zu der Dame, ich möchte gern so drei Äpfel haben und selbst wenn er weiß daß es keine echten Äpfel sind, sagt er beim Aufwachen unaufhörlich, ich möchte so gern so drei Äpfelchen haben.

Jedenfalls ist zwischen dem Babyalter und vierzehn alles was sie sagen, alles was sie wissen, alles was sie wiederholen eine Legende weil es eine Legende sein muß, gelernt werden muß, Beine gehören zu ihnen, auch Füße gehören zu ihnen, Händen und Fingern fällt es leichter zu ihnen zu gehören sie sind auch nicht ganz so legendär wie Beine und Füße, nicht ganz so legendär aber immer noch legendär genug.

Und am Ende vom Babyalter bis vierzehn, was ist am Ende zu sehn. Was sagte sie als sie vierzehn war, sie sagte nicht ja, sie sagte nein, sie wollte nicht mehr Königin sein. Und er, er hatte auch keine Lust ein König zu sein oder eine Königin gar, nicht damals als er vierzehn war. Überhaupt nicht. Und dann die Zeit von fünfzehn bis vierundzwanzig sie begann und rann, sie weilte nicht sie eilte.

Mittelalterlich heißt, daß das Leben und der Ort und die Saat die du pflanzt und deine Frau und Kinder, alles ungewiß ist. Sie können vertrieben werden oder fortgeholt werden, oder abgebrannt werden, oder zurückgelassen werden, das heißt mittelalterlich sein. Und ein Pionier sein ist ein bißchen dasselbe nicht ganz dasselbe aber etwas davon und wenn man fünfzehn ist ist alles sehr wirklich, mittelalterlich und pionierhaft. Und jetzt und hier 1943, ist es genauso, du nimmst einen Zug, du verschwindest, du ziehst weg, dein Haus ist dahin, deine Kinder auch, man nimmt dir die Saat und keiner weiß Rat, auf Straßen mußt du wandern und wo sind die andern, verläßt du den Ort, sagt keiner ein Wort, alles kann kommen und alles kann gehen, sie können ja sagen und nein und können sagen geh, sie sagen nie komm, doch ja, sie sagen es jetzt, sie sagen jetzt komm und man muß kommen und man muß gehen, alles ist das gleiche, was hier geschehen kann kann dort geschehen, und was dort geschieht kann überall geschehen und es geschieht, geschieht nebenbei.

So kommt es mit fünfzehn zu einer Verwirklichung dessen wie Leben in mittelalterlichen Zeiten war und Leben als Pionier. So leben wir, jetzt 1943 hier.

Es ist beunruhigend zu wissen und es gibt einem ein merkwürdiges Gefühl, daß einem jederzeit nicht nur befohlen werden kann daß man gehen muß und man geht sondern daß man auch fortgeholt werden kann. Nichtsdestoweniger bleibt man, und wenn man bleibt geht man nicht weg vom Fleck, nicht weit. Das gilt auch für die mittelalterliche Zeit.

Ich habe gerade König Johann gelesen, als ich fünfzehn war, war König Johann wirklich, aber jetzt ist König Johann wirklicher, hier und jetzt ist es genau das gleiche, so handelt man jetzt und so ist man jetzt, genau so wie sie in Shakespeares König Johann waren. Das läßt mich oft an das denken was ein Vetter von mir einmal über Geld sagte, Geld ist immer da nur die Taschen wechseln, es ist nicht in denselben Taschen nach einem Wechsel und das ist alles was es über Geld zu sagen gibt. Macht ist genauso, in König Johann war es der König und die Kirche, und als ich jung war war es die Mittelklasse das heißt die Mittelklasse die Geld hatte, und jetzt ist es die untere Mittelklasse die an der Macht ist, und Menschen können und Menschen werden Geld haben, wenn man es hätte wäre es nicht mehr die untere Mittelklasse, weil diese Klasse keine Legende hat und sie hat kein Liebesinteresse und sie ist nicht zeitgemäß und sie hat kein Vergnügen am Leben, und am Umherreisen und sie macht sich nichts aus all dem Drum und Dran, sie weiß was sie ist und bleibt dabei, und so ist die untere Mittelklasse eben und sie sind es die das letzte was noch vom

Leben des neunzehnten Jahrhunderts da ist ausmachen weil sie keine Hoffnung und keine Abenteuer haben. Denkt an die Diktatoren sie sind ganz genauso. Was sagte ich. Ich sagte es war ganz genauso.
Fünfzehn jedoch ist nicht genauso, nicht sehr wahrscheinlich obwohl es wenn es die untere Mittelklasse ist versucht so zu sein aber fünfzehn ist wirklich mittelalterlich und pionierhaft und nichts ist klar und nichts ist gewiß, und nichts ist sicher und nichts ist gekommen und nichts ist gegangen. Aber es könnte alles sein.
Mit fünfzehn heben sie ohne weiteres einen Sack huckepack. Sie fühlen sich stark dabei. Mit fünfzehn erobern sie wenn sie einen Sack huckepack tragen. Und jetzt 1943, trägt jeder einen Sack huckepack, so gehen sie umher jeden Tag, sie brauchen alles und jedes was in einem Sack huckepack getragen werden kann. Und so können sie jeder von fünfzehn bis vierundzwanzig und jetzt von fünf bis neunzig einen Sack huckepack tragen, und hoffen etwas zu finden was sie hineintun können in diesen Huckepack-Sack.
Von fünfzehn bis vierundzwanzig Jahr war der Burenkrieg da, und es war das erste Mal daß ich wußte wie viele oder wie wenige sich ergeben sollten und es war das erste Mal daß ich etwas von Khaki und all dem erfuhr, und so ging es jedem, und jetzt ist Khaki hier vorbei, wenigstens gerade hier, Deutsche und Italiener tragen trauriges Grün und Grau, und jede Farbe kann schmutzig sein grau, flau, lau.
Zwischen fünfzehn und fünfundzwanzig, in dieser Zeit sind alle sehr zum fröhlichen Leben bereit.
Von fünfzehn an bis fünfundzwanzig ist es natürlich zu glauben daß sonntags immer schönes Wetter ist. Und zu hoffen daß jeder Tag Sonntag ist Tag für Tag. Mit fünfzehn ist Spazierengehen und Reiten und Kommen und Gehen stets ein Vergnügen und alles andere ist Unentschlossenheit, und alles andere ist besser oder mehr als das. Und hier und jetzt 1943, jetzt da der Krieg zu Ende geht, weiß jeder das heißt niemand ob es

eine Zukunft gibt oder nicht und mit fünfzehn ist es ebenso jeder und niemand weiß ob es eine Zukunft gibt oder nicht. Komische Dinge geschehen, man melkt eine Ziege zum ersten Mal, man sieht zum ersten Mal ein Mädchen das größer ist als man selber und man weiß nicht genau ob sie schön ist oder nicht, man verbringt den ganzen Tag mit der Absicht irgendwo hinzugehen und nichts geschieht und man fragt sich ob das je gerächt werden wird. Das ist was jetzt 1943 geschieht und fünfzehn Jahre alt ist genauso. Man findet alles komisch und der Mond ist nicht bewölkt und der Wind bläst und Bäume machen ein Geräusch und Leute sagen komische Dinge, sie meinen nicht was sie sagen, fünfzehn Jahre alt ist so und jetzt 1943 ist es auch so. Es gibt eine komische Geschichte über eine Ziege.

Eine junge Frau kam von der Schweiz nach Aix-les-Bains um in einem Stickereigeschäft zu arbeiten, und sie war im Begriff zu einer Frau zu ziehen die immer einen Kostgänger hatte. Als sie ankam sagte die Frau zu ihr ich muß Ihnen sagen daß ich keine Kuh halte ich halte nur eine Ziege. Meine Güte sagte die junge Schweizerin, ich komme aus den Bergen wo meine Leute immer seit ich ein Baby war eine Kuh hielten nur um mich zu ernähren. Meine Güte ich kann keine Ziegenmilch trinken, niemals niemals. Nun gut sagte die Frau ich werde mit einer Nachbarin sprechen und Sie sollen Ihre Kuhmilch haben wie Sie es wünschen. Die junge Frau blieb drei Jahre dort und wenn sie nicht gestorben ist, lebt sie noch heute. Sie heiratete und besuchte von Zeit zu Zeit die Frau die gut zu ihr gewesen war als sie als Fremde zu ihr gekommen war. Viele Jahre später wurde die ältere Frau sterbenskrank, und die jüngere Frau besuchte sie ziemlich oft, und dann kam eines Tages die Nachricht daß die Frau im Sterben liege und sie sehen müsse. Sie ging hin und die sterbende Frau sagte, bevor ich sterbe muß ich Ihnen sagen, daß ich Sie all die Jahre die Sie bei mir gelebt haben getäuscht habe, es ist nicht wahr daß ich Ihnen Kuhmilch von einer Nachbarin gegeben habe, ich gab Ihnen ein-

fach Ziegenmilch und Sie wußten es nicht und ich sagte es Ihnen nicht aber jetzt bevor ich sterbe muß ich es Ihnen sagen, ich könnte nicht sterben mit diesem Betrug, und sie weinten zusammen und sie starb und es war alles vorüber.
Sie erzählte uns das weil wir alle glücklich waren, das war im Jahr 1943, sie hatte gerade eine Kuh bekommen für sich und ihren Mann und ihre Kinder und wir hatten gerade eine Ziege bekommen, und wir waren alle so glücklich und wir sprachen miteinander darüber. Wir sagten daß wir nie daran gedacht hätten Ziegenmilch zu versuchen und jetzt hatten wir es getan und sie war feiner und süßer und leichter und rahmiger als die einer Kuh, ja sagte sie und sie erzählte uns ihre Geschichte, und sie hatten nun eine Kuh, das heißt sie hatten eine von einem Bauern gekauft der gerade sein Pferd verloren hatte das gestorben war, und sie kauften ihm kein neues Pferd sie kauften ihm eine Kuh damit sie Kuhmilch haben konnten. Niemand der nicht selbst in der Lage war weiß was es heißt nur in Wasser gekochte Sachen zu essen und jetzt hatten sie eine Kuh und wir hatten eine Ziege eine reizende weiße Ziege, sie heißt Bizerte, weil wir sie morgens am Tag jenes Sieges erhielten. Ich führe die Ziege gern spazieren und jetzt lasse ich sie los ein Mann sagte mir ich solle es tun und ich tue immer was man mir sagt was in gewisser Weise so ist wie zwischen fünfzehn und vierundzwanzig, später nicht mehr so sehr. Wir lachen sehr viel wir sind so froh die Ziege zu haben.
Und dann fing er an, der Burenkrieg ja der begann zwischen fünfzehn und vierundzwanzig. – Fünfzehn die Zeit vergeht nicht langsam aber eine ganze Zeitlang gibt es nichts zu tun außer herumstehen, bei Spielen und am Abend und am Tag, herumstehen, nicht einmal aufstehen und sich hinsetzen sondern nur herumstehen. Und jetzt, eben jetzt, muß jeder etwas zum Essen anpflanzen oder herumrennen und etwas zum Essen finden jetzt 1943 also ist es nicht wie fünfzehn sondern eher wie zweiundzwanzig, mit einundzwanzig sind alle ganz allein damit beschäftigt sie selbst zu sein.

Und das war die Zeit als der Burenkrieg war und es war ein Schock und eine Überraschung zu erfahren daß Armeen sich ergeben können, nicht viele getötet und sie können sich ergeben und der Krieg nicht zu Ende sein. Das war das Neue was der Burenkrieg uns beibrachte, die Engländer konnten sich ergeben selbst wenn ein kleinerer Prozentsatz von ihnen als er laut Statistiken hätte sein müssen tot war ehe sie sich ergaben aber sie verloren den Krieg nicht. Und das war etwas Neues. Als sie sich so in unserem Revolutionskrieg ergeben hatten da war der Krieg vorbei, sie verloren ihn aber im Burenkrieg als sie dasselbe machten, war der Krieg nicht vorbei und sie hatten ihn nicht verloren und das war etwas Neues. Das stimmte sehr gut überein mit meinem etwa zweiundzwanzig Jahre Altsein in der Tat sehr gut überein.
Aber mit fünfzehn da war kein Krieg als ich fünfzehn war, überhaupt kein Krieg.
Zwischen fünfzehn und zweiundzwanzig ist es nicht natürlich daß jemand von Feinden umgeben die nicht mit ihm sprachen das einzige Stück Schokolade aß und es waren Männer keine Knaben und sie alle wollten es haben. Nur allzu natürlich 1943. Wenn man fünfzehn ist ist es eigentlich wunderbar daß einer so etwas tun kann, daß er Feinde haben kann die nicht mit ihm sprechen wollen und den Schokoladenkuchen essen das einzige Stück und daß alle die Feinde die nicht mit ihm sprechen wollen es gerne hätten. Es ist eine merkwürdige Sache mit Feinden. Es dauert so lange bis man an sie glaubt glaubt daß sie Feinde sind, und dann schließlich scheint niemand mehr an sie zu glauben und zu glauben daß sie Feinde sind.
Wenn man ungefähr fünfzehn ist beginnt man das erste Mal von Feinden zu hören nicht in Büchern selbstverständlich wimmelt es in Büchern von Feinden, sondern im Leben. Was sind Feinde und was ist Krieg, und gibt es Feinde im Krieg oder gibt es keine. Von fünfzehn an kann man beginnen über so etwas nachzudenken, auch über Ewigkeit und Wolken und

Schönheit und Glaube. Feinde sind nicht wichtig ob sie wirklich sind oder nicht, ich kann mich erinnern daß ich als ich sechzehn war ein damals modernes Theaterstück sah in dem eine Frau oder war es ein Mädchen so viele Feinde unter den andern Frauen oder Mädchen hatte und konnte ich es glauben, nein ich konnte nicht. Aber der welcher 1943 den Schokoladenkuchen aß der glaubte immer daß er Feinde hatte und daß Feinde wirklich waren selbst wenn man fünfzehn war. Aber was den Krieg angeht nun da war er nicht so sicher daß Feinde Feinde sind während eines Krieges. Und vielleicht sind sie es und vielleicht sind sie es nicht.
Unsere beiden Dienstmädchen, sie sind Schwestern, wir sind gerade in diesem Haus einem hübschen großen modernen Haus einsam an einem Berg mit einem wunderschönen Park ganz voll mit Sträuchern und großen Bäumen, und Tannen, und die beiden Schwestern die eine eine gute Köchin und die andere ein ganz perfektes Stubenmädchen, sie wissen alles über Feinde, im Krieg und im Frieden. Jetzt 1943 haben sie den Frieden ganz vergessen, vielleicht gibt es so etwas überhaupt nicht aber sie wissen alles über Feinde im Krieg wirkliche Feinde und Feinde die Feinde sind. Das klingt wie ein und dasselbe ist es aber nicht.
Es gibt so viele Feinde bei Shakespeare.
Zwischen fünfzehn und vierundzwanzig gibt es soviel Zeit in der man nichts tut als herumstehen und warten daß etwas geschieht. Jetzt 1942 im April 1942 gibt es kein Herumstehen mehr mit Warten daß etwas geschieht das heißt bei denjenigen die nicht kämpfen selbstverständlich diejenigen die kämpfen sind so, sie stehen herum und warten darauf etwas zu tun aber jeder andere ist jetzt wie es normal ist im Erwachsenenleben sie sind beschäftigt nicht unbedingt mit allem aber sie wissen von Tag zu Tag daß sie morgen etwas tun werden. Von fünfzehn an bis vierundzwanzig dann weiß keiner, weiß niemand wirklich ob er morgen etwas tun wird um Morgen macht man sich keine Sorgen.

Im Alter zwischen fünfzehn und dreiundzwanzig kann niemand rechtzeitig heimkommen.
Und jetzt 1943 kann auch niemand gleich welchen Alters rechtzeitig heimkommen. Und aus demselben Grund, weil es soviel zu tun gibt, da ist nichts zu machen, es gibt keine Möglichkeit für irgend jemanden das Haus zu verlassen und doch ist jeder auf der Straße und jeder spricht mit jedem und außerdem kennt man sie manchmal was es für jeden ganz unmöglich macht rechtzeitig nach Hause zu kommen. Rechtzeitig wofür. Nun eben um rechtzeitig nach Hause zu kommen oder rechtzeitig zurückzukommen und genauso ist es üblich zwischen fünfzehn und dreiundzwanzig. Niemand kann rechtzeitig heimkommen.
Krieg und Feinde.
Wie ich gesagt habe gibt es bei Shakespeare so viele Feinde.
Wir haben jetzt zwei Schwestern nicht mehr jung die dieses Haus führen das wir gemietet haben und wo wir sehr angenehm und sogar ziemlich großartig leben und sie wissen was Feinde sind.
Sie sind geboren in den oberen Regionen des Rhôneflusses. Wir haben immer Thornton Wilders Geschichte von dem amerikanischen Touristen gern der sagte daß es zwei Auffassungen über die Aussprache gäbe, einige sagten es heiße Rhine und einige sagten es heiße Rhône. Nun jedenfalls sind sie in den oberen Regionen der Rhône geboren, ein hübscher Fluß der immer von ziemlich viel Wind begleitet wird, einem kleinen Wind oder einem großen Wind aber begleitet wird er immer von Wind. Sie wurden geboren und man gab ihnen merkwürdige Namen, sie waren keine Zwillinge tatsächlich ist eine entschieden älter und die andere ist entschieden jünger, und die merkwürdigen Namen die man ihnen gegeben hatte waren Clothilde und Olympe obwohl es für sie natürliche Namen überhaupt keine merkwürdigen Namen waren. Die Familie um sie herum starb und damals war die Jüngere noch ganz jung, siebzehn sie ging als Stubenmädchen noch Moravia

wo man eine merkwürdige Sprache spricht aber wo das Leben angenehm war, die ältere Clothilde hatte einen Sohn gehabt, dieser Sohn war zu Beginn des Krieges 1914-1918 gefallen und sie bekam nie wieder einen. So waren alle um sie herum tot sie hatten ein paar Möbel, und in der Zwischenzeit waren sie getrennt gewesen jede von ihnen als Zofe bei verschiedenen italienischen Gräfinnen, sie haben es immer gern daß man adlig ist und sie lebten 1914-1918 und dann noch ein bißchen länger bei den Italienern die keine Feinde waren nicht für sie damals. Dann kehrten sie zurück ins Rhônetal Clothilde als Köchin und ihre Schwester als Stubenmädchen und sie wußten es und wußten es nicht was Feinde sind. Hier hatten sie es sehr angenehm und verhältnismäßig großartig. Und dann geschahen viele natürliche Dinge und die Dinge änderten sich wie sie sich eben ändern und dann kam '39, und ihre Herrin ging fort weil es Bombardements hätte geben können am Ort und so blieben sie weiter hier allein das heißt manchmal zu zweien allein und manchmal eine allein aber immer allein in einem großen Haus und Park und allein. Dann wurde der Krieg etwas mehr Krieg das heißt es gab Soldaten und dann kamen Soldaten und Soldaten gingen weg und es war störend aber sie waren sich nicht im klaren daß Feinde noch unangenehmer sein könnten aber sie können. Und dann kam der Feind, es war hier genau hier genau hier im Haus und er blieb im Haus und sie waren Feinde und niemand konnte leugnen daß sie Feinde waren bestimmt nicht Clothilde und Olympe. Olympe und Clothilde und sie wußten was Feinde sind Feinde sind so.
Weil Feinde so sind bringen sie Feinde zum Zittern. Sie machten so viel Lärm sie sagten zu ihnen ihr seid besiegt und sie wußten die Feinde waren da, aber das war es nicht was besiegt sein war, besiegt sein war Traurigkeit und Kummer und Schwäche und Leid, aber es war kein Schrecken. Der Feind da, hier, das ist ein Kummer von dem sie wünschten verschont zu werden aber sie wurden es nicht. Die Feinde waren da. Sie waren ganz allein in der Küche, sie schliefen nicht dort, sie

konnten einfach nicht, sie konnten nicht schlafen mit dem Feind dort, sie fanden ein kleines Zimmer außerhalb in das sie zum Schlafen gingen, aber den ganzen Tag und jeden Tag waren sie in der Küche und der Feind wohnte dort, nicht in der Küche sondern im Haus. Es war furchtbar, sie können es nie vergessen.

An dem Tag an dem sie gewonnen hatten kam der Feind einer nach dem andern um ihnen zu sagen daß sie nicht nur gewonnen hatten sondern daß die andern erledigt waren und daß alle andern noch dasselbe erfahren einer nach dem andern. Ach es war nur zu wahr zwei Jahre später schon war es nicht mehr ganz so, das heißt auch wenn sie gewonnen hätten hätt' es der Feind nicht zum letzten getrieben es war nur ein Beginnen und vielleicht waren sie nicht am Gewinnen.

Aber der Feind war gekommen einer nach dem andern am Tag an dem sie gewonnen um es ihnen zu sagen und sie hatten nicht gestohlen was in dem Haus war weil das Stehlen gewesen wäre aber sie hatten die Koffer der beiden Frauen aufgebrochen und alles genommen denn weil sie nur Dienstboten waren und gerade in der Küche war es nicht Stehlen ihnen alles wegzunehmen und so brachen sie die Koffer auf und nahmen alles. Es gab eine Frau die immer die Sachen der Feinde wusch in gewisser Hinsicht war sie selbst ein Feind, kein Feind der ängstigen konnte aber doch ein Feind und sie sagte die Feinde würden gewinnen weil sie wunderbare Waffen hätten die noch keiner je gesehen hatte, alle Feinde hatten wunderbare Waffen die noch keiner je gesehen hatte. Und jetzt sagen Clothilde und Olympe jetzt 1943 ist es vielleicht wahr daß sie die Feinde die wunderbaren Waffen zu spüren bekommen die noch keiner je gesehen hat, vielleicht spüren sie sie.

Und so stimmt es daß es alle Arten von Feinden gibt, solche die einen ängstigen solche die stehlen und solche eben die wie ein Teufel dir Fersengeld geben. Das sagt Olympe. Heute ist es ein Teufel das heißt eine Herrin die sagt komm und sie muß gehen was sie so unglücklich macht daß sie weinen muß.

Es ist seltsam und wenn man fünfzehn ist beginnt man zu meinen daß Feinde nicht so sind wie sie scheinen, und dann mit vierundzwanzig weiß man und meint ein Feind ist ein Feind und wenn die Jahre vergehen gut und später dann ist man nicht sicher daß Feinde sind wie sie scheinen.
Mit fünfzehn beginnen Menschen und Tiere Obstbäume und Blumen nicht mehr Dinge zu sein die man sich aussucht sondern die man fühlt. Im Jahr '43 wurde es schwerer und schwerer Milch zu bekommen. Es gab keine Milch nicht einmal Magermilch und deshalb hatte jeder der konnte eine Ziege. Wir hatten eine Ziege. Als ich fünfzehn war machte ich mir nichts aus Ziegen mir gefällt eine Mauer und ich hatte von Obstbäumen gelesen die an der Sonnenseite einer Mauer wachsen und als ich fünfzehn war habe ich immer gesagt daß wenn ich älter wäre und eine haben könnte eine Mauer haben wollte und Obstbäume die an der Sonnenseite einer Mauer wachsen. Ich erinnere mich wie ich überhaupt zum ersten Mal Obstbäume sah die gezogen waren um an einer Mauer zu wachsen. Es war gerade nach dem spanisch-amerikanischen Krieg und wir waren in Paris zur Ausstellung und McKinley war gerade erschossen worden und ich sah Obstbäume gezogen um an der Sonnenseite von Mauern zu wachsen und es erinnerte mich an die Zeit als ich fünfzehn war und Obstbäume ziehen wollte an den Sonnenseiten der Mauer und mein Bruder sagte daß er an der Mauer eine Ziege halten wollte damit sie die Obstbäume fresse. Und jetzt ist es 1943 und es gibt keine Milch und wir halten eine Ziege und ich führe die Ziege spazieren und ich habe die Ziege gern, Ziegen sind sehr eigenwillig und ich habe herausgefunden warum wir Blumen gern haben. Weil Ziegen Blumen rupfen um sie zu fressen, und Kinder rupfen Blumen weil Tiere Blumen rupfen um sie zu fressen und Kinder rupfen Blumen ganz unüberlegt.
Mit fünfzehn beginnen Blumen andere Bedeutungen zu haben, Schönheit ist Schönheit und Blumen sind Blumen und Blumen sind nicht mehr Blumen wenn die Ziege sie rupft.

Schönheit ist ihre eigene Entschuldigung für ihr Sein, das fängt mit fünfzehn an dies und daß Feinde nicht sind was sie scheinen auch das will man sehn mit fünfzehn. Die Anmaßung mit fünfzehn das heißt das Verlangen derjenige zu sein der den anderen beherrschen muß durch nicht lernen, durch lernen, durch kämpfen, durch nicht kämpfen, durch Krieg, roten Krieg, weißen Krieg, grünen Krieg und schwarzen Krieg. Schwarzer Krieg ist kämpfen, roter Krieg ist Krieg, weißer Krieg ist aufregend und grüner Krieg ist enttäuschend. Und mit fünfzehn hat der Krieg begonnen, und jedermann weiß mit Sonne oder ohne Sonne der Krieg hat begonnen.

Was geschah. Sie Lucy Lilly Lamont, wollte was sie wollte und sie war nicht dumm sie war anmaßend und verrückt und nicht nervös aber eigensinnig und sie fühlte sich überlegen. Das kann Feinde machen selbst wenn niemand dein Feind ist. Genauso ist es, aber in einer Hinsicht doch wieder nicht. In einem Krieg kann jeder Lucy Lilly Lamont vergessen. Warum auch nicht da sie in einem Krieg keinerlei Bedeutung hat. Und das ist es was uns so empfinden ließ wie wir den Burenkrieg empfanden, es war der erste Krieg der uns empfinden ließ daß Kriege Kriege sind aber daß sie nicht wichtig sind weil sich nichts ändert. Erst jetzt wissen wir daß wir es damals so empfanden jetzt 1943, aber wir begannen wir begannen ganz sicher schon damals so zu empfinden.

Lucy Lilly Lamont war ihr ganzes Leben lang fünfzehn, sie haben hier eine besondere Art das zu sagen, sie sagen sie sei nie über die ersten Schulklassen hinausgekommen, das ist es was sie zur Kehrseite von fünfzehn macht, und es ist interessant, Krieg ist so und ist nicht so, ein gut Teil Krieg ist so und dann wenn jedermann kriegsmüde ist dann ist es ganz und gar nicht so.

Fünfzehn.

Jedesmal wenn ich sie beobachte frage ich sie wie alt sie sind. Sie sind im allgemeinen jünger als fünfzehn oder älter, es kommt nicht sehr oft vor daß sie genau fünfzehn sind und

wenn sie es sind ist es etwas sehr Besonderes. Fünfzehn sein ist etwas sehr Besonderes, elf oder dreizehn sein ist nichts so Besonderes, siebzehn oder neunzehn sein ist nichts so Besonderes. Fünfzehn sein ist etwas sehr Besonderes.
Und jetzt ist es Juni 1943 und zwei junge Männer von den Einundzwanzigjährigen sind gekommen um auf Wiedersehen zu sagen, sie hoffen daß sie nicht gleich sterben werden aber alle die einundzwanzig sind müssen als Geiseln nach Deutschland dort werden sie in ein Lager gesteckt, man sagt um in Fabriken zu arbeiten aber da gibt es gar keine Arbeit, und sich verstecken nun ja das wäre schon in Ordnung wenn es keinen Winter gäbe aber wird es noch vor dem Winter vorbei sein, sie fragen mich um Rat aber kann irgend jemand ihnen raten, weiß ich es, nun jedenfalls kann ich ihnen sagen daß sie sich vergnügen könnten indem sie sagten daß sie als Studenten reisten, und sie sagen, wenn wir sie nicht als Feinde betrachten wird das den Amerikanern gefallen, oder könnte es ihnen nicht mißfallen, aber sagte ich ihr könnt ihre Sprache lernen und ihre Literatur lesen und sie betrachten als wäret ihr Reisende und doch wissen daß sie Feinde sind. Warum nicht. Gut sagten sie warum nicht. Jedenfalls sagten sie haben Sie uns alle aufgemuntert, und ich küßte jeden von ihnen und wünschte ihnen Glück, und einer von ihnen kam zurück um mir nochmals die Hand zu schütteln und ich küßte ihn wieder und sagte seien Sie vorsichtig und er sagte ja das werde ich und sie gingen den Hügel hoch und weg. O meine Güte man kann nicht sehr gut schlafen.
Aber von fünfzehn an kann man über Feinde nachdenken, ganz bestimmt über Feinde nachdenken.
Der Gedanke an Feinde ist furchtbar er veranlaßt einen aufzuhören sich auf die Ewigkeit zu besinnen und auf die Todesangst. So sind Feinde. Besitztum ist das gleiche wie Feinde nur etwas weniger so, es läßt einen auch die Ewigkeit und die Todesangst vergessen.
So vieles beginnt um fünfzehn herum. Geld, Besitztum Ewig-

keit, Feinde, die Todesangst, Enttäuschungen beginnen viel früher und Kummer, aber mit ungefähr fünfzehn kann man beginnen sie niederzuschreiben, was Tiefe und Trost von Enttäuschung und Kummer gibt. All dies kann beginnen und beginnt mit ungefähr fünfzehn und dann ein wenig später kam der Burenkrieg, und Krieg als etwas das nicht länger zu anderen gehörte und zur Geschichte und zu Geschichten sondern als etwas was jetzt vor sich ging und Desillusion war und enttäuschend. Ich kannte niemanden der kämpfte oder einen ihrer Verwandten, aber es war die Zeit als das Angelsachsentum in Amerika zu einem sehr bewußten Gefühl geworden war, Dooley hatte sich darüber lustig gemacht und wir alle fühlten es und es war sehr enttäuschend es war nicht was Kipling und die Beschreiber der Meuterei einen als angelsächsisch hatten fühlen lassen es war etwas anderes nur wußten wir es nicht es war der Anfang vom Ende des neunzehnten Jahrhunderts das nun 1943 ziemlich schnell dahinstirbt, aber wir die damals aktiv waren wir fühlten es weil wir bereits einen Anfang des zwanzigsten Jahrhunderts hatten und so fühlten wir obwohl wir es nicht wußten daß der Burenkrieg der erste auf das neunzehnte Jahrhundert abgefeuerte Schuß war, und obwohl wir glaubten wir seien zugehörig wußten wir innerlich daß wir nicht dazugehörten und wir wußten daß wir einmal mit Bedauern an das denken sollten was das neunzehnte Jahrhundert war aber wir wußten auch wir würden nicht mit Bedauern daran denken wir wollten etwas anderes und wir würden es bekommen.

In Shakespeares Heinrich VI fand ich gerade die Behauptung daß die Jungfrau von Orléans und sie war noch nicht tot nicht in dem Stück in der Tat stand sie gerade am Anfang und Shakespeare sagt daß sie die große französische Heilige werde daß sie den Heiligen Denis verdrängen werde, und sie war erst sehr spät zu einer Heiligen gemacht worden, wirklich sehr spät, gerade rechtzeitig für den Krieg von 1914 aber zweifellos hatten sie und Shakespeare recht sie ist zweifellos die große französische Heilige und hat den Heiligen Denis vollständig verdrängt. Es ist seltsam mit dem Rechthaben. Jeder will recht haben, selbst der der sagte er würde lieber recht haben als Präsident sein. Es ist so natürlich zu sagen und ich hatte doch recht nicht wahr.

Ich frage mich ob Laval und all die anderen glauben jetzt 1943 recht zu haben, zwar schrieb mir der Kiddie 1942 und sagte daß es Ende 1942 gute Nachrichten geben werde und daß es im Frühling 1943 mehr gute als schlechte Nachrichten geben werde und wenn der Sommer käme der Sommer 1943 würden die guten Nachrichten so gut sein daß es um sie zu feiern nicht genügend große Buchstaben in den Zeitungsdruckereien geben werde für die Schlagzeilen, und jetzt fallen die italienischen Inseln eine nach der anderen, eine nach der anderen und es ist nur noch ein Wasser zu überqueren, und jeder der weiß was ein Feind ist sorgt sich nun weil, und das ist sehr merkwürdig, jeder weiß daß alles dem Ende zugeht und jeder Nachbar jeden Nachbarn denunziert, wegen Schwarzhandel, wegen Diebstahl, wegen diesem und jenem, und es werden so viele ins Gefängnis gesteckt, die arme Madame Berard sagte es sei so traurig gewesen ihren Mann zwischen zwei Polizisten weggehen zu sehen als sei er ein Verbrecher und zu wissen daß einige ihrer Nachbarn sich darüber freuten.

Gewiß er hatte geschlachtet aber hatte er das Fleisch auch verkauft oder nicht oder es nur öfter in seinem Restaurant serviert und ihr Junge muß nach Deutschland gehen weil er einundzwanzig ist obwohl er ein großer Mathematiker ist und einmal ein großer Mann an der Universität von Lyon werden wird und die Familie immer höflich und freundlich und entgegenkommend war und nie zu hohe Preise verlangte selbst wenn sie es hätte können und das stimmte wirklich sie taten es nie.

Es ist schwer etwas über Feinde zu wissen mit fünfzehn fängt alles an, das Wissen um alles und das niemals wieder glücklich sein, erregt ja aber niemals wieder glücklich. Und jetzt muß

Olympe fortgehen und sie weiß was Feinde sind, Deutsche sind es, das sind Feinde, und hier gibt es keine und sie muß den Zug nehmen und muß sie dort sehen und der Gedanke daran macht eine alte Frau aus ihr und sie will nicht gehen, nein nein sie will nicht gehen, aber ihre Herin sagte es sei die Pflicht eines Dienstmädchens seiner Herrin zu gehorchen und nicht den eigenen wechselnden Launen zu folgen, aber ihre Launen haben nie gewechselt, sie hat immer gewußt was der Feind ist was ihre Feinde sind, ja sie hat es immer gewußt und mehr noch denn je seit sie in ihrem Haus gewesen waren.

Und so war der Burenkrieg unangenehm aber nicht wirklich ernst nicht einmal für die Buren, wie alle besiegten Völker machten sie das beste daraus, es ist besser besiegt zu sein und zu gewinnen als zu gewinnen und besiegt zu sein. Jetzt hier 1943 scheint es so merkwürdig den Feind schwächer werden zu sehen einfach langsam schwächer werden rasch schwächer werden, die Franzosen machen es besser, sie werden besiegt aber sie werden nicht schwächer, während die Deutschen nicht besiegt aber schwächer werden, und wenn sie schwach genug sind verlöschen sie wie eine Lampe ohne Öl, oder ohne Strom, aus, sie stirbt nicht sie wird einfach schwächer bis sie verlöscht. Ehe sie schwächer werden spricht jeder über sie aber sie sind noch stark, und dann erst werden sie schwächer. So ist es, das heißt so ist es bei uns 1943.

Nach dem spanisch-amerikanischen Krieg kam der Burenkrieg, und das war nicht mehr fünfzehn das war älter, ich studierte damals das erste Jahr Medizin und ich ging nach San Franzisko um meinen Bruder Mike zu besuchen der gerade geheiratet hatte.

Der spanisch-amerikanische Krieg war der erste moderne Krieg für mich. Modern ist wie Realismus, modern ist immer modern für irgend jemand wie Realismus immer real ist für irgend jemand, nicht für irgend jemand sondern für sehr viele auf einmal. Modern, wie hübsch das ist modern jetzt dann und wann.

Als modern gefielen damals am besten all die Männer vom Mittelwesten, junge Männer, zu viele Knaben, zogen nach San Franzisko und nahmen alles mit und verschwanden damit auf Schiffen ab zu den Philippinen. Ich las gerade Shakespeares Heinrich den Fünften und ich fand es erstaunlich wie leichthin sie über die Verschickung von zehntausend fünfzehntausend sogar zwanzigtausend Soldaten über das Wasser von England nach Frankreich sprachen. Wie konnten sie nur wenn sie einen so verhältnismäßig kleinen Schiffsraum hatten, so viele übersetzen, wie konnten sie nur, na jedenfalls sagt man sie konnten es. Nennt es modern wenn ihr wollt aber Soldaten jede Menge Soldaten können zu jeder Zeit über den Ozean geschickt werden, jede Menge zu jeder Zeit und jetzt hier im Juni 1943, warten wir auf sie, warten auf sie, damit sie uns Schuhe und Strümpfe und Zahnseide bringen, hier auf dem Land haben wir reichlich zu essen obwohl wir gern mehr Kuchen und Zucker und Butter hätten trotzdem haben wir hier auf dem Land mit einer Ziege und Hühnern reichlich zu essen und Fisch, wir haben reichlich zu essen. Aber man wird so müde alle Gemüse pflanzen und ziehen zu sehen man denkt wie hübsch es sein wird wenn die glücklichen Tage zurückkommen da Gemüse nicht in der Erde sondern in Büchsen wuchs. Ein Gemüsegarten sieht am Anfang so vielversprechend aus und am Ende wächst dann nach und nach nichts als Gemüse, nichts, nichts als Gemüse.

Nun jedenfalls war der spanisch-amerikanische Krieg modern aber er war ganz und gar neunzehntes Jahrhundert, es gab nichts als die Frage der Seemacht und wessen Seemacht es war, wir alle lasen ein Buch das uns darüber aufklärte, doch bis dahin hätten wir es sowieso gewußt, durch Nelson, und jetzt waren wir im Begriff es wieder zu tun, und es war sehr aufregend, wir fanden alles heraus über die Schwierigkeit zwei Flotten haben zu müssen eine pazifische und eine atlantische, und wir waren alle im Begriff zu fühlen daß wir da sein mußten nun das war noch neunzehntes Jahrhundert vollkommen neunzehntes Jahrhundert und wir dachten nicht an ein zwanzigstes Jahrhundert, und wir waren so aufgeregt daß es uns nicht klar wurde daß das neunzehnte Jahrhundert allmählich zu Ende ging, ganz und gar nicht. Ich war damals jung aber ich kann noch heute die jungen Männer in San Franzisko sehen, die jungen zwanzig- und einundzwanzigjährigen Männer aus dem Mittelwesten mit ihrem unentwickelten Nacken, ihren ziemlich landserhaften Gesichtern, ich verstehe warum man sie Landser nennt, zwischen zwanzig und einundzwanzig sind sie so, sie schlafen überall ein im Sitzen oder Stehen, ihre Köpfe und ihre Münder und ihre Augen können überall einschlafen, offen oder nicht offen, das ist so wenn man zwanzig oder einundzwanzig ist, und jetzt, hier und jetzt ist es genau das gleiche, die jungen von einundzwanzig, die jungen Franzosen von einundzwanzig werden alle nach Deutschland deportiert zwei kamen zu mir um sich zu verabschieden um zu fragen wie ich sie ermutigen könnte und alles was ich sagen konnte war versucht sie zu studieren und ihre Sprache zu lernen und euch mit ihrer Literatur zu beschäftigen, betrachtet euch als Touristen und nicht als Gefangene, und sie waren ängstlich und nervös und sie sagten wird es den Amerikanern gefallen wenn wir so von denen denken, gewiß sagte ich alles was die Amerikaner wollen ist euch zu befreien, und sie sagten ja das wissen wir. Ich empfinde es auch sehr stark so, früher sagte ich zu jedem Franzosen oder jeder Französin die sich über irgend etwas beschwerte, ich sagte aber ich sehe doch jedesmal wenn ich in das Dorf Bilignin gehe dort alle eure jungen Männer was auch geschieht sie sind ja noch da und das ist die Hauptsache daß sie nicht gegangen sind. Aber jetzt sind sie gegangen und gehen. Einige von ihnen suchen Zuflucht in den Bergen andere gehen in den Widerstand, der Sohn unseres Zahnarztes ein Bursche von achtzehn ist gerade verhaftet worden weil er mithalf und wird er nun erschossen oder nicht. Mein Güte. Wir alle weinen. Aber man kann nichts tun als auf unser Kommen zu warten gar nichts. Und so sehen sie aus, ich sah

einen Zug voll von ihnen, jeder reichte ihnen Wein und Brot hinauf, obwohl niemand genug für sich selbst oder zum Weitergeben hat, und so fuhren sie mit den Gendarmen fort. Und da waren sie noch wach und sehr bald werden sie übermüdet sein und in Schlaf fallen wie und wo immer man in Schlaf fallen kann, auf einem Stuhl oder im Stehen oder sonstwie.
Es ist merkwürdig aber meine Erinnerung an jene Burschen aus dem Mittelwesten als sie fortgingen war daß sie genauso waren wie diese französischen Burschen von zwanzig und einundzwanzig auf ihrem Wegzug nach Deutschland, genauso deportiert und von allem ferngehalten. Meine Güte.
So, das war Realismus. Alles ist Realismus aber das war bestimmt Realismus.
Und das alles erinnerte mich an den Eindruck den ich habe wenn ich Wyandotte oder The Hutted Knoll lese was damals populär war, an den Schock den ich beim Lesen dieses Buches hatte weil mir zum ersten Mal klar wurde was es heißt nicht zu wissen ob einer einem gegenüber loyal ist oder nicht, glauben sie oder glauben sie nicht an einen, sind sie an deinen Interessen interessiert und wie kann man das wissen. Ich hatte Klagen von großen Männern gelesen und viele Romane aber auf eine gewisse merkwürdige Weise ließ mich Wyandotte oder The Hutted Knoll verstehen daß man denken konnte daß irgend jemand einem ergeben sei und loyal zu einem und in Wirklichkeit waren sie es ganz und gar nicht sie waren gegen einen und würden einen wenn so etwas nötig wäre denunzieren. Und jetzt und wieder im Juni 1943 geschieht das überall um einen herum.
Nun zunächst zu Olympe die weiß wer ihre Feinde sind, und sind sie es, könnten sie etwas anderes werden oder eher jene zu denen sie loyal war könnte sie aufhören loyal zu ihnen zu sein, könnte sie so sehr wollen jemanden nicht zu verlassen würde sie sich im letzten Moment gegen einen wenden als ob sie sich innerlich auf den anderen einstimmen würde zu dem sie ging. Könnte sie und tat sie es. Sie tat es. Könnte sie und würde sie

den ersten den zweiten oder irgend jemanden denunzieren oder würde sie sich nur vorbereiten für den Fall daß sie irgend etwas tun müßte und es könnte genau das sein und würde einer den sie im Stich ließ einsehen daß sie nicht sehr dienlich gewesen war obwohl alles den Anschein erweckte als sei sie die Perfektion selbst gewesen und fast heilig als Charakter. Meine Güte. Es ist wie ein Kriminalroman besonders da ihre Schwester Clothilde ein billiges Feindesparfüm benutzte um den ihr anhaftenden Zwiebel- und Küchengeruch zu vertreiben und würde es herauskommen daß sie im Zimmer ihrer Herrin geschlafen hat. Meine Güte meine Güte.

Wie viele Spiegel kann es in einem Haus geben wenn alle Türen und es sind viele Türen viele und sehr breite und große ausgefüllt sind mit Spiegeln und was für ein Vergnügen sich selbst darin zu sehen. Erwartet und unerwartet was für ein Vergnügen.

Und jetzt im Juni 1943 geschieht etwas sehr Merkwürdiges, täglich verstärkt sich das Gefühl daß der eine oder andere etwas verraten hat oder verraten wird und was tun sie sie schicken ihnen einen kleinen Holzsarg zuweilen mit einem Brief darin zuweilen mit einem Seil darin und mit der Aufforderung sich aufzuhängen, und zuweilen wird er per Post geschickt oder per Bahn und zuweilen wird er oben in einen Baum gehängt und zuweilen vor der Haustür aufgehängt. O weh. Wenn du das siehst erinnre dich und denk an mich, das meinen sie damit weil einige dieser Leute erzählt haben wo sich junge Männer von einundzwanzig versteckt hatten, und es war nicht notwendig das zu erzählen sie erzählten es einfach und so schickte ihnen jemand einen kleinen Holzsarg. Natürlich mußten sie einen zuverlässigen Schreiner finden der die Särge machte aber den fanden sie.

So ließ mich der spanisch-amerikanische Krieg und der Anblick all der Männer aus dem Mittelwesten in San Franzisko realisieren was Realismus ist.

Gerade heute abend Juni 1943 ging ich in der Dämmerung im

Bergdorf Culoz spazieren wo ich jetzt wohne und mein Hund Basket sprang herum und ein junger Mann in Arbeitskleidung sagte das ist ein netter Hund aber ich habe ihm gepfiffen und er will nicht kommen. Oh sagte ich man muß mehr tun als pfeifen, man muß englisch sprechen und er sagte mein Vater konnte es und ich konnte es auch einmal aber jetzt habe ich es vergessen. Und ich sagte aber woher kommt es nicht daß Sie es vergessen haben sondern daß Ihr Vater englisch sprach, das sagte er ist sehr einfach er ist Amerikaner, ach ja sagte ich, er kam im letzten Krieg als Soldat nach Frankreich er heiratete eine Französin, er bekam eine gute Stellung in Chaumont und er blieb, und im Jahr '38 hatten wir vor wegzugehen aber meine Mutter wurde krank und wir blieben. Und was ist mit ihr, sagte ich, oh sie ist tot, und er, oh er ist in einem Konzentrationslager als Amerika in den Krieg eintrat kamen sie und nahmen ihn mit, und Sie, wir sind vier Brüder und eine Schwester, und der älteste ist Schauspieler in der Comédie Française und der zweite ist Klempner und der dritte ist Metzgermeister in einem Jugendlager und ich arbeite hier für Bauern und ich heiße Robert Nelson White und ich sah aus als ob ich nicht sicher sei daß alles was er sagte so wäre und er sagte hier sind meine Papiere, sie buchstabieren das White nicht richtig aber das ist nicht wichtig, mein Name ist Robert White wie Sie seh'n, den Nelson hab ich nicht drinnen steh'n. Und all das gab mir ein etwas komisches Gefühl alles in diesen Tagen in diesen merkwürdigen Tagen kann einem ein etwas komisches Gefühl geben so schüttelte ich ihm die Hand und wir Basket und ich gingen hinauf den Hügel hoch und er Robert Nelson White ging weiter hinunter, den Hügel hinab.

All das machte mir wieder und noch mehr klar daß der spanisch-amerikanische Krieg ganz anders war. Ich fragte Robert Nelson White ob sein Vater französisches Blut habe, ob sein Großvater oder seine Großmutter Franzosen gewesen wären aber er sagte nein er sei immer Amerikaner gewesen und seine

kleine vierzehnjährige Schwester gehe zur Schule und er und seine Brüder hätten bei Nacht die Demarkationslinie überschritten um in die freie Zone zu gelangen und da sei er also.
Im spanisch-amerikanischen Krieg war Romantik einfach und realistisch wie die jungen Kalifornier die in den Krieg gingen und General King schrieb Romane darüber und in einem sagte er und ich warf die Zügel meines Pferdes zu meiner Ordonnanz Ned Hanford hinüber und Ned Hanford als er diese einfachen Worte las erschauderte er erschauderte immer. So war es damals im spanisch-amerikanischen Krieg. Damals fingen sie an über den Realismus nachzudenken. In The Red Badge of Courage von Crane und in jeder einfachen Kriegsschilderung wie die Russen sie gaben später bei einer Seeschlacht im nächsten Krieg, dem russisch-japanischen Krieg, da war es beschrieben genau wie es war nicht wie man es fühlte oder sah. Aber jedenfalls waren sie da die Burschen aus dem Mittelwesten waren in San Franzisko, und da war Chinatown und da war das Französische Viertel, und da waren die Lurline Bäder und da war alles mögliche was sie noch nie zuvor gesehen hatten. So ist es immer im Krieg, immer.
Und jetzt im Juni 1943 ist es bedrückend, es geschehen so viele traurige Dinge, so viele im Gefängnis, so viele gehen weg, der Sohn unseres Zahnarztes und er war erst achtzehn und er hätte seine Aufnahmeprüfung für die Universität machen sollen und er nahm mit anderen in einem Lastwagen Schuhe und Kleider und Waffen mit um sie den jungen Männern zu geben die sich in die Berge geschlagen hatten, damit man sie nicht wegschicken konnte und was geschah mit ihm und mit ihnen. Ich habe gerade eine sehr reizende Frau kennengelernt eine mutige und sie lebt in einem alten Schloß und hat fünf Kinder und der Jüngste ist einundzwanzig und er ist fort, sie hat niemals Geld verloren aber das Leben wird immer teurer und sie und ihre Kinder haben sehr schwer gearbeitet um das Schloß halten zu können haben die eigenen Schafe geschoren, und was sonst noch, und jetzt sagte sie, natürlich würde es ihr nichts aus-

machen daß Christian fort sei, das heißt nichts ausmachen wenn die Zeiten nicht so unsicher und so verwirrend wären, und er ist sehr süß und er ist groß und stark und sehr gewinnend und seit seiner Geburt seien nie drei Monate vergangen ohne daß sie sich gesehen hätten, weder früher noch jetzt, und ich sagte er hofft ja zur Weinlese zurückzukommen und sie hatte klare Augen sehr weit offene Augen, und sie sagte ja.
Und all das läßt einen mehr und mehr an die Seltsamkeit und die Unwirklichkeit jener Burschen aus dem Mittelwesten denken die man einfach Landser nannte, als sie in San Franzisko waren, und die dann auf die Philippinen gingen, ich sah sie nicht als sie auf den Philippinen ankamen und auch nicht als sie wieder zurückkehrten daher weiß ich nicht wirklich was mit ihnen geschah, damals interessierten wir uns alle für den Realismus in der Literatur, und das ging ungefähr so weiter bis 1938, als alles vorüber war, das war das Ende des neunzehnten Jahrhunderts und der Realismus war das letzte was das neunzehnte Jahrhundert ganz und gar zu Ende führte. Jeder kann verstehen daß kein Sinn im Realistischsein liegt was das Hier und Jetzt betrifft, überhaupt kein Zweck gar keiner, und deshalb ist dies nicht das neunzehnte sondern das zwanzigste Jahrhundert, es gibt heute keinen Realismus. Das Leben ist nicht real es ist nicht ernst, es ist seltsam was eine ganz andere Sache ist.
Während des spanisch-amerikanischen Kriegs gab es Lebensmittelskandale, und im Burenkrieg gab es Konzentrationslager wo sie nichts zu essen hatten, und all das ist nur zu natürlich. Die Konzentrationslager für die Buren regten uns alle auf, niemand wußte damals wie es jedem schließlich erging das heißt jedermann in Europa konnte schließlich bald nichts mehr zu essen haben. Es gab Hungersnot in China sogar in Rußland und es gab Hungersnot in Indien und jeder regte sich damals zur Zeit des Burenkriegs und vorher und nachher sehr darüber auf aber jetzt hier 1943 hat man nicht genug zu essen nichts was man essen kann, kauft schwarz, das heißt Schwarz-

handel, denkt ans Essen, auf der Straße radelt oder geht jeder mit einem Packen auf dem Rücken oder einem Korb in der Hand, oder einem großen Bündel auf dem Fahrrad, mit Lebensmittelhoffnung, irgendwo auf dem Land wird es schon ein Ei oder irgend etwas oder sonst etwas geben, und vielleicht wird man dieses irgend etwas bekommen. Eines Tages ging ich spazieren, nun natürlich hatte ich einen Korb und große Erwartungen und Hoffnungen und ich traf eine nette freundliche kleine Bürgersfrau aus Belley, und es war Frühling und sie hatte einen sehr reizenden und ziemlich großen sehr schön zusammengestellten Blumenstrauß in der Hand und ich sagte was für ein reizender Blumenstrauß, ja sagte sie den Blumenstrauß betrachtend, ja, ich war auf dem Land um Verwandte zu besuchen, und ich hatte gehofft, ich hatte vielleicht auf ein Ei gehofft, vielleicht sogar auf ein Huhn, und sie stieß einen kleinen Seufzer aus sie gaben mir diese Blumen. Es sind sehr reizende Blumen sagte ich, ja sagte sie, und wir sagten auf Wiedersehen und jeder ging seines Weges. Es sind so viele Leute im Gefängis weil sie verkaufen was sie nicht verkaufen sollten, und dennoch, ja und dennoch, ich traf Roselyn ich sagte Sie sehen blendend aus, die Rationierung scheint Ihnen nichts ausgemacht zu haben, nun sagte Roselyn, man findet schon etwas. Roselyn, sagte ich, Sie lassen sich auf Schwarzhandel ein, mais non, sagte sie natürlich würde sie das nicht tun, etwas finden ist eine Sache, sich auf Schwarzhandel einlassen eine ganz andere. Erklären Sie mir den Unterschied sagte ich. Gut sagte Roselyn, finden ist wenn man jeden Tag eine kleine Menge zu einem vernünftigen Preis findet die die Ration nur etwas vermehrt und einen gesund hält. Schwarzhandel ist wenn man eine sehr große Summe für eine große Menge Lebensmittel zahlt, das ist der Unterschied. Und sie hat recht das ist ein Unterschied und wir alle laufen den ganzen Tag und täglich herum und womöglich finden wir etwas oder auch nicht etwas das uns über den Tag hilft. Wie Madame Pierlot sagte, man kauft heutzutage nicht nur mit Geld man kauft mit seiner Persönlichkeit. Jo Davidson sagte stets man müsse immer seine Persönlichkeit verkaufen, aber jetzt ist es nicht eine Frage von Verkaufen es ist eine Frage von Einkaufen mit seiner Persönlichkeit. Nichts ist in diesen Tagen trauriger als Leute die niemals Freundschaften schließen, die armen Dinger haben nichts zu essen, auch die nicht die den Mund zu halten vergessen, und doch tut fast jeder essen. Fast jeder, fast, am schlimmsten ist es für die Männer im mittleren Alter, nicht für die Frauen sie haben mehr Widerstandskraft aber Männer im mittleren Alter werden ohne Wein und Käse dünner und dünner und dünner. Wir Frauen in einem gewissen Alter, wir nehmen ab bis zu einem gewissen Punkt und dann scheinen wir ganz gut weiterzukommen, aber die Männer im mittleren Alter werden dünn, und dünner und dünner. Natürlich diejenigen die vorher dick gewesen sind. O meine Güte.

Es war der Burenkrieg der uns zum ersten Mal wirklich erkennen ließ, daß Krieg sie dünn macht das heißt die Zivilbevölkerung, es muß im Bürgerkrieg genauso gewesen sein, aber damals gab es so viele Pioniere und Pioniere sind immer dünn, und die Buren hatten Fett angesetzt, und der Burenkrieg machte sie dünn ganz wie jetzt.

Ich habe gerade eine nette Geschichte über die Frau eines Bauern gehört. Sie beklagte sich daß ihre Kuh nicht leben könne weil sie kein Heu hätte. Jemand der ein großes Haus hatte und sehr viel Land hörte sie und sagte ich will Ihnen zweitausend Pfund Heu geben das heißt eine Fuhre Heu als Geschenk wenn Sie mir jeden Tag einen Liter Milch verkaufen. Und sagte die Frau des Bauern was soll ich tun wenn ich soviel weniger Butter habe. Nein auf keinen Fall sagte die Frau des Bauern. Der Burenkrieg mochte so gewesen sein und genau so ist 1943.

Und so war damals der spanisch-amerikanische Krieg. Soviel passierte im spanisch-amerikanischen Krieg, uns und mir den Vereinigten Staaten und uns, einiges auch Spanien und jedem Spanier aber damals war man daran gewöhnt, in Europa ge-

schahen immer solche Dinge. Aber bei uns obwohl es eigentlich in unserer kurzen Geschichte sehr häufig passiert war es doch keine Gewohnheit.
Heute waren wir in Aix-les-Bains, Ende Juni 1943 wenn du das siehst erinnre dich und denk an mich, und eigentlich war es anders aber in gewisser Weise waren es eigentlich die jungen Landser aus dem Mittelwesten in San Franzisko. Wir waren am Bahnhof es war der erste Juli und es gab viele Züge und viele Leute, auf einem Gleis wo unser Zug hätte sein sollen war er nicht. Und dann kam ein Zug daher, alle Züge fahren jetzt sehr langsam, die Lokomotivführer sind verbraucht die Geleise sind verbraucht und die Kohle ist schlecht und so fahren sie obwohl eine ziemliche Anzahl von Zügen fährt im Schrittempo. Auf diesem Zug der daherkam und weiterfuhr und nicht anhielt waren Tanks und Lastwagen die nicht sehr stark aussahen, da sie nicht gepanzert waren und auf ihnen sitzend und in den offenen Wagen sitzend untergebracht auf Lastwagen und überall sitzend waren Deutsche völlig nackt bis auf eine kleine Hose nichts auf dem Kopf und saßen da und der Zug fuhr langsam vorbei und alle Franzosen waren wie in einem Theater das sie nicht interessierte und der Zug fuhr langsam vorbei und dann kam unser Zug an und ich stieg ein mit meinem weißen Hund Basket und die Franzosen hatten ihre Freude an ihm, Basket war der richtige Zirkus, er war Theater das sie interessant fanden und sie waren interessiert und sagten es auch, und niemand hätte den überfüllten Zug mit den Deutschen beachtet außer vier junge Franzosen vom Camp de Jeunesse und sie lachten wie alle jungen Burschen in diesem Alter, was mich an die Landser in San Franzisko erinnerte, mitten in der Bevölkerung von San Franzisko. Wer. Diese Deutschen.
Es ist seltsam seltsam im Sinne von merkwürdig und eigenartig und unwirklich, die Tatsache daß es so viele Gefangene gibt, Gefangene, Gefangene überall, und jetzt ist Berard bei dem wir manchmal gegessen haben, wegen Schwarzhandel im

Gefängnis, und ein Elsässer und seine Frau und sein Sohn, wegen des jüngeren Sohnes der zum Begräbnis seiner Verlobten ging und auf dem Weg verhaftet wurde und entfloh und sie waren im Gefängnis und jetzt sind sie entlassen und er ist in Sicherheit aber wo. Irgendwo. Und ganze Länder im Gefängnis und jetzt haben wir das Gefühl daß die die alle ins Gefängnis gesteckt haben jetzt selbst im Gefängnis sind sie fühlen sich im Gefängnis, sie fühlen sich gefangen. Sie haben uns gerade erzählt daß unsere Freunde der amerikanische Konsul und der Vizekonsul obwohl im Gefängnis sehr frei sind und sich amüsieren und Blumen in ihren Zellen haben und Tennis spielen und Nachrichten schicken und Ausflüge machen. O weh wenn du das siehst, aber schließlich wenn man es sieht, könnte man sich schließlich auch vorstellen daß ich nach alldem keine Lust mehr habe noch Kriminalromane und Spionagegeschichten und dergleichen zu lesen aber durchaus nicht ich will sie lesen mehr denn je, um eine Wirklichkeit gegen die andere einzutauschen, eine Unwirklichkeit gegen eine andere und so gab der spanisch-amerikanische Krieg uns Amerikanern das Bewußtsein eine Weltmacht zu sein, das Bewußtsein für die Schule des Realismus, das Bewußtsein daß England neunzehntes Jahrhundert ist, mit Kipling und des weißen Mannes Bürde, was in gewisser Weise für mich der Beginn der Tötung des neunzehnten Jahrhunderts war, das jetzt nicht länger mehr stirbt sondern tot ist und die kleinen Särge die allen Pro-Deutschen geschickt werden sind ein Teil des Begräbnisses. Franzosen wie Neu-Engländer lieben Begräbnisse, es ist eine friedvolle Beschäftigung, nett und ruhig, und sicher. Ach sagen die Franzosen vor alledem waren wir so glücklich aber wir haben unser Glück nicht geschätzt.
Realismus.
Schließlich muß es Realismus geben in der Romantik und in Romanen und der Grund dafür ist dieser. Romane müssen irgend etwas ähneln und damit sie das tun muß es Realismus geben. Selbstverständlich hatten alle Schriftsteller Realismus,

Schriftsteller und Leser haben immer einen Realismus, schließlich ist Leben immer irgendwie real, das heißt das man hört und sieht, selbst was man fühlt ist irgendwie immer real, aber der Realismus der Gegenwart erscheint neu weil der Realismus der Vergangenheit nicht mehr real ist.
Und so begann gerade zur Zeit des spanisch-amerikanischen Krieges der Unterschied zwischen Kiplings Realismus, der Romantik war, aber real genug, und dem französischen und russischen Realismus, der so real war daß er real war und genug. War er wirklich so wie jeder den Realismus erkennen konnte, oder war er es nicht. Gerade zur Zeit des spanisch-amerikanischen Krieges und später des russisch-japanischen Krieges wurde diese Frage des Realismus zur Lebensfrage für Amerikaner die ein Land mit einem klaren hellen industriellen Licht und widerstandsfähigem Stahl hatten, weshalb ihr Leben einen sauberen und widerstandsfähigen Realismus brauchte aber zugleich mußten sie unterwegs sein und man kann nicht ständig unterwegs sein ohne sich romantisch zu fühlen. Das neunzehnte Jahrhundert war damals in seiner vollen Kraft und jeder wußte es, und jeder wußte daß wenn etwas so ist man anfangen muß mit dem Versuch es zu vergessen, und sie alle fingen damit an sie alle fingen an mit dem Anfang es zu vergessen.
Es ist merkwürdig mit Dingen die real sind. Etwas geschah vor ein paar Monaten, im Februar 1943.
Wir waren all diese Kriegsjahre in Bilignin gewesen und jetzt war unser Mietvertrag abgelaufen und unser Hauswirt und seine Frau wollten ihr Haus zurückhaben, nicht daß sie es gerade jetzt brauchten, aber sie wollten es zurückhaben. Und so hatte ich zum ersten Mal in meinem Leben einen Anwalt und einen Prozeß, und wir verloren aber nichtsdestoweniger gaben sie es uns länger, und die Behörden sagten solange sie nicht zustimmten daß man uns heraussetzt könnten die andern trotz des Gesetzes nichts dagegen tun. Und dann änderte sich die Lage, die französische Armee wurde aufgelöst, und unser

Hauswirt der Hauptmann war hatte mehr Grund sein Haus wieder zurückzuverlangen und so bot uns schließlich jemand das Haus in Culoz an, und es ist obwohl modern ganz wunderbar, aber nachdem man so lange in einem alten Haus gewohnt hat hat ein neues Haus manches Angenehme für sich, Fenster die schließen und Licht und Luft, nun jedenfalls sagten wir dem Anwalt es sei in Ordnung, und der neue Prozeß den wir gerade anstrengen wollten ging nicht weiter, und wir hatten alles für den Umzug gerichtet darunter unseren elektrischen Boiler und unsere Badewanne und unseren elektrischen Küchenherd und unseren Kühlschrank, und wir hatten alle Vorbereitungen getroffen, und unsere alten Hauswirte waren schließlich entschlossen sich nett zu benehmen und ich ging hinunter um jedem in Belley auf Wiedersehen zu sagen und vor allem meinem Anwalt. Es hatte mich immer so beeindruckt daß alle Engländer die ich kannte immer zu ihrem Anwalt gingen. Selbst wenn sie kein Einkommen haben und nichts verdienen haben sie immer einen Anwalt und nun hatte ich zum ersten Mal in meinem Leben einen Anwalt, und ich ging also hinunter um mich von meinem Anwalt zu verabschieden.

Wir hatten kürzlich eine Anzahl schwieriger Augenblicke. Amerika war in den Krieg eingetreten, unser Konsul und Vizekonsul in Lyon mit denen wir uns sehr angefreundet hatten weil sie ein Sommerhaus direkt neben uns gemietet hatten und eine weiße Ziege mit Namen Genevieve hielten, und dort fanden wir zum ersten Mal heraus daß es Ziegenmilch gab die nicht nach Ziege schmeckte, sie waren zuerst in Lourdes interniert gewesen und dann nach Deutschland verschickt worden und jetzt ging ich nach Belley um mich zu verabschieden da wir fortzogen. Mein Anwalt sagte daß alles geregelt sei und wir dankten uns gegenseitig und sagten was für ein Vergnügen alles gewesen sei, und dann sagte er und jetzt muß ich Ihnen etwas ziemlich Ernstes mitteilen. Ich war gestern in Vichy, und ich traf Maurice Sivain, Sivain war sous-prefet in

Belley gewesen und war höchst freundlich und hilfsbereit bei der Erweiterung unserer Privilegien und in der Besitznahme unseres Hauses gewesen, und Maurice Sivain sagte zu mir, sagen Sie diesen Damen daß sie sofort in die Schweiz abreisen müssen, wenn möglich morgen andernfalls werden sie in ein Konzentrationslager gesteckt. Aber sagte ich wir ziehen gerade um. Ich weiß sagte er. Ich fühlte mich sehr unbehaglich, ganz und gar unbehaglich. Aber wie können wir reisen, wo doch die Grenze geschlossen ist, sagte ich. Das sagte er könnte arrangiert werden ich glaube das könnte arrangiert werden, Sie meinen durch Bestechung sagte ich, ja sagte er, das könnte arrangiert werden. Ich fühlte mich sehr unbehaglich. Ich sagte ich glaube ich gehe nach Hause und würden Sie Madame d'Aiguy telefonisch ausrichten daß sie mich aufsuchen möchte. Er sagte soll ich mit Ihnen nach Hause gehen, ich fühlte mich wirklich sehr unbehaglich, und ich sagte nein ich werde nach Hause gehen und Madame d'Aiguy wird zu Ihnen hinunterkommen und alles arrangieren und ich ging nach Hause. Ich kam herein, ich fühlte mich ein bißchen weniger unbehaglich aber ich fühlte mich noch immer unbehaglich, und Alice Toklas und Madame d'Aiguy waren da, und ich sagte wir ziehen morgen nicht um wir gehen in die Schweiz. Sie verstanden das nicht und ich erklärte es und dann verstanden sie, und Madame d'Aiguy ging weg um den Anwalt zu sehen und alles zu arrangieren und Alice Toklas und ich setzten uns zum Abendessen hin. Wir fühlten uns beide unbehaglich und dann sagte ich. Nein, ich gehe nicht wir gehen nicht, es ist besser legal zu gehen wohin auch immer man uns schickt als illegal irgendwohin zu gehen wo niemand uns helfen kann wenn wir in Schwierigkeiten sind, nein sagte ich, sie versuchen uns immer so weit zu bringen daß wir Frankreich verlassen aber hier sind wir und hier bleiben wir. Was meinst du, sagte ich, und wir dachten nach und ich sagte wir wollen hinunter nach Belley gehen und den Anwalt aufsuchen und nein sagen. Wir gingen nach Belley hinunter es war Nacht es war dunkel aber ich gehe immer nachts spazieren, mir gefällt das, und ich nahm Alice Toklas am Arm weil sie nicht die Gewohnheit hat nachts spazierenzugehen und wir kamen nach Belley, und stiegen die komischen Stufen zum Anwalt hinauf, und ich sagte ich habe beschlossen nicht zu gehen. Madame d'Aiguy war noch da und sie sagte das sei zu verstehen, und der Anwalt sagte vielleicht sollten wir doch lieber gehen und dann sagte er er habe ein Haus oben in den Bergen und dort wüßte niemand Bescheid, und ich sagte schön vielleicht später aber jetzt sagte ich morgen ziehen wir um nach Culoz, in unser großes behagliches neues Haus mit zwei guten Dienstboten und einem hübschen großen Park mit Bäumen, und wir gingen alle nach Hause und am nächsten Tag zogen wir um. Es dauerte einige Wochen bis wir damit fertig wurden aber endlich wurden wir fertig.

Aber was so merkwürdig war an der ganzen Sache war deren Unwirklichkeit, wie Dinge unwirklich sind wenn man ein Kind ist und bevor man etwas über Realismus weiß wie wir im spanisch-amerikanischen Krieg und im russisch-japanischen Krieg ebenfalls.

Und auch das seltsame Wesen von Regierungsbeamten, ich weiß jetzt eine ganze Menge das und die russische Literatur ungefähr zur Zeit des russisch-japanischen Krieges haben uns darüber belehrt.

Ungefähr in jenen Tagen geschahen drei Dinge die mich über derartige Dinge aufklärten. Da war mein ältester Bruder der aus dem Osten als Mitglied der G. A. R.* heimkehrte, er hatte sich einen Bart wachsen lassen müssen um alt genug auszusehen, natürlich gehörte er nicht dazu aber es gab Privilegien beim Reisen und anderen Dingen deshalb schloß er sich ihnen an. Damals erfuhr ich zum ersten Mal etwas über das öffentliche Beamtentum und über das was man durch Bestechung erreichen kann. Selbstverständlich hat das etwas mit Krieg zu

* G. A. R.: Abkürzung für *Grand Army of the Republic;* zum Gedenken an den Bürgerkrieg gegründete Gesellschaft

tun, weil gewöhnliche Menschen das heißt solche die ein friedliches Leben führen, vor allem Männer, irgendwann einmal in Kontakt mit Beamten kommen aber im Krieg früher oder später jeder. Die zweite Sache war der berühmte Oscar Wilde-Prozeß und die Frage der öffentlichen Meinung und die dritte Sache war der Fall Dreyfus und der Antisemitismus.
Jeder kann eine Frage stellen und jeder kann eine Frage beantworten, und im Krieg stellt man mehr Fragen denn je vor allem in einem Krieg wie diesem von 1943. Wer sagte Christine sechs Jahre alt zu ihrer Mutter wer sind die Italiener, was eine verständliche Frage war da die Italiener die Besatzung waren, natürlich die Deutschen sagte ihre Mutter, und wer sind die Freunde der Deutschen, natürlich die Italiener sagte ihre Mutter, und wer sind die Freunde der Engländer sagte Christine, natürlich die Amerikaner sagte ihre Mutter, und ist Stalin ein Freund der Deutschen sagte Christine, nein der Engländer sagte ihre Mutter, und wer sind die Freunde der Franzosen, sagte Christine, natürlich niemand sagte die Mutter.
So ist es wenn man Fragen stellt und es eine Antwort gibt nichtsdestoweniger weniger erhellend, aber jeder kann Fragen stellen im Jahre 1943, im Juli.
Nichtsdestoweniger gibt es mehr Beamte denn je, mehr Polizei, mehr Verordnungen, mehr Umgehung des Gesetzes, mehr Gefangene mehr Kommen und Gehen und jeder muß früher oder später eine große Anzahl Beamte kennen eine sehr große, und gewiß ganz gewiß stellen oder beantworten sie keine Fragen, und wenn sie es tun haben sie nicht die Absicht es zu tun sie stellen sie weil man ihnen befiehlt es zu tun. Wir haben eine Bekannte, sie war von den Deutschen verhaftet worden weil nun weil es einen Grund gab, gewöhnlich gibt es einen Grund man könnte sagen man findet immer einen Grund. Und sie stellten Fragen und sie beantwortete alle indem sie sagte daß sie die Antwort auf die Fragen nicht wisse. Niemand weiß ob sie die Antwort auf die Fragen die sie ihr stellten weiß. Und die ganze Zeit über war überall um sie herum ein Entsichern

und Sichern von Revolvern und Polizeihunde die kamen und gingen und sich hinlegten und aufstanden und plötzlich lachte sie, ganz vergnügt und der Mann der ihr Fragen stellte sagte lachen Sie nicht über mich und sie sagte ich lache vergnügt das heißt ich lache über die Absurdität daß ich hier bin nicht fähig die Fragen die Sie mir stellen zu beantworten und so war sie zwei Monate lang im Gefängnis und dann riefen sie sie noch einmal um Fragen zu stellen und da sie die Antworten ebensowenig wußte wie vorher sagte der Mann der sie fragte jetzt können Sie gehen, und sie sagte wohin und er sagte wohin Sie wollen und sie sagte meinen Sie damit daß ich frei bin und er sagte ja Sie sind frei, und sie sagte aber ich habe kein Geld mehr, ich habe alles im Gefängnis aufgebraucht und ich habe nichts mehr für das Fahrgeld, und meine Freunde wohnen ziemlich weit weg, können Sie mir zwanzig Sous für das Fahrgeld geben, und er sagte ja das könne er und sie sagte tun Sie es, und er gab sie ihr und sie ging fort und sie war frei.

Das Interessanteste an Regierungsbeamten ist daß sie glauben was sie glauben sollen, sie glauben wirklich was sie glauben sollen, sie glauben wirklich was sie glauben sollen, was sehr viel mit Krieg zu tun hat und mit dem was Kriege sind. Wirklich.

Ich fragte einmal jemanden der es wissen mußte warum Beamte in der Armee in jedem Zweig der öffentlichen Verwaltung anscheinend nicht die Art von Urteil haben über das was vor sich geht wie es der Mann von der Straße jeder Mann oder jede Frau hat. Oh antwortete er der Grund ist einfach, sie sind Spezialisten, und für einen Spezialisten ist seine Spezialität immer das Ganze und wenn seine Spezialität gut funktioniert und das tut sie im allgemeinen dann muß alles gelingen. In der deutschen Armee nennen sie diese Spezialisten Bienen, weil man annimmt, daß sie in ihren Zellen Honig machen, nicht Geld o nein, Honigseim. Und das ist es also was zum Krieg führt, und dann zum Scheitern des Krieges führt. Ich habe zwischen 1939 und 1943 so oft gesagt, ich kann nicht verstehen warum die Leute so wenig gesunden Menschenverstand haben warum sie nicht verstehen können daß sie gewinnen werden wenn es keine Möglichkeit mehr gibt zu gewinnen, warum sie sich nicht erinnern können zwei und zwei macht vier, immer und mehr nie und nimmer. Und jetzt weiß es jeder außer den Beamten sie glauben immer noch was man von ihnen zu glauben erwartet niemand sonst glaubt es, nicht einmal alle ihre Familien glauben es aber glaubt es oder nicht, sie glauben es noch immer, glauben was man von ihnen zu glauben erwartet. Und deshalb wird es weil sie glauben was man von ihnen zu glauben erwartet natürlich möglich daß das Land denkt sie können einen Krieg gewinnen den sie unmöglich gewinnen können, und deshalb gehen sie in den Krieg, und das alles weil die Beamten wirklich glauben was man von ihnen zu glauben erwartet sie glauben es wirklich. Selbstverständlich ist das den meisten Leuten in Friedenszeiten nicht klar weil die Beamten die so sind praktisch nie mit ihnen in Kontakt kommen, und da niemand glaubt was man von ihm zu glauben erwartet, wirklich man könnte sagen niemand glaubt das das heißt im täglichen Leben glaubt was man von ihm zu glauben erwartet weil sie zu beschäftigt sind ihren Lebensunterhalt zu verdienen als daß sie noch Zeit hätten zu glauben was man von ihnen zu glauben erwartet, aber weil Beamte es nicht nötig haben ihren Lebensunterhalt zu verdienen weil bei ihnen Gegenwart Vergangenheit und Zukunft gesichert sind, und praktisch unveränderlich, können sie alle Zeit und Kraft darauf verwenden um zu glauben was man von ihnen zu glauben erwartet und die Folge davon ist Krieg, die Kriege, die sie sicher verlieren werden, ich nehme an sogar die Kriege die sie sicher gewinnen werden, nun ja. Im Bürgerkrieg war Lee solch ein typischer Beamter, der glaubt, was zu glauben man von ihm erwartet, und damals als mein Bruder der nicht dazu gehörte mit ihnen nach Kalifornien kam und nichts weiter zu tun hatte als einen Bart zu tragen um alt genug auszusehen begann ich verschwommen zu verstehen daß Beamte nichts mit dem Beruf

Leben zu tun haben weil sie glauben was zu glauben man von ihnen erwartet, daraus entsteht eine gewisse Sorte Geistlicher und Schullehrer ebenso wie Militär und Staatsangestellte. O du meine Güte, und morgen werden wir mehr zu essen haben, darüber machen wir uns immer Sorgen aber bis jetzt war es immer so, obwohl die Regierungsbeamten glauben was zu glauben man von ihnen erwartet.

Das nächste was mich damals beeindruckte war Oscar Wildes Geschichte und das vor allem wegen des Gedichtes das er über seine Gefängniszeit schrieb, bis dahin hatte ich es nie für möglich gehalten, daß jemand im Gefängnis sein könne dessen Beruf es natürlicherweise nicht war wegen natürlicher oder wirklicher Verbrechen im Gefängnis zu sein, und im damaligen Kalifornien bedeutete natürlich sogar das natürliche oder wirkliche Verbrechen nicht gleich Gefängnis. Und jetzt 1943 ist ein Großteil der Männer einer ganzen Nation im Gefängnis. Gefangene, Gefängnis, natürlich wußten wir Bescheid über Andersonville und das Libby-Gefängnis, aber das war romantisch, aber jetzt sind es zu viele für Romantik, viele viele, zu viele. Jeder kann jetzt ein Gefangener sein, selbst diejenigen die nur in einem Ausbildungslager sind fühlen sich wie Gefangene. Wir haben gerade von Victor dem einundzwanzigjährigen Bäckerssohn der unser Gärtner gewesen war einen Brief bekommen. Er ist der einzige Sohn hat vier Schwestern und wird von seiner Familie sehr geliebt. Er sagt,

Mein Leben hat sich völlig verändert seit ich hier bin, ich höre nie auf an mein früheres Leben zu denken, damals ging ich aus wenn ich ausgehen wollte, ich blieb aus, so lange ich ausbleiben wollte, ich kam zurück wann ich es wollte, aber ach jenes Leben ist vorbei, für die acht Monate die ich in diesem isolierten Lager bleiben muß wo wir nie einen Zivilisten sehen, die ganze Woche hindurch. Sonntags gehen wir aus aber in einer Gruppe und mit unserem Vorgesetzten, also sind wir nicht frei. Und dazu heute noch ein Brief von einem wirklichen Gefangenen in Deutschland, und er sagt, ich habe Sie und Ihr

Land immer gern gehabt und ich habe meine Ansicht nicht geändert, weit gefehlt.
Nun er ist frei zu sagen was er will aber es ist auch sehr schwierig das zu unterbinden damit aufzuhören sehr sehr schwierig, selbst im Gefängnis.
Ein anderer Freund ein politischer Gefangener erzählte uns, daß man nie so viele Nachrichten wirkliche Nachrichten über alles hat wie im Gefängnis. Und ein Hotelier den wir mochten, nun ja es gibt den schwarzen Markt, und es gibt dies und es gibt das, und alle sind im Gefängnis, und jetzt fühlen sich die Deutschen und die Italiener im Juli 1943 da der Druck auf sie von allen Seiten beginnt, selbst gefangen. Es gibt keinen Zweifel daß jeder wirklich wünscht frei zu sein, zumindest sich frei zu fühlen, sie mögen gern Befehle geben oder sogar empfangen, aber sie fühlen sich gerne frei, o ja wirklich sie fühlen sich gerne frei, und so war Oscar Wilde und die Ballade vom Zuchthaus zu Reading der erste Anlaß der mir klar machte daß es einem plötzlich passieren konnte, im Gefängnis zu sein.
Und das nächste war dann die Dreyfus-Affäre, das heißt der Antisemitismus, und das ist eine sehr merkwürdige Sache im Zusammenhang mit dem mittelalterlichen Geist und dem neunzehnten Jahrhundert und damit daß ein Jahrhundert so schwierig zu töten ist, alles ist so schwierig zu töten, Gott sei Dank.
Er kann aus Akazien, aus Händen und aus Gesichtern lesen. Akazien sind für die Ziege, und die Ziege gibt Milch, sehr notwendig heutzutage und Hände und Gesichter sind Hände und Gesichter, und Träume sind wirklich wenn man tanzt und einschläft, und das alles hat das mit dem Antisemitismus zu tun ist es wahr und nicht wirklich und wirklich und nicht wahr.
Ganz und gar.
Es gibt eine merkwürdige Irreführung.
Vor dem Industrialismus waren Juden internationale Bankiers und davor internationale Geldverleiher aber seit dem Industrialismus ist das ganze jüdische Geld in der Welt nur ein

Tropfen auf den heißen Stein und alles zusammen könnte nie jemanden bestechen Krieg zu führen oder Frieden zu stiften, nicht ein bißchen. Die Rothschilds waren in den napoleonischen Kriegen und kurz danach das Ende der jüdischen Finanzhäuser. Dann begann der Industrialismus und darin waren die Juden niemals eine wirtschaftliche Macht gewesen wie jeder weiß der Bescheid weiß und wie alle wissen die Bescheid wissen. Aber die Europäer vor allem die Länder die ihr Volk gerne irreführen wollen das nicht wissen, sie müssen es wissen natürlich, jeder muß es wissen, und die Juden wollen nicht daß irgend jemand es weiß obwohl sie es ganz genau wissen sie müssen es wissen weil sie sich dadurch selbst weniger wichtig fühlen würden und da sie sich als auserwähltes Volk untereinander selbst immer wichtig gefühlt haben, wollen sie nicht daß irgend jemand es weiß. Aber natürlich muß es jeder wissen, die großen Namen in der Industrie und in der Finanzierung der Industrie sind in keinem modernen Land jüdisch und jeder muß das wissen aber niemand will es wissen, weil jeder möchte daß es ist wie man annahm daß es sei und nicht wie es war denn niemand möchte daß irgend jemand verschwindet, und da es viele Jahrhunderte lang so war und die Religion natürlich mit hineingeraten ist und da man das wiederum nicht mehr als eine strikt religiöse Frage behandeln und das Leben mit dem Christentum erschweren kann, deshalb ist es unvermeidlich daß sie alle etwas weiter glauben wollen wovon sie wissen daß es gar nicht so ist, und mir wurde dies zum ersten Mal klar beim Dreyfus-Prozeß und jetzt durch Deutschland das sich so verzweifelt an jedes vergangene Jahrhundert klammert, jedes vergangene Jahrhundert ist eine Hoffnung und eine Macht jedes vergangene Jahrhundert sogar jedes gegenwärtige Jahrhundert, sie klammern sich an ein Jahrhundert und an das wofür dieses Jahrhundert steht, sie müssen das tun um ihren Zusammenhalt zu bewahren und so ist der Antisemitismus den wir schon seit einigen Jahrhunderten unter uns haben immer noch etwas woran man sich klammern kann.

Wenn der Stern rot ist werden sie in Frankreich kämpfen und der Stern ist rot heute nacht am dreiundzwanzigsten Juli, er ist rot. Rot weiß und blau keiner hier außer dir. Jedenfalls ist der Antisemitismus in finanzieller Hinsicht sinnlos. Das sage ich.
Vom russisch-japanischen Krieg an wurde ich aus Gründen des täglichen Lebens eine Europäerin und so waren nicht nur Kriege anders sondern auch das Jahrhundert war anders das zwanzigste Jahrhundert hatte begonnen. Mit der Wissenschaft war es vorbei, denn ob ihr es glaubt oder nicht das zwanzigste Jahrhundert ist nicht an Wissenschaft interessiert wirklich nicht.
Heutzutage müssen wir Tiere um uns haben weil wir Milch und Eier brauchen und es keine Möglichkeit gibt sie zu kaufen deshalb haben wir Hühner und eine Ziege, und ich sorge für sie im August 1943. Und ich war beeindruckt von der Tatsache daß sie was man auch tut das heißt was sie tun und was sie sind immer fünf Zehen haben müssen, die Hühner und Ziegen, und Hunde und alles. Es gibt keinen Grund dafür es ist nur wie man sagen könnte eine mystische Zahl, eine Zahl die gefällt aber einmal entstanden ist sie eben da, an allen Zehen ist die Fünf zu sehen. Und das hat sehr viel damit zu tun, daß das neunzehnte Jahrhundert an die Wissenschaft glaubte das zwanzigste Jahrhundert aber nicht. Nicht.
Heilige Odile, o ja Heilige Odile.
Ich sagte einmal die Bauern von Bilignin hätten kurz vor diesem Krieg gesagt keiner von ihnen würde Weizen anbauen wenn sie den Weizen mit Dreschflegeln selbst bearbeiten müßten so wie es früher üblich war, sie würden nur Weizen anbauen wenn die Dreschmaschine vorbeikäme um ihn zu dreschen, und jetzt 1943 dreschen sie alle ihren Weizen mit Dreschflegeln, und sie angeln Aale um die Haut zu bekommen, es gibt kein Leder mehr, und die Aalhaut ersetzt das Leder im Dreschflegel, und sie tun es, nicht weil es keine Maschinen gibt, es gibt sogar elektrische die sie vorher nicht hatten, aber

wenn ihr Weizen von einer Maschine gedroschen wird kann die Regierung es kontrollieren, und wenn er mit dem Dreschflegel gedroschen wird, jeder wann und wo er will, anstatt alle gemeinsam mit einer Maschine, kann man natürlich etwas für sich behalten, kann man etwas verstecken, kann etwas essen, o meine Güte, natürlich ist Weizendreschen mit einem Dreschflegel ebensosehr Wissenschaft wie wenn man es mit einer elektrischen Maschine tut, aber es läßt die Leute nicht den Triumph der Wissenschaft fühlen, ganz und gar nicht es macht nur mittelalterlicher und geheimnisvoll, und deshalb ist das zwanzigste Jahrhundert nicht an der Wissenschaft der sogenannten interessiert, ganz und gar nicht, während das neunzehnte Jahrhundert außer ihr nichts hatte, gar nichts.
Und jetzt zur Heiligen Odile.
Unser junges Hausmädchen sagte als sie heute morgen kam und ich sie fragte ob es etwas Neues gäbe ich kann Ihnen nur sehr wenig erzählen, es ist immer dasselbe einer gewinnt und einer verliert. Es ist immer dasselbe.
Und genau das war es was die Prophezeiungen der Heiligen Odile anders erscheinen ließ, das endgültige Gewinnen war so ungeheuerlich. Hier die Geschichte.
Im Jahr 1940 als wir alle voll Sorge und Verzweiflung waren und nur ein wenig Hoffnung hatten und völlige Gewißheit daß die Deutschen am Ende doch gewinnen würden. Zu meiner großen Überraschung sagte da ein Gefangener ein junger Musiker das Schlimmste an der Gefangenschaft sei daß man den ganzen Tag und die ganze Nacht immer mit siebzig andern Männer zusammen ist, nur Männer immer zusammen, wie es Cummings in The Enormous Room beschrieben hat. Trotzdem so sagte er hielt es die ganze Belegschaft jeden Morgen einfach für absolut selbstverständlich daß die Deutschen nicht gewinnen würden. Alle sagten einander guten Morgen und wie lange wird es noch dauern bis die Deutschen besiegt sind. Aber sagte ich wie konnten Sie diesen Glauben aufrechterhalten. Wir hielten ihn nicht aufrecht sagte er wir hatten ihn, wir

hatten einfach überhaupt kein anderes Gefühl. Für uns hingegen die Zivilbevölkerung war das nicht so leicht, wir brauchten die Prophezeiungen der Heiligen Odile die aber auch sehr viel halfen.

Heute im August 1943 sah ich noch einen heimgekehrten Gefangenen, er war bleich und seine Augen glühten und als ich in das Lebensmittelgeschäft kam hörte ich jemanden sagen diese Schweine diese Schurken. Und der Lebensmittelhändler sagte zu mir seien Sie nicht so entsetzt er spricht nur über die Boches. Ja sagte der Mann ich verstehe nicht wie jemand nicht begreifen kann daß wir mit den Deutschen noch im Krieg sind. Ein Waffenstillstand ist eine Pause aber er ist kein Ende, und solange es keinen Frieden gibt sind wir im Krieg, und solange wir im Krieg sind ist jeder der dem Feind hilft ein Landesverräter, so wenigstens sehe ich es sagte er und seine Augen glühten und er sagte es heißt daß die Amerikaner langsam sind aber ich bin doch nicht blind, Roosevelt sagte sie würden im Jahre 1943 hier sein, und jetzt haben wir 1943 und sie sind hier. Ich weiß nicht was man noch will mich befriedigt das, sie sagten sie würden hier sein und sie sind hier. Und ich sagte ich als Amerikanerin möchte Ihnen danken und wir schüttelten einander die Hand und er sagte danke und ich sagte danke.

Das ist eine wirkliche Prophezeiung. Genau das, aber natürlich lag es nahe, es wurde im Jahr 1942 gesagt, und dann ist da noch die bedingungslose Kapitulation, die man vom Feind verlangt. Als ich ein Kind war und später und immer bewunderte ich General Grant, und ich wußte daß sie die Anfangsbuchstaben seiner Vornamen Ulysses Simpson benutzten und Unconditional Surrender Grant (Bedingungslose Kapitulation-Grant) daraus machten. Es war vernünftig sehr vernünftig sehr logisch so dachte ich damals und heute sagte ich gerade, wenn der Gewinner gewinnt, sollten die Besiegten nachgeben, und warum vorher nach Bedingungen fragen, wenn der Gewinner vorhat, großmütig zu sein wird er großmütig sein und wenn er nicht vorhat großmütig zu sein wird er nicht großmütig sein,

was nutzt es also Bedingungen zu stellen. Bedingungslose Kapitulation und dann laß sie großmütig sein oder nicht. Das ist vernünftig, weil die Geschlagenen ohnehin geschlagen sind. Das ist der Unterschied zwischen europäischer Logik und amerikanischer Logik genau das. Also war eigentlich mein ständiges Zitieren des bedingungslos kapitulierenden Grant eine Prophezeiung. Eigentlich stimmt das. Das ist seltsam so seltsam wie es nur sein kann. Seit gestern oder wie mir scheint vorgestern aber es war doch erst gestern haben wir einen deutschen Offizier einen Major und seine Ordonnanz, die im Haus stationiert sind und jetzt im August 1943 sind sie sehr kleinlaut, richtig kleinlaut. Die Köchin sagte ihm es seien die Deutschen gewesen die das Radio des Gärtners gestohlen haben und daß der Gärtner in Gefangenschaft sei. Er wird jetzt sehr bald nach Hause kommen, sagte der Major.
Die Heilige Odile prophezeite noch viel weiter dann das heißt was jeder sagen kann, wird es dadurch interessanter, ja doch und nein doch nicht und ja doch.
Ist der Versuch fünfhundert Jahre oder tausend Jahre zu töten interessanter als nur hundert Jahre zu töten ist das interessanter. Und gibt es einige Hoffnung daß das Töten von hundert Jahren oder tausend Jahren um für andere tausend Jahre oder fünfhundert Jahre Platz zu schaffen etwas ausmacht. Die Heilige Odile dachte so und weil sie so dachte war sie ein Trost für uns alle. Prophezeiungen entstehen folgendermaßen. Zu wissen was heute oder morgen, oder nächste Woche geschehen wird, das sind Prophezeiungen mancher Leute, und anderer Leute Prophezeiungen sind was irgendein Mensch oder sonst irgend jemand irgendwann einmal tun wird, und wieder anderer Leute Prophezeiungen sind was irgendein Land tun wird und was geschehen wird wenn irgendwer oder irgend jemand von ihnen etwas tatsächlich tut. Ich habe Shakespeares Heinrich VI in drei Teilen immer gern gelesen und jetzt gerade jetzt im August 1943 finde ich mehr denn je vielmehr sogar so viel mehr denn je daß er Spaß macht was ich immer fand

von meinem achten Lebensjahr an bis jetzt. Heilige Odile. Die Heilige Odile sagte daß die Welt weitermachen und der schlimmste aller Kriege kommen würde und Feuer würde vom Himmel geworfen und es würde Kälte und Hitze geben und überlaufende Flüsse und zuletzt würde der Feind gewinnen und jeder würde sagen wie können sie so stark sein, und jeder würde sagen gib uns Frieden und dann nach und nach würde die Schlacht um den Berg kommen und das war bestimmt Moskau, weil Moskau schon zur Zeit der Heiligen Odile seiner vielen Gotteshäuser wegen der Heilige Berg genannt wurde, und in der Tat war es dort wo der Feind seinen ersten Schlag erhielt, und dann sagte sie viel später würde man in den Straßen der Ewigen Stadt kämpfen und in der Tat so ist es, wir dachten zeitweise es könnte Konstantinopel sein oder möglicherweise sogar Jerusalem aber nein es war sicherlich Rom und jetzt kämpfen sie in den Straßen von Rom, jetzt 1943 abends im August und das wäre noch nicht das Ende aber es wäre der Anfang vom Ende, was es auch ist, und dann wäre zum ersten Mal in der Geschichte der Welt Friede, Ost und West, West und Ost und alle zusammen.
Und das war ein Trost so oft ein Trost und ist wieder ein Trost, wie wenn man eine Straße auf der Landkarte findet und sie dann im wirklichen Leben sieht oder eine Straße im wirklichen Leben sieht und dann auf der Landkarte. Das also ist der Unterschied zwischen dem neunzehnten und dem zwanzigsten Jahrhundert genau das.
Hier ist meine wissenschaftliche Geschichte. Nicht die Heilige Odile, sondern das, was ich nun erzählen will.
August 1943. Hier können wir sehen in jeder Nacht wenn der Mond lacht und sogar wenn er nicht lacht, wir können sie zwar nicht sehen aber wir hören sie, sie brummen und dann lassen sie ab und zu ein Licht herunterfallen und das gibt sehr viel Zuversicht, uns allen. Und warum. Weil sie im Begriff sind Bomben auf die Italiener zu werfen. Jeder kann einen Italiener gern haben aber gleichwohl kann es uns sehr viel Vergnügen

bereiten all diese Flugzeuge brummen zu hören und zu sehen wie sie Lichter werfen auf ihrem Weg zum Bombardieren der Italiener. Warum geben sie nicht auf sagen wir alle. Was vielleicht nicht so aufregend ist aber nützlicher, nützlich nämlich wenn man weiter in einem Land leben will das nicht durch Zerstörung überwältigt worden ist. Gestern nacht gerade bevor die Flugzeuge kamen gab es eine totale Mondfinsternis, der Schatten der Erde fiel breit auf den Mond, zur rechten Zeit und dann zog er langsam vorbei, es war sehr hübsch, aber keine Zeitung und kein Radio erwähnte es. Verfinsterungen sind ein Vergnügen in Friedenszeiten und dennoch sagte meine Nachbarin, sie ist eine Bäuerin, man denkt dabei an all die vielen Welten die sich drehen und drehen. Ja sagte ich es ist sogar noch erschreckender als Krieg. Ja sagte sie. Und es war zwölf Uhr in der Nacht und der Mond hat wieder gelacht und wir gingen zu Bett und ein wenig später hörten wir die Flugzeuge brummen und wir sahen die Lichter fallen und dann schlossen wir das Mondlicht aus und dann schliefen wir. All dies ist eine Einführung in die gefühlsmäßige Haltung des neunzehnten Jahrhunderts zur Wissenschaft.
Um an Fortschritt und an Wissenschaft zu glauben mußte man wissen was Wissenschaft war und was Fortschritt sein könnte. Im neunzehnten Jahrhundert geboren, wußte man ohne weiteres was Wissenschaft war. Darwin lebte noch und Huxley und Agassiz und schließlich waren sie es die den Unterschied zwischen Vorher und Nachher ausmachten. Und jetzt 1943 bedeutet nichts davon mehr als es bedeutet hat. Nicht viel mehr als nicht mehr. Gar nicht mehr.
Und ich fing an mit Evolution. Höchst angenehm und aufregend und entscheidend. Sie rechtfertigte Frieden und rechtfertigte Krieg. Sie rechtfertigte auch Leben und sie rechtfertigte auch Tod und sie rechtfertigte auch Leben. All das tat die Evolution. Und jetzt. Evolution ist nicht mehr interessant. Sie ist jetzt historisch und nicht mehr aktuell. Nicht einmal angenehm oder aufregend, ganz und gar nicht. Für diejenigen von

uns die damals an Wissenschaft interessiert waren hatte sie unglaublich viel mit der Geschichte der Welt zu tun, mit der Geschichte aller Tiere, der Geschichte von Tod und Leben, und das alles hing zusammen mit der runden Welt. Evolution war genauso aufregend wie die Entdeckung Amerikas durch Kolumbus ganz genauso aufregend, und ganz genauso sehr ein Eröffnen und ein Begrenzen, genauso sehr. Damit meine ich daß die Entdeckung Amerikas, durch Überlegen und dann Finden, eine neue Welt eröffnete und gleichzeitig den Kreis schloß, es gab nichts mehr darüber hinaus. Evolution tat dasselbe, sie erschloß die Geschichte aller Tiere Pflanzen und Minerale, und des Menschen, und engte sie gleichzeitig völlig ein, engte sie ein in einen Kreis, keinerlei Erregung an der Schöpfung mehr. Dies alles ist seltsam und das war meine Kindheit und Jugend und der Beginn meines Daseins. Krieg o ja Krieg aber logischer und unaufhörlicher Krieg, und Frieden o ja, Frieden weil Frieden wenn Krieg restlos verstanden wird das Ideal war. Genauso war es.
Sterne sind nicht wirklicher als sie aussehen. Wenn doch dann sind sie wirklich wirklicher als Krieg. Genau das macht das zwanzigste Jahrhundert aus, zu wissen was die Wissenschaft lehrt und ob es stimmt oder nicht stimmt was die Wissenschaft lehrt, da Krieg wirklich ist und deshalb ist was er ist, das heißt jeder mit jedem zusammentrifft, Freunde und Feinde, Feinde hatten wir jetzt im Haus und in der Scheune, und das ändert nichts an den Sternen und es ändert nichts am Krieg, nur ist der Krieg in Wirklichkeit doch anders wenn man die Züge vorbeifahren sieht mit dem Feind darin ja das ist anders, aber ob die Sterne sind wie sie aussehen oder so wie die Wissenschaft es lehrt, ändert das irgend etwas und darauf kann jeder antworten nein es ändert nichts.
Ich lebte ja auch schon im neunzehnten Jahrhundert und damals war es insofern anders als die Antwort war daß es durchaus etwas änderte daß die Sterne so waren wie die Wissenschaft es lehrt und jetzt im August 1943 ändert es nichts.

Wenn man im neunzehnten Jahrhundert geboren ist als die Evolution erstmals bekannt wurde, und alles verstanden wurde, wirklich verstanden, wußte natürlich jeder daß es Fortschritt gibt wenn alles wirklich sofort schon oder allmählich verstanden wird und wenn alles verstanden wird und es Fortschritt gibt, dann gibt es keine Kriege mehr und wenn es keine Kriege gibt dann kann und wird man alles verstehen, und selbst wenn man Tod und Leben nicht versteht und Ewigkeit und Anfang nicht versteht das heißt wenn man sie nicht besser versteht als die Wissenschaft sie versteht dann ist es letzten Endes besser nicht darüber nachzudenken außer in der Jugend wenn man unglücklich ist. Das war es was das neunzehnte Jahrhundert erkannte und wahr nannte, und man wollte daß es so sei. Gewiß gab es sehr viele Kriege aber andererseits machte die Zivilisation große Fortschritte so daß mit Beginn des neunzehnten Jahrhunderts fast jeder lesen und schreiben konnte, und jetzt im zwanzigsten Jahrhundert jeder Radio hören kann, in jeder Sprache und alle so zivilisiert sind und es auch tun, aber Kriege gibt es mehr denn je und jetzt weiß jeder daß es obwohl jeder zivilisiert ist keinen Fortschritt gibt und jeder weiß daß man obwohl man höher und höher fliegt die Ewigkeit nicht besser erklären kann als vorher und daß jeder jeden genauso wenn nicht besser denn je verfolgen kann, es ist fast lächerlich so viel Wissenschaft so viel Zivilisation das heißt so viel Lesen und Schreiben und Radiohören und man verfolgt jeden und setzt Bücher auf den Index und ächtet sie öffentlich einfach so. Es ist seltsam.
Gerade jetzt haben wir von Gefangenen gehört die aus dem Gefängnis geflohen sind, das ist sehr interessant. Es gibt da eine hübsche Geschichte von einem Kompaß.
Weil einige von ihnen zu Fuß fliehen und zu Fuß weitergehen bis sie nach Hause kommen, ist es besser einen Kompaß zu haben. Zwei von ihnen waren mit dem Kompaß bis zur Schweizer Grenze gekommen und dort waren sie von den Deutschen gefaßt worden bevor sie hinübergelangen konnten.

Sie wurden verhört und man fand den Kompaß es war ein hübscher Kompaß und der Verhörende legte ihn auf den Tisch vor sich hin, während die zwei verhört wurden beugte sich einer von ihnen vor und nahm den Kompaß und schob ihn in seine Tasche. Als der Verhörende den Kompaß auf dem Tisch vermißte sagte er durchsucht den Mann und während sie den einen durchsuchten schob der den Kompaß dem andern zu und dann während dieser durchsucht wurde schob er ihn wieder zurück, und dann sagte der Vernehmende durchsucht beide gleichzeitig und der Kompaß wurde gefunden und wieder auf den Tisch vor sie hingelegt. Während der Verhörende fortfuhr nahm einer von ihnen wieder den Kompaß und schob ihn dem andern zu der ihn in seinen Schuh steckte und dann fiel er bei einer Bewegung heraus auf den Boden und wurde ihnen noch einmal weggenommen und vor sie hin auf den Tisch gelegt. Der Verhörende fuhr fort und schließlich war man fertig und zu Ende und sie standen alle auf und sie gingen alle fort und einer der Franzosen streckte im Fortgehen die Hand nach hinten aus nahm den Kompaß und steckte ihn in die Tasche und niemand bemerkte es auch nicht daß der Kompaß verschwunden war da sie alle gemeinsam den Raum verlassen hatten. Man verschickte sie noch am gleichen Abend und so bemerkte niemand den Kompaß und niemand nahm ihn den Männern fort, und so kamen die beiden als sie das dritte Mal entflohen mit Hilfe des Kompasses nach Frankreich und nach Hause und gerade neulich im August 1943 sahen wir sie und sie erzählten uns diese Geschichte und viele andere von fliehenden Gefangenen. Uns gefällt diese vielleicht am besten.
William James übte auf mich einen der stärksten wissenschaftlichen Einflüsse aus und er sagte er sagte immer es gibt den Lebenswillen ohne Lebenswillen gibt es Zerstörung, aber es gibt auch den Willen zu zerstören, und die beiden sind wie alles im Widerspruch wie allein sein wollen und wenn man allein ist Gesellschaft haben wollen und wenn man Gesellschaft hat allein sein wollen und Ewigkeit haben wollen und einen An-

fang und Mitte und Ende haben wollen und jetzt im Jahr 1943 ist das worüber wir am meisten wissen der Gegensatz zwischen dem Willen zu leben und dem Willen zu zerstören und wenn es damit wie bei den Deutschen fast halb und halb steht macht es ihnen nichts aus Selbstmord zu begehen. Es gab einen Bauern der einmal zu mir sagte er sagte es im Jahr 1941, er sagte man sagt es sei Hitler aber es ist nicht Hitler. Ich habe den ganzen anderen Krieg mitgekämpft und ich weiß wie die Deutschen sind. Sie sind ein komisches Volk. Sie wählen immer irgendeinen der sie in eine Richtung führen soll in die sie nicht gehen sollen. Sie können nicht anders sie werden nicht geführt, es ist nicht der Kaiser, es ist nicht Hitler, der sie führt, sie selber sind es die den Mann wählen und ihn tatsächlich zwingen sie in eine Richtung zu führen in die sie nicht gehen wollen. Das ist so weil der Wille zu leben und der Wille zu zerstören halb und halb stehen was nicht sein sollte. Und deshalb müssen die Franzosen nicht wie die Engländer sagen wir sind mutlos, nein. Sie sind so vollständig vom Lebenswillen erfüllt daß sie nie etwas von Mutlosigkeit gehört haben. Dieser Tage als die Deutschen hierher kamen und uns wieder besetzten, hier in Culoz, im August 1943 sagte eine Frau, nun natürlich ist es unangenehm, sehr unangenehm, aber nichts im Vergleich dazu wie es gewesen wäre wenn wir geschlagen worden wären. Und sie hatte ganz recht. Sie waren nicht geschlagen, da die Deutschen geschlagen worden waren auch wenn nicht sie sie geschlagen hatten, sie selber waren nicht geschlagen und sie hatte recht.

Der chinesisch-japanische Krieg und der russisch-japanische Krieg vollendeten das Werk von Christoph Kolumbus, die Welt wurde dadurch zu einem Ganzen, der Osten war nicht mehr ein mysteriöses Etwas, nicht sehr viel später konnte sich jede Amerikanerin ein Jahr lang in Peking niederlassen und dann wieder nach Amerika zurückgehen wie sie sonst nach Paris oder Kalifornien gegangen wäre, und so war das Werk von Christoph Kolumbus beendet, der Nordpol wurde entdeckt und der Südpol wurde entdeckt, und das Werk von Christoph Kolumbus war überholt, und so zwang das neunzehnte Jahrhundert das sich vorgenommen hatte die Wissenschaft wichtiger zu machen als irgend etwas anderes indem es das Werk von Christoph Kolumbus vollendete und die Welt zu einem Ort reduzierte wo es außerdem nichts mehr gab, die Welt zu Weltkriegen um jedem eine neue Beschäftigung zu geben, da es mit den Entdeckungen vorbei war die Wissenschaft nicht interessant weil so begrenzend war gab es nichts mehr anderes zu tun um alle davor zu bewahren daß sie alles in der gleichen Art tun außer einen Weltkrieg vor allem dem jetzigen wo jeder zu Hause bleiben mußte und die meiste Zeit nicht einmal Briefe an Freunde schreiben konnte, wie jemand vor nicht langer Zeit sagte, kann jede öffentliche Persönlichkeit den ganzen Tag lang im Radio reden und reden und so jeder Radioansager aber irgendeiner von uns der nur eine Postkarte an jemanden senden will na ja wir können das eben nicht, wir müssen zu Hause bleiben und dürfen niemanden sehen. Das ist das Resultat des Weltkrieges nachdem das Werk von Christoph Kolumbus überholt war und die Wissenschaft nicht mehr interessant war, und die Evolution so vollständig auf die Erde beschränkt war und die Erde ganz da war, und so ist das neunzehnte Jahrhundert vorbei, endlich getötet durch das zwanzigste Jahrhundert.

Aber jetzt nicht jetzt sind wir noch beim russisch-japanischen Krieg und bei den ersten Balkankriegen.

Jetzt im September 1943 gefallen mir Züge allmählich wieder. Seit dreißig Jahren bin ich nicht mehr in einen Zug gestiegen, Automobile waren das Verkehrsmittel auch Flugzeuge aber keine Züge. Als ich in Amerika ein- oder zweimal Zug fahren mußte überraschte mich die Tatsache daß es keinen Fortschritt im Zugverkehr gegeben hatte, die Züge waren genauso schmutzig und genauso wie immer, Nachtzüge und Tagzüge so wie ich sie in den Tagen des russisch-japanischen Krieges gekannt hatte, oder zu jeder anderen Zeit. Ich erwähnte das einmal einem französischen Ingenieur gegenüber und er sagte das ist ganz natürlich, die Züge konnten nicht verbessert werden konnten nicht bequemer werden weil die Wagen die gleiche Form behalten mußten. Nachdem die Gleise einmal gemacht waren das heißt das Fahrbett eine gewisse Breite hatte konnten die Wagen nicht verbreitert werden nichts konnte sich wirklich ändern man hätte zuviel tun müssen um irgend etwas zu ändern, nicht wie bei Automobilen oder Flugzeugen die ihre Größe und ihre Form ständig verändern können. Und dann gibt es noch eine Besonderheit bei Zügen. Sie verbringen so viel mehr Zeit auf Bahnhöfen als unterwegs. Daß all dies dreißig Jahre lang so war gab einem das Gefühl daß Züge weit weg lagen, und jetzt da es nur Gehen Radfahren und Züge gibt benutzen wir die Züge und das alte Entzücken an Zügen kommt zurück. So viele Bekanntschaften schließen. Weil in einem Abteil so viele Leute sind und in den Gängen, weil soviel Dinge geschehen, weil es soviel zu essen und zu trinken gibt und heutzutage sehr merkwürdiges Essen und Trinken im Zug, weil jeder etwas mit sich schleppt und einige ganz offen essen was sie eigentlich nicht haben dürften und andere gar nichts essen zumindest so gut wie überhaupt nichts, und weil sich auf einer Station eine lange Unterhaltung mit einer sehr netten Flüchtlingsfrau ergibt, sie in einem Zug und ich in einem andern, und weil wir einander alles erzählen was wir sind und woher wir kommen, ist es auch sehr amüsant. Die deutsche Armee war eine motorisierte Armee wie jeder sagte und wie jeder dachte und wie jeder wußte und jetzt reisen ihre Automobile auf den Zügen, keines ist auf der Straße. Hier wo wir die Züge vorbeifahren sehen, bewegt sich die deutsche Armee unaufhörlich mit all ihren Automobilen aber alle auf dem Zug. Kein Automobil auf der Straße. Nicht eines nicht ein einziges. Alle auf flachen Güterwagen mit Soldaten die darum herumsitzen und dies muß für jeden ein Vergnügen sein. Zwar sind Züge in gewisser Hinsicht romantischer als Automobile aber obwohl die Deutschen Romantik lieben, kann das nicht wirklich bequem für sie sein. Mir wurde es schon vor einigen Jahren klar daß Züge tatsächlich romantischer sind als Automobile, und das stimmt in folgender Hinsicht. Es gab den üblichen Jahrmarkt in Belley und als eine der Attraktionen gab es einen kleinen Tunnel und einen Zug der hinein- und herausfuhr und immer rundherum fuhr. Fast jeder in Belley hatte in Automobilen gesessen einige sogar in Flugzeugen aber ziemlich viele waren noch nie in einem Zug gewesen, und es war aufregend für sie in den kleinen Tunnel hinein- und heraus- und immer rundherum zu fahren. Es gibt zwei Dinge die aufregend sind immer rundherum und rundherum zu fahren und geradeaus auf Schienen zu fahren. Schienen sind in gewisser Hinsicht romantischer als eine Straße. Eine Straße ist pittoresk und sie kann sogar endlos und gerade sein, aber selbst wenn weiße Linien auf ihr markiert sind um einen Teil vom andern Teil zu trennen wie man es auf modernen Hauptstraßen macht, hat das nicht die Faszination der zusammenlaufenden Schienenstränge. Jetzt sind wir in Culoz, und nicht mehr in Bilignin, in Bilignin gab es Landstraßen aber hier gibt es einen Bahnhof und Züge weshalb ich natürlich alles weiß was es über beides zu wissen gibt. Jetzt im September 1943 sprengen sie die Züge in die Luft wenn sie durch den Tunnel kommen, gerade heute nachmittag hörte jemand ein lautes Geräusch und es war das Ende eines Zuges der in die Luft gesprengt wurde gerade als er aus einem Tunnel herauskam und ein kleines Kind war erstickt. Ja niemand weiß eigentlich warum sie das tun, aber sie tun es und die jungen Leute einschließlich der jungen Mädchen wollen auch dabei mittun. Nicht Züge sprengen sondern Brücken und Gleise sprengen. Ich vermute damit die deutschen Truppen die nach Italien gezogen sind nicht mehr nach Frankreich zurückgelangen können. Es ist so weit gekommen daß einfache menschliche Mittel die Wissenschaft ersetzen. Die ganze Wissenschaft steht zur Verfügung wenn jeder nur etwas haben kann um sie zu nutzen, aber alle sind so beschäftigt genug zu essen zu

bekommen, daß Wissenschaft nicht wichtig ist, essen ist wichtig, und was kann schon wichtiger sein als essen, nichts, obwohl jeder reichlich genug davon hat alles selbst anzubauen was man zum Essen braucht oder womöglich sogar meilenweit zu laufen, oder zu radeln um es zum Essen heimzubringen. Interessant wenn wahr, und es ist wahr, sehr wahr.
Es gibt Schwierigkeiten auf dem Balkan, das eben löste den ersten Balkankrieg aus, und heute im September 1943 haben die Serben einen Hafen in der Adria erobert, und die Engländer im Süden von Italien bewegen sich zur Adria hin um sich mit ihnen zu vereinen und auf den Balkan vorzustoßen.
Wir haben wieder Feinde im Haus gehabt und sie sagten Folgendes.
Bedingungslose Kapitulation.
Auf dem Balkan sind Unruhen und was nützt schon die Wissenschaft wenn es so weitergeht.
Wie ich sagte hatten wir gerade beide Feinde im Haus wohnen im September 1943 und die sagten das.
Heute, am elften September 1943 hatte die Heilige Odile schließlich recht, sie sagte, Deutschland wird siegen die Welt wird in Blut und Tränen ertrinken, und Feuer wird vom Himmel auf die Erde geworfen und jeder wird sagen nichts könne die Macht und die Stärke jener Armee bezwingen und jeder wird sagen laßt uns lieber um jeden Preis Frieden schließen als weiter leiden und dann wird Deutschland auf der Höhe seiner Macht sich gegen einen Berg werfen, einen heiligen Berg, das ist sicher Moskau weil Moskau zur Zeit der Heiligen Odile eine Stadt von Klöstern war und der Heilige Berg genannt wurde und von da an wird es eine Schwächung geben weil sie von da an schwach werden obwohl jeder noch sagen wird sie sind schrecklich sie sind stark laßt uns Frieden schließen und dann wird es Straßenkämpfe geben in der Stadt aller Städte in der Zitadelle aller Zitadellen, und wir alle überlegten ob das Rom sein könnte nun gewiß es könnte und sollte auch Rom sein aber da es nicht sehr wahrscheinlich war sagten wir

vielleicht ist es Jerusalem, vielleicht ist es Konstantinopel, nun jedenfalls haben wir es jetzt, am zehnten und elften September in Rom, sie sagte es werde Straßenkämpfe in Rom geben und das sei dann der Anfang vom wirklichen Ende Deutschlands, und alles ist wahr, wir alle haben die Bücher mit der Prophezeiung seit 1940 wie einen Augapfel gehütet, und da es in Lyon eine lateinische Ausgabe mit der Originalprophezeiung gibt, die einer der jungen Seminaristen in Belley für mich ins Französische übersetzte, besteht kein Zweifel darüber.

Und es ist wahr, wir können alle in einem gewissen Maß prophezeien je nachdem wieviel Kenntnis von Menschen und Dingen wir haben, einige können von Tag zu Tag prophezeien, einige das ganze Leben eines Menschen, und die Heilige Odile fünfhundert Jahre, das ist alles. Glaubt es oder nicht es ist sehr einfach, es ist ein und dasselbe nur ein bißchen länger. Und das ist der Grund warum die Welt interessant ist und die Wissenschaft die im neunzehnten Jahrhundert Fortschritt bedeutete im zwanzigsten Jahrhundert einfach nützliche Dinge bedeutet und jetzt in diesem Krieg nicht einmal mehr das da wir alle essen müssen was wir selbst pflanzen und Milch haben von einer Ziege und Mahlzeiten in Form von Hühnern und Ziegen, und Rauchwaren aus Tabak den sie im Garten anbauen und Kaffee aus gerösteter Gerste und Schuhe aus Holz, und ausgediente Kleider, und Wolle von den eigenen Schafen, die Entdeckungen der Wissenschaft werden nur benutzt für Krieg und Zerstörung, leben ist genau das was alle Menschen seit Beginn des tierischen Lebens getan haben und nicht mehr oder weniger kompliziert.

Wir hatten also hier im Haus vor einigen Wochen zuerst deutsche Offiziere und dann später die Italiener. Es ist merkwürdig Amerikanerin zu sein und hier in Frankreich zu sein und das zu erleben.

Mir gefällt etwas was sie sagen wenn sie es immer dann sagen wenn ihnen danach zumute ist. Sie sagen es von meinem Hund Basket, jedes Mal wenn sie ihn sehen und sie sehen ihn jederzeit

und sie sagen immer schaut ihn nur an man könnte ihn für ein Schaf halten. Und weil jeder im Gespräch die ganze Zeit über die Deutschen redet, sagt man immer, aber die sind noch stark, die sind noch mächtig, genau wie die Heilige Odile sagte, daß sie es sagen würden und sie haben es gesagt jeden Tag und jeden Tag laut und leise auf jede Weise wann immer die Deutschen von ihnen erwähnt wurden und natürlich wurden die Deutschen als der Krieg weiterging und sie Besatzungsmacht waren jeden und jeden Tag erwähnt und bis vor einem Monat sagten sie immer, sie sagten es immer nachdenklich oder mit Überzeugung je nachdem mit wem sie sprachen, die sind noch mächtig, die sind noch stark. Heute und jeden Tag spricht man nach wie vor von den Deutschen, und jetzt sagt jeder wenn man von ihnen spricht in der gleichen Art, die sind ziemlich übel dran, und niemand sagt irgend etwas anderes wenn die Deutschen erwähnt werden außer daß die Deutschen jetzt ziemlich übel dran sind, ganz übel jetzt, und das gefällt mir daß man jeden Tag wiederholt was man täglich empfindet und das ist gar keine Wiederholung das ist jeden Tag ein Sagen dessen was sie wissen, daß man Basket den Pudel für ein Schaf halten könnte, daß die Deutschen bis September 1943 noch sehr stark waren, daß die Deutschen im September 1943 übel, ziemlich übel, ganz übel dran sind.
So hatte es die Heilige Odile prophezeit.
In den Monaten August und September hatten wir die Deutschen und dann die Italiener im Haus.
Als die Deutschen hier waren war es sehr viel anders als '40, damals hatte jeder Angst vor ihnen und jetzt war es unangenehm wie eine der Frauen sagte natürlich war es unangenehm aber nicht so unangenehm wie wenn wir besiegt worden wären.
Und sie hatte recht, weil die Deutschen keine Sieger mehr sind fühlt sich keiner besiegt.
Es ist sehr erregend zu wissen daß Shakespeare wie jedermann recht hat mit seiner Meinung über die Menschen. Ich meine

damit jeder kann das meinen, daß alle merkwürdig sind wenn man in einem vom Feind besetzten Land ist, von zwei Feinden sozusagen, das heißt sie fühlen und sie handeln jederzeit so verschiedenartig. Man denkt sie denken etwas und sie tun etwas anderes. Ein Landpfarrer der seine Gemeinde zur Verzweiflung bringt indem er gegen die Amerikaner predigt, ist entzückt mich kennenzulernen und macht eine besondere Anstrengung meinen Hund gern zu haben und mich gern zu haben. Andere von denen man sagt daß sie für das eine sind sagen etwas anderes und das unter ausgesprochen ungünstigen Bedingungen für sie, oh es ist alles so kompliziert und jeden Tag und was auch kommen mag liebe ich Komplikationen weil sie so kompliziert sind. Der Krieg 1914-1918 war ein einfacher Krieg mit einfachen Gefühlen und alle Veteranen dieses Krieges sind verwirrt durch den jetzigen Krieg, sie verstehen ihn nicht, und sie können sich nicht zurechtfinden, alles ist allem Geradlinigen so entgegengesetzt, ich muß sagen, mir gefällt das, mir gefallen Dinge, die aussehen als ob sie da wären während sie woanders sind. Ja mir gefällt das. Im trüben Wasser zu fischen gefällt mir nicht aber es gefällt mir das trübe Wasser und die Fische und die Fischer zu sehen. Ich nehme an es gefällt mir nicht im trüben Wasser zu fischen weil ich mich überhaupt nicht für das Angeln interessiere, aber das ist eine andere Sache.

Nach dem Wegzug der Deutschen hatten wir Italiener im Haus. Sie waren ziemlich anhänglich, albern und konnten das junge Dienstmädchen nicht in Ruhe lassen, sie kamen zur einen Tür hinein und gingen zur anderen hinaus und dann waren sie immer noch da, aber andererseits waren sie traurig, und sie haßten die Deutschen und sie hatten alle anderen gern, und sie waren traurig, sie sagten wenn das so weiterginge hätten sie kein Land mehr, einige von ihnen hofften noch eine Familie zu haben aber stimmte das, oh sagten sie kopfschüttelnd Mailand, und Turin, und Genua und Cremona, o meine Güte. Und sie taten uns leid und sie sagten sie hofften hier bis zum Ende des Krieges zu bleiben und am nächsten Tag mußten sie fort, und sie gingen herum im Dorf um auf Wiedersehen zu sagen wo sie nur acht Tage dagewesen waren als sagten sie ihrem Geburtsort auf Wiedersehen.

Der Balkan nahm für mich zum ersten Mal Gestalt an durch Tolstoi und unsere slavischen Brüder und deren Befreiung, es ist ungewöhnlich daß Bulgarien, das slavischste aller Balkanvölker sich den Russen gegenüber die sie befreit haben am leidenschaftlichsten undankbar verhält, aber das macht alles auch sehr shakespearehaft was sehr aufregend ist, und zwar von jener Zeit an die beiden Balkankriege hindurch, und man hörte viel von den Serben im Krieg 1914-1918, und die kranken Serben in Frankreich und die Kinder wurden besucht werden bis heute besucht da wir einen serbischen Zahnarzt haben und sein Sohn im Gefängnis ist weil er Munition in seinem Zimmer gestapelt hatte um sie den jungen Männern zu geben die in die Berge geflohen waren um zu vermeiden zur Zwangsarbeit nach Deutschland zu kommen, und man hatte solche Angst man würde ihn erschießen, aber glücklicherweise war er in den Händen der Italiener und die erschießen keinen wenn sie es vermeiden können und sie können es immer vermeiden. Wir haben ein junges Mädchen das für uns arbeitet und sie ist Italienerin, das heißt Franco-Italienerin und ich necke sie weil sie ihre Sonntage damit verbringt ihre Verwandten im Gefängnis zu besuchen. Da ist ein Onkel der Gastwirt war und im Gefängnis ist weil er Essen ausgegeben und verkauft hat, was man Schwarzmarkt nennt, und gestern ging sie nach Chambéry um einen Vetter zu besuchen der in der italienischen Armee war und jetzt im September '43 sind die Italiener von den Deutschen ins Gefängnis gesteckt worden aber dieser Vetter scheint in einem Lastwagen den er selbst fuhr entkommen zu sein aber wohin weiß niemand. Es ist eine merkwürdige Verwirrung niemand weiß etwas. Einer erzählte gerade von dem Versuch jemanden zu finden der im Gefängnis war, und sie hatten ein Bündel Kleider genommen, und sie waren in alle Gefängnisse von Lyon und von Paris gegangen und in jedem sagten sie sie wollten das Bündel dem und dem geben und man sagte immer so einen Namen gibt es hier nicht bis sie endlich herausfanden daß es dort einen solchen Namen gab und sie fanden ihn.

Auf dem Balkan hat es immer Verwirrung gegeben nach allem, was man hört, aber jetzt ist alles und jedes genau so verwirrt, Erbsen wachsen und Gerste und Mais weder du noch sonst jemand weiß wo Bohnen wachsen und Gerste und Mais. Nie hätte ich gedacht daß es tatsächlich so sein könnte mit allem und jedem.

Die Gefängnisse sind alle so überfüllt, es gibt so viele Dinge die geschehen, es gab in Bilignin einen Gewohnheitsdieb der immer einen Truthahn oder Weintrauben oder sonst etwas stahl, und das letzte Mal als er zu zwei Monaten Gefängnis verurteilt wurde mußte er auf das Absitzen der zwei Monate drei Monate warten bevor es Platz im Gefängnis gab. Bis dahin durfte er zu Hause bleiben. Als ich im Hopkins' Spital Medizinstudentin war, bekamen wir wenn wir irgendeinen Neger fragten wo ein anderer sei, häufig die Antwort oh der ist im Gefängnis, aber Miss, das ist keine Schande. Und so ist es auch jetzt, das mit dem Schwarzmarkt und dies und das und die Politik, und dies und das ist keine Schande.

Und so gab es den ersten Balkankrieg und den zweiten Balkankrieg und dann gab es den ersten Weltkrieg. Es ist seltsam daß man wenn man eine Sache einmal getan hat sie wieder tun muß, es gibt das Vergnügen am Zufall und es gibt das Vergnügen an der Wiederholung, und deshalb gibt es den zweiten Weltkrieg, und dazwischen gab es den abessinischen Krieg und den spanischen Bürgerkrieg.

Die Franzosen lieben Abwechslung, das ist der Grund warum es sich so angenehm mit ihnen leben läßt. Ich denke gern an all die Regierungsformen die sie von der Revolution an bis heute in kaum mehr als hundert Jahren gehabt haben, ich necke sie gern damit, wenn sie wegen ihrer Zukunft feierlich werden.

Ich sage ihnen warum sich sorgen wenn man eine solche Vergangenheit aufzuweisen hat.
Das ist es.
In etwas mehr als hundert Jahren haben sie drei verschiedene Republiken gehabt, zwei Arten von Monarchien, eine Kommune, eine Diktatur, und die gegenwärtige Regierung von 1943, und doch sorgen sie sich darum wie die nächste Regierung sein wird. Ich sage warum sich sorgen, sie kann alles sein und wenn sie etwas ist kann sie sich zu irgend etwas anderem wandeln und für wen ändert sich dadurch schon etwas außer für die Machthaber. Es ändert sich bestimmt für keinen sonst etwas, bestimmt nicht.
Nach den Balkankriegen, wir hatten einen Serben auf dem Hof, der geräuschempfindlich war und ein großer Patriot, und wir kannten einen Bulgaren aber das war später das war nach dem Krieg 1914-1918 und er kümmerte sich um meinen Ford und wir kennen ihn noch immer, nach den zwei Balkankriegen also und es wird natürlich noch viele geben, wurde ein Serbe unser Zahnarzt und er trägt seinen Leinenkittel mit besonderer Eleganz, die Serben sind so und dann begann wie ich sage, der Weltkrieg 1914-1918 und das neunzehnte Jahrhundert ein sehr widerstandsfähiges starkes hartnäckiges und von seinem Dienst an der Menschheit und dem Fortschritt überzeugtes versuchte sich töten zu lassen, das heißt man versuchte es zu töten, aber konnte man es. Nein. Nicht einmal durch den Krieg 1914-1918, man konnte es nicht und man tat es nicht und erst jetzt ist es tot Hitler hat es getötet und wie ein wahrer Samson ging er mit ihm unter und wurde in seinen Ruinen umgebracht. Das ist ganz gut so, kein Wunder daß es Prophezeiungen gibt wie die der Heiligen Odile die sich bewahrheiten, kein Wunder wenn alles das gleiche ist in solch intensiver Vielfalt. Mitsamt Ziegen und Hühnern wird es so sagte die Heilige Odile Kämpfe in den Straßen der Heiligen Stadt geben und das sei nicht das Ende sondern der Anfang vom Ende und danach würden alle Länder die überfallen wurden die Deut-

schen überfallen und die Länder bekämen dann alles zurück was sie verloren hätten und noch ein bißchen mehr.
Mir gefiel das: noch ein bißchen mehr, es war der Gedanke einer Frau, daß man diesen Trost brauchen werde und daß man ihn bekommen werde. Das stimmt.
Im neunzehnten Jahrhundert gab es natürlich auch Prophezeiungen aber keine wichtigen und wenn gaben sie keine Sicherheit daß es Frieden geben könnte und keinen Fortschritt, Frieden und keinen Fortschritt das ist es was das zwanzigste Jahrhundert bewirken könnte. Frieden und keinen Fortschritt.
Im neunzehnten Jahrhundert hat man das Gefühl man sei berechtigt böse zu sein, recht zu haben, berechtigt zu sein. Im zwanzigsten Jahrhundert geht es nicht darum recht zu haben, sondern darum daß das was geschieht wirklich geschieht.
Jetzt im September 1943, gerade da die Weinernte kommt und der Traubensaft besonders süß und wohlschmeckend ist, kann man sich auf den Anfang vom Ende vorbereiten und das tut man, auf den Anfang vom Ende und das tut man.
Aber vorher ist noch das neunzehnte Jahrhundert da und der erste Weltkrieg, 1914-1918, und die Zeugen dieses Krieges können sich noch an diesen Krieg erinnern. Ich erinnere mich wie es uns amüsierte als der Krieg noch nicht vorüber war, daß es einmal in einer amerikanischen Zeitung hieß, für die von uns die sich noch an den Beginn des Krieges erinnern können. Es ist schwierig sich an den Beginn des Krieges zu erinnern wenn der Krieg beginnt zu Ende zu gehen. Obwohl jeder sagt man wird jeden hängen der während des Krieges nicht patriotisch war vergißt jeder den Kriegsbeginn sobald der Krieg tatsächlich zu Ende ist. Kipling machte ein Lied daraus damit wir nicht vergessen, und die französische Untergrundpresse sagt daß man den Franzosen beibringen sollte zu hassen. Aber wenn sie hassen könnten wie könnten sie dann Mode machen, man kann keine Mode machen wenn man sich immerzu erinnert und wie kann man hassen wenn man sich nicht erinnern

kann. Etta Cone sagte sie könne vergeben aber nicht vergessen und Alice Toklas antwortete, ich kann nicht vergeben aber ich vergesse. Nun jedenfalls gab es zweifellos den ersten Weltkrieg und wir und viele viele andere Veteranen haben ihn miterlebt und einige von uns haben eine Veteranen-Mentalität und einige nicht.

Unbestreitbar war der Krieg 1914-1918 ein Krieg des neunzehnten Jahrhunderts ebenso wie der Krieg 1939-19.. es unbestreitbar nicht ist. Und die Hoffnungen und die Ängste, und die Beziehung zur Endlichkeit und Unendlichkeit dieses Krieges und die Methode von Glauben und Unglauben, und die Hoffnung auf Fortschritt und Reform all diese Dinge sind nicht neunzehntes Jahrhundert ganz und gar nicht jetzt.

Es ist interessant. Wir haben Basket II. Er ist ein Rassehund, zwanzig Generationen stehen hinter ihm und alle deutsch. Der andere Basket war kein Rassehund und durchaus französisch. Und Basket II., wir haben einen Kater, die Bauern von denen wir ihn hatten gaben ihm den Namen Hitler wegen seines Schnurrbarts und Basket war nicht nett zu ihm gewesen aber das machte nichts. Doch jetzt plötzlich jagt er ihn jagt ihn fort. Es ist ein Omen. Manche Dinge können ein Omen sein aber ist es auch eins.

Und gerade so wie etwas ein Omen sein kann aber ist es auch eins, so gibt es jetzt 1943 nichts was neunzehntes Jahrhundert ist, nicht hier in Frankreich, ausgenommen das was hier ist und nicht hierher gehört. Glaubt es oder nicht es ist wahr. Aber jetzt zurück zum neunzehnten Jahrhundert, zum Krieg 1914-1918, und dazu wie Veteranen sich fühlen. Sie fühlen sich enttäuscht, nicht von dem Krieg 1914-1918 aber von dem derzeitigen Krieg. Sie hatten den anderen Krieg gern, es war ein netter Krieg, ein wirklicher Krieg ein regulärer Krieg, ein begonnener Krieg und ein beendeter Krieg. Es war ein Krieg, und Veteranen wollen daß ein Krieg ein Krieg ist. Wirklich.

Im September 1943 sind sie bei der Traubenlese für ihren Wein, es wird sie alle sagen es ein Siegeswein sein, und er ist gut in

Quantität und Qualität. Sie denken nicht an die Zukunft sie denken nur daran frei zu sein.
Eines ist sicher, und niemandem war das im Krieg 1914-1918 wirklich klar, man sprach darüber aber man war sich darüber nicht klar aber jetzt weiß es jeder jeder das eine was jeder will ist frei zu sein, zu reden zu essen zu trinken zu gehen zu denken, zu gefallen, zu wünschen, und das jetzt zu tun wenn sie es jetzt wollen, und jeder weiß es sie wissen es alle wissen es, sie wollen frei sein, sie wollen sich nicht eingesperrt fühlen sie wollen sich frei fühlen, selbst wenn sie nicht frei sind wollen sie sich frei fühlen, und sie wollen sich jetzt frei fühlen, soll die Zukunft sich um sich selbst kümmern alles was sie wollen ist frei sein, nicht beaufsichtigt werden, bedroht, geführt, unterdrückt, verpflichtet, furchtsam, verwaltet, sie wollen nichts von alledem sie alle wollen sich frei fühlen, das Wort Disziplin, und verboten und untersucht und eingesperrt bringt Schrecken und Furcht in alle Herzen, sie wollen keine Angst haben nicht mehr als nötig ist im gewöhnlichen Alltagsleben wo man seinen Lebensunterhalt verdienen muß und Armut fürchten muß und Krankheit und Tod. Es gibt genug wovor man Angst haben muß, niemand will Angst haben, einfach Angst, Angst vor etwas wovor man keine Angst haben sollte, wirklich nicht. Das stimmt im Oktober 1943, es stimmt. In den Jahren 1914-1918 war noch das neunzehnte Jahrhundert, und man konnte noch glauben was da passiert könne einen zu höheren und anderen Dingen führen aber jetzt ist das einzige was jeder jetzt will frei sein, in Ruhe gelassen werden, man will sein Leben leben wie man kann, aber nicht beobachtet, kontrolliert, und verängstigt werden, nein nein, nicht.
Irgend jemand hat mir gerade erzählt im Jahr 1918 hätten zwei kleine Kinder eine Vision gehabt von der Jungfrau und sie habe ihnen erzählt die Welt werde demnächst einen viel schlimmeren Krieg haben als den den sie gerade gehabt hatte, und wenn der käme seien die Straßen voll von fliehenden Menschen der Papst in seinem Haus gefangen, der Petersplatz sei

voll von einer kämpfenden Menge und der Papst sitze ganz allein daheim und weine. Das hat die Jungfrau ihnen erzählt.
Ich vermute in gewisser Weise das neunzehnte Jahrhundert war wirklich dadurch bestimmt daß man an den freien Willen glaubte, man glaubte nicht an das Unvermeidliche, und dieser 1939-1943 Krieg läßt die Menschen begreifen daß das Unvermeidliche unvermeidlich ist und daß jedermann frei sein will, und frei sein muß, was das gegenwärtige Leben wirklich zu einer absoluten Verwirklichung der alten scholastischen Argumente über den freien Willen und dessen Notwendigkeit macht. Das neunzehnte Jahrhundert verstand das nicht, nicht einmal im 1914-1918 Krieg der versuchte das neunzehnte Jahrhundert zu beenden aber da er es selbst nicht verstand, konnte er das neunzehnte Jahrhundert nicht beenden, aber jetzt jetzt ist es uns allen klar, das Unvermeidliche und der Durst nach Freiheit, uns allen.
Es ist in Ordnung, und eine komische Geschichte. Alles ist so logisch, in diesem Krieg, es war viel verworrener in dem von 1914-1918, und daher treffen die Dinge die man voraussagt für diesen Krieg mehr zu als für jenen. Ein Deutscher den wir kennen, und die ganze Zeit über gekannt haben, nennt mich den General, weil ich das was geschehen ist richtig vorausgesagt hatte aber das nur weil dieser Krieg logisch ist, logischer als die meisten Kriege, und ich will euch erzählen warum.
Wie ich sagte ist man dabei die Trauben zu pflücken für den Siegeswein. Es ist komisch alles ist komisch. Der Krieg 1914-1918 führte dazu daß alle tranken. Es gab nie soviel soviel Trunkenheit in Frankreich wie damals, alle Soldaten lernten zu trinken, jedermann trank, und nach dem Krieg, und jetzt in diesem Krieg 1939-1943, trinkt niemand, nicht hier, jedenfalls nicht in Frankreich, der ganze Wein wird weggenommen und es gibt nur so viel daß selbst die Weinbauern täglich gerade eine Flasche bekommen, sie die gewöhnt waren vier bis neun Flaschen Wein täglich zu trinken, und diejenigen die eine vorschriftsmäßige Zuteilung erhalten haben nur vier Flaschen

im Monat, und o du meine Güte, ist das eigentlich besser oder ist es schlimmer. Es ist angenehmer für Frauen und Kinder wenn Männer weniger trinken zweifellos angenehmer, und die Gesundheit der Männer ist im allgemeinen besser, das heißt wenn sie ein wenig mehr Fleisch und Fett bekommen könnten, nun jedenfalls ob sie gesünder sind oder nicht jedenfalls wollen sie frei sein, und wollen nicht daß ihnen der Wein weggenommen wird. Sie wollen frei sein.

Zweifellos ist dieser Krieg logischer das heißt unvermeidlicher als jeder andere Krieg. Man sagt es habe Überraschungen gegeben aber tatsächlich hat es keine Überraschungen gegeben. Es ist alles unvermeidlich gewesen so viel mehr als im Krieg 1914-1918 so viel mehr.

Der Krieg 1914-1918 war genau wie unser Bürgerkrieg, es war dieselbe Art von Krieg und deshalb konnte Elmer Harden erreichen daß Pierre Caous zugab daß es ein netter Krieg war. Ein netter Krieg ist ein Krieg in dem jeder der heldenhaft ist ein Held ist, und jeder ist mehr oder weniger ein Held in einem netten Krieg. Nun der gegenwärtige Krieg ist ganz und gar kein netter Krieg. Die Engländer finden immer noch daß es nette bescheidene Helden in diesem Krieg gibt aber tatsächlich ist dieser Krieg der zwar ein interessanter Krieg ist kein netter Krieg, Menschen werden geopfert und eingesperrt, so viele so sehr sehr viele und auf so sehr verschiedene Arten, und es gibt so viele die sich im sogenannten Untergrund verstecken was überall sein kann, oder nirgends, und die Polizisten die sie nicht verhaften wollen werden umgebracht weil sie sie verhaften müssen, und einige nennt man so und einige nennt man anders, und jedem steht es frei sie zu nennen wie er will und jeder tut es, und es gibt nichts worauf man hoffen kann, und doch wird es ein Ende haben weil es unvermeidlich ist daß es endet aber niemand kann das wirklich einen netten Krieg nennen, nicht wirklich, nicht wirklich einen netten Krieg. Die Kinder spielen Ins-Gefängnis-Kommen, und die Kinder spielen Kommandos im Untergrund, und überall von zwei Jahren

an sitzen sie hinter irgendeinem auf einem Fahrrad, und niemand nimmt Notiz von ihnen aber sie fallen nicht herunter keines von ihnen, sie halten sich an dem Vordermann fest egal wer vor ihnen ist und so fahren sie Meilen um Meilen weil jeder Meilen um Meilen fahren muß in der Hoffnung etwas Eßbares zu bekommen Meilen um Meilen, zu Fuß oder per Rad. Nur die Franzosen können Fahrräder machen die so lange halten. Sie alle machen Lärm aber sie fahren das heißt jemand bringt sie zum Fahren und immer mit einem sehr kleinen Kind hinter sich auf dem Sitz und immer halten sie sich am Vordermann fest. 1914-1918 taten sie das nicht.
Heute im Oktober 1943 war ich sehr froh von jemandem zu hören der Schwierigkeiten hatte die nicht mit dem Krieg zusammenhingen. Es war wie im Jahr 1916, als unser Dienstmädchen so stolz auf ihren Bruder war der nach seinem Tod ein Zivil- und kein Militärbegräbnis bekommen hatte. Unser junges Dienstmädchen erzählte uns heute daß es in einer Arbeiterfamilie besser sei mehr Töchter als Söhne zu haben. Der Sohn ist wenn er klein ist keine Hilfe und wenn er älter wird macht er eine Handwerkerlehre und verdient sehr wenig und dann steuert er eine kurze Zeit etwas zum Familienunterhalt bei und dann verlobt er sich um zu heiraten und muß für die Hochzeit sparen und dann heiratet er und das ist das Ende, so muß die Mutter wenn drei oder vier Knaben da sind und nur zwei Mädchen auswärts arbeiten um mitzuhelfen die Familie zu ernähren und muß dann heimkommen und den ganzen Haushalt besorgen und kommt nicht ins Bett vor zwei Uhr morgens, während alles viel besser geht wenn vier Mädchen und zwei Knaben da sind. Die Mutter kann zu Hause bleiben und den Haushalt tagsüber besorgen was sie auch tut. Es war angenehm dies zu hören das hatte nichts mit Krieg zu tun überhaupt nichts mit Krieg.
Irgendwann und jedermann hofft es sei recht bald soweit dann wird alles mögliche geschehen und nichts was irgend etwas mit Krieg zu tun hat.

Das ist die Geschichte die sie alle im vergangenen Herbst erzählten. Sie sprachen darüber Leute in einer Position die es wissen mußten und einer sagte es wird bald vorbei sein, und sie alle sagten eifrig wieso wissen Sie das und er sagte leichthin, meine Frau hat es satt.

Ja jedermann hatte es satt jedermanns Frau und jedermanns Mann und jedermanns Mutter und jedermanns Vater und jedermanns Tochter und jedermanns Sohn, sie alle hatten es satt.

1918 dachten nicht alle so, es war sehr viel sehr viel Krieg gewesen aber nicht jeder war ganz einfach natürlich und desinteressiert müde geworden, sie alle hatten es satt. Das ist alles.

Das zeigt den ganzen Unterschied zwischen dem Krieg 1914-1918 und diesem Krieg, beides Weltkriege, aber der eine beendete das neunzehnte Jahrhundert nicht er versuchte es doch es gelang ihm nicht aber diesem gelang es und gelingt es. Er beendet das neunzehnte Jahrhundert, macht es tot, tot tot.

Es gibt noch eine andere hübsche Geschichte die mir immer gefällt, in einem Bus in Paris, da standen auf der hinteren Plattform ein deutscher Soldat und einige Franzosen und der Soldat trat aus Versehen dem Franzosen auf den Fuß und da dieser empfindliche Füße hatte schlug er um sich und traf den Deutschen, ehe noch mehr geschehen konnte rannte vom anderen Ende des Busses ein sehr kleiner Franzose herbei und schlug den Soldaten ebenfalls.

Sie wurden alle drei zur Polizeiwache gebracht, und der erste Franzose erklärte daß er so empfindliche Füße hatte und wie leid es ihm tat daß er diese unwillkürliche Bewegung gemacht habe und er entschuldigte sich und der Soldat nahm die Entschuldigung an, und dann wurde der zweite und kleine Franzose gefragt warum er herbeigerannt sei und den Soldaten geschlagen habe. Nun sagte er das war so, ich sah plötzlich wie ein Franzose ausholte und einen deutschen Soldaten schlug und ich sagte hallo der Krieg muß vorüber sein da will ich mitmachen und ich rannte nach vorn und schlug

Ihn. Und jetzt sagte er es sei ein Irrtum der Krieg sei nicht vorüber.
Irgendeinmal wird es kein Irrtum sein der Krieg wird vorbei sein und jedenfalls wird Frankreich frei sein. Und wir. Niemand empfand so im letzten Krieg. Es ist wie der andere Witz, im Krieg 1914-1918 sagten alle immer, wir kriegen sie doch, und sie taten es sie besiegten sie und in diesem Krieg sagte jemand, im letzten Krieg sagte man immer wir kriegen sie doch, und jetzt fügte er hinzu haben wir sie. Es ist hübsch das auf Französisch zu sagen sehr hübsch. Aber jetzt hat es jeder satt, einfach satt. Das ist der Unterschied zwischen dem Krieg 1914-1918 und dem Krieg von 1939-1943 jeder hat es satt.
Zuviel Fleisch essen führt zu Verdauungsstörungen und schlechte Gedanken machen einen aufs Essen versessen. Das Merkwürdige am '39-'43er ist daß jeder alles fühlen alles denken kann. Im '14-'18er wußte jeder nun wenn nicht jeder so doch die überwiegende Mehrheit wer Feind und wer Freund war, wußte man es nicht so war man doch ziemlich sicher, und meistens täuschte man sich nicht ein Feind war ein Feind und ein Freund war ein Freund mehr oder weniger. Das Leben im neunzehnten Jahrhundert und '14-'18 ging damit einfach so weiter trotz Clemenceau der sagte niemand sei das wofür man ihn halte die Engländer die man für so ruhig halte neigten zur Hysterie, die Franzosen die man für so leichtfertig halte seien schrecklich ernst und nüchtern, und die Amerikaner die man für so schnell halte seien langsam. Aber dennoch fühlte nach wie vor jeder einfach Feind ist Feind und Freund ist Freund und Krieg ist Krieg und Friede ist Friede, gewiß gab es Trotzky der zu den Deutschen sagte er wolle einen Vertrag machen der weder Friede noch Krieg sei, all das zeigte daß das neunzehnte Jahrhundert nahe daran gewesen war, getötet zu werden, aber noch war es sehr lebendig, es glaubte an Frieden und an Krieg, es glaubte an ein mögliches Esperanto, und an Fortschritt, es glaubte an Menschlichkeit und die Bürde des weißen Mannes, es glaubte an eine bewaffnete Nation, es

glaubte an eine Zukunft und eine Vergangenheit es glaubte an Veteranen, kurzum es war wirklich das neunzehnte Jahrhundert. Und jetzt ist außer Deutschland wirklich nichts übrig geblieben vom neunzehnten Jahrhundert und wenn das eliminiert ist ist das neunzehnte Jahrhundert vorbei, und das zwanzigste Jahrhundert ist stabilisiert. Ich gehöre zu der Generation die geboren im neunzehnten Jahrhundert den ganzen frühen Teil des Lebens damit verbrachte ihm zu entkommen, und den Rest damit zwanzigstes Jahrhundert zu sein ja natürlich.

Wilson sagte von sich er habe einen einspurigen Verstand, Amerikaner sind so, sie sehen was sie sehen und das stört den Europäer. Für sie ist das einzig Notwendige in diesem Krieg die Zerstörung des deutschen Materials an der Basis, nichts sonst lohnt sich keine Tat kein Tod durch eine Tat es hat keinen Sinn zu kämpfen ehe das deutsche Material an der Basis zerstört ist und dann muß man nur noch lange genug kämpfen damit sie wissen daß sie kein Material mehr haben und dann ist der Krieg vorbei. Europäer verstehen das nicht, sie glauben man müsse zuerst kämpfen und dann das Material zerstören als Abschluß des Kampfes nicht als dessen Verhütung, und das zeigt daß der Amerikaner einen einspurigen Verstand hat und alles kommt dem Europäer so langsam vor weil nichts geschieht ehe es geschehen muß. Kurz das ist nicht die Art wie der französische Verstand arbeitet.

Im letzten Krieg 1914-18 war es nicht so offenkundig daß man sechs verschiedene Wege auf einmal nehmen konnte weil es schließlich ein Krieg des neunzehnten Jahrhunderts war, und das Vorgehen war ein verhältnismäßig einfaches Vorgehen und die Art vorzugehen hatte einige Variationen, aber im ganzen waren sie sich recht einig, sie wollten den Krieg gewinnen und das war ganz einfach, aber der '39-'43er Krieg ganz und gar nicht, ganz und gar nicht.

Nach dem Waffenstillstand '40 war ich überrascht, ich kann immer überrascht sein aber ich war ausgesprochen überrascht, so viele waren nicht sicher ob sie nicht den Sieg der Deutschen herbeiwünschten. Und ich sagte wieso, ich verstehe nicht, wie kann irgendein Franzose so fühlen, wieso, ich sagte wieso, und ich sagte es ziemlich heftig und ziemlich oft. Der Mann auf der Bank erklärte etwas. Er sagte es gibt sehr viele verschiedene Standpunkte und ein einzelner Mann kann sehr viele davon haben.

Ist es schlimmer sich zu fürchten als sich zu langweilen, das ist die Frage.

Irgendeiner, so sagte der Mann auf der Bank, könnte wollen daß die Engländer gewinnen, weil er als Geschäftsmann möchte daß die Geschäfte gehen, siegen aber die Deutschen, dann gehen die Geschäfte nicht, nicht für ihn, andererseits hat er einen Sohn der Gefangener ist, seinen einzigen Sohn, und er wünscht den Sieg der Deutschen weil sein Sohn dann heimkommen kann, und der Sieg der Engländer bedeutet einen langen Krieg und sein Sohn könnte vor seiner Heimkehr sterben, denn damals war Deutschland mit Rußland verbündet und könnte das nicht Kommunismus bedeuten und also wünscht er doch den Sieg der Engländer, und dann gibt es noch einen anderen Standpunkt, die Franzosen sprechen gern über Disziplin, sie denken immer ihr Land sei sehr unordentlich aber tatsächlich sind sie so traditionell, und sie bauen so leidenschaftlich gern Gemüse an daß sie wirklich nur ordentlich sein können, und niemals etwas anderes aber sie denken gern es gäbe keine Ordnung und es sollte eine geben. Das ist Petains Standpunkt, das war der Standpunkt eines verrückten Mannes am Ende des letzten Krieges im Jahr 1918, der eines Tages anfing von jedem zu verlangen ihm seine Papiere am Bahnhof zu zeigen, und jeder tat es, natürlich tut man das wenn es so herrisch verlangt wird und am Ende war eine große Menge da die darauf wartete ihm ihre Papiere zu zeigen, militärische und andere, und ein Polizist kam herbei und sagte als er die Menge sah, was soll das, und alle sagten er will daß wir ihm unsere Papiere zeigen, und als man den Mann zur

Polizeiwache gebracht und gefragt hatte warum er das getan habe antwortete er, weil ich ein bißchen Ordnung in mein Land bringen will. Ein andermal pflanzte jeder Kartoffeln und jeder spritzte so viel Desinfektionsmittel darauf wie er nur konnte und sie waren eifrig dabei und eines Tages ging ich auf einer kleinen Straße spazieren und es kam ein netter älterer, pensionierter Beamter daher und er hatte eine Spritze in der Hand, und ich sagte freundlich und Sie spritzen wohl Ihre Kartoffeln, und er sagte ja, aber es wäre nützlicher wenn jeder es täte, aber sagte ich alle tun es so viel wie möglich, nicht so viel antwortete er wie sie tun würden wenn es mehr Ordnung im Land gäbe. Das sagte er ist es worunter wir Franzosen leiden an einem Mangel an Ordnung. Ich war höflich aber ich hätte gern gesagt zum Teufel, ihr alle fühlt euch wie im Gefängnis weil man euch immer kommandiert, und es ist komisch, wenn irgend einer allein ist will er Gesellschaft und wenn er Gesellschaft hat will er allein sein. Menschen sind so, begrenzt und grenzenlos, wenn sie Frieden haben wollen sie Krieg und wenn sie Krieg haben wollen sie Frieden. Nun ja. Dann änderten sich die Dinge allmählich die Russen wurden Deutschlands Feinde, und jeder Franzose hatte mehr eigene Standpunkte denn je. Die Mittelklasse war einmal mehr geteilter Meinung, gewinnen die Russen gibt es dann Kommunismus, gewinnen die Deutschen gibt es dann Elend und Unterdrückung, gewinnen die Engländer verlieren sie dann alle ihre Kolonien. Verlieren wir unser Land oder unseren Geldbeutel sagten die Lyoner, was wird uns weniger ausmachen. Sie begannen sogar Witze darüber zu machen obwohl es sehr wirklich war, noch sehr wirklich ist. Die erstaunlichsten Leute, erstaunlich für mich, weil sie so fühlen konnten, sagten sie würden wenn sie jünger wären losziehen und gegen die Russen kämpfen, und sagte ich gemeinsam mit den Deutschen, eigentlich nicht, und gegen die Engländer, eigentlich nicht, nun was dann sagte ich, und sie sagten ja was, und die Unterhaltung war zu Ende. Unterhaltungen in jenen Tagen den Tagen nach dem

Waffenstillstand gingen sehr merkwürdige Bahnen. Und dann war da Petain. So viele Meinungen über ihn, so sehr viele. Ich hatte sehr viele, ich war fast französisch weil ich so viele über ihn hatte. Folgendes ging in mir vor.
Als die Bauern hörten daß die Russen in den Krieg gegen die Deutschen eingetreten waren, hatten sie nur eine Meinung, sie alle waren trunken vor Freude ganz einfach trunken vor Freude, und später als die Deutschen nicht bis Moskau kamen, sagten sie immerhin hat die französische Armee unter Napoleon Moskau eingenommen, sie konnten es natürlich nicht halten aber sie sind hingekommen sie waren zu Fuß, zu Fuß verstehen Sie und zu Fuß sind sie hingekommen und die andern mit all ihren Automobilen die können nicht hinkommen. Wir kamen hin sagten sie wir waren zu Fuß aber wir kamen hin. Die Franzosen machten die ganze Zeit über Witze sehr komische Witze noch immer aber da gab es diesen hübschen über Napoleon. Sie sagten das war '41', sie sagten daß Hitler als er in Paris war Napoleon in seinem Grab besuchen wollte, und Napoleon kam widerstrebend aus seinem Grab heraus um mit ihm zu sprechen. Hitler sagte ich bin ein großer Eroberer, vielleicht ein nicht ganz so großer Eroberer wie Sie es waren, dies sagte er höflich, aber doch fast ein ebenso großer Eroberer, auch ich habe ganz Europa erobert. Und England, sagte Napoleon, noch nicht, sagte Hitler, Napoleon seufzte ich auch nicht, und Rußland sagte Napoleon, noch nicht sagte der andere. Ich auch nicht sagte Napoleon, gehen Sie fort, sagte Napoleon, und ging zurück in sein Grab und schloß sich ein. Es war ziemlich gut für die Pariser daß sie diese Geschichte im Winter '40-'41 erfanden, recht gut. Sie erzählen so viele komische Geschichten, und die Pariser sind komisch, das eben ärgert die Deutschen so, die Witze sind nie wie sie es erwarten, nein niemals.
Aber um von Petain zu sprechen und all dem was man was ich von ihm halten konnte.
Mit Honig ist es komisch, man ißt immer Honig im Krieg,

soviel Honig, es gibt keinen Zucker, es gibt nie Zucker im Krieg, das erste was verschwindet ist Zucker, danach Butter, aber Butter kann man immer bekommen aber Zucker nicht, nein Zucker nicht also ißt man im Krieg immer Honig Honig in Mengen, wirklich mehr Honig als man sonst Zucker aß, und man findet Honig soviel besser als Zucker, besser an sich und besser in Apfelsauce, in allen Desserts soviel besser und dann kommt Frieden über uns und keiner ißt mehr Honig, man findet ihn zu süß und zu klebrig und zu schwer, es war so im letzten Krieg '14-'18 und so ist es in diesem Krieg, Kriege sind so, es ist komisch aber Kriege sind so.
Und gerade jetzt geschieht wieder etwas in diesem Krieg, nicht im letzten Krieg, sondern in diesem Krieg, so wie es in Napoleons Kriegen geschah und den Kriegen vorher, in jedem Krieg vorher aber nicht in den Kriegen des neunzehnten Jahrhunderts nicht im '14-'18 Krieg.
Jeder kann von dem Ort an den er gehört weggeholt und irgendwo anders hingebracht werden um zu arbeiten, oder zu leben, weit fort von dort wo er normalerweise leben würde. So war es auch in der Geschichte der Ritterkriege und alldem, in allen historischen Romanen war es das was so schrecklich war jeder wie alt auch immer und wo auch immer kann weggeholt werden, weggeholt von der Straße, weggeholt zu jeder Zeit und fortgeschickt um in einem fernen Land zu arbeiten und vielleicht niemals wieder nach Hause zurückzukommen.
Victor ist der Sohn eines Bäckers, ein netter Junge, der Kinder gern hat und mit dem gut auskommen ist, er hat vier Schwestern und einen Vater und eine Mutter und sie alle lieben Victor, er ist derjenige den alle am liebsten haben, alle in der Familie und alle überhaupt. Und Victor ist kräftig und gut genährt und mit zwanzig ging er ins Camp de Jeunesse, was in Frankreich die militärische Ausbildung ersetzt, und er bekam eine schlimme Erkältung und er war im Spital und dann erhielt er Erholungsurlaub und er kam nach Hause und er war nicht so gut ernährt wie vorher aber das machte nichts es war leicht

ihn wieder aufzupäppeln, besonders da er zehn Tage länger Urlaub haben sollte. Als ich heute abend den Berg hinaufging traf ich seinen Vater und einen anderen Mann. Wir blieben stehen und unterhielten uns, aber nicht so sehr über den Krieg und Victor, sondern über das Wetter und den Mond und den Berg und darüber daß ich gerne spazieren gehe und dann verließ ich sie und sie gingen weiter den Berg hinauf, und ich machte eine Runde und ich kam am Bäckerladen vorbei und da fummelte Victors Mutter an der Tür herum sie ging nicht hinein aber ging auch nicht nicht hinein, und ich sagte guten Abend wie geht es Victor, und sie sagte er darf nicht länger auf Urlaub bleiben, aber sagte ich es geht ihm doch wirklich noch nicht gut, und sie sagte ja er sollte morgen zu einer Untersuchung nach Lyon fahren, und sie sagte nein, nein er wird nicht fortgehen, nicht fortgehen und sie ging hinein und ich ging weiter, und er ist nicht gegangen, o meine Güte, wir haben Victor gern, wenn alles rasch genug vorübergeht dann ist es gut aber wenn nicht, man kann nicht die ganze Nacht auf dem Berg bleiben nicht in der Kälte aber sie kommen nachts sowieso immer nach Hause warum auch nicht wenn niemand sie finden will, warum nicht.

Und dann ging ich weiter und eine Frau und ich unterhielten uns, wir unterhielten uns über Äpfel und Trauben und daß Geld nicht zählt, nur Essen ist wichtig, zum ersten Mal in der Geschichte Frankreichs kümmern sich die Bauern nicht um Geld, Essen und Essen das wollen sie und die Frau sagte, aber mein Enkel mein André, ich nenne ihn Klein-Didie, ist in Deutschland, er ist erst zwanzig, er war sehr krank als er zwölf war, und der Doktor sagte er müsse in ein Sanatorium und ich sagte nein lassen Sie es mich versuchen, und ich nahm ihn, er hatte die Stimme verloren, und der Doktor sagte keinen Unterricht und keine Arbeit, nichts als frische Luft und nicht sprechen nichts als frische Luft und deshalb machte ich ihm einen kleinen Anzug in dem er fast ganz der Sonne ausgesetzt war und nach einigen Monaten ging es ihm besser aber der Doktor sagte noch nicht genügend besser nur gut genug und deshalb behielt ich ihn und dann war er ganz geheilt und nie wieder krank und er lernte weiter bis er neunzehn war und jetzt ist er in Deutschland und als er untersucht wurde bevor er ging sagte seine Mutter zu den Deutschen er sei nicht kräftig gewesen und bei der ersten Untersuchung sagten sie nein er müsse nicht gehen und bei der zweiten Untersuchung sagten sie nein er müsse nicht gehen und bei der dritten Untersuchung sagten sie geh aber seine Mutter sagte nee und der Deutsche sagte glauben Sie denn daß wir keine besseren Ärzte dort haben als hier und er ging und er kann die Grippe bekommen und tatsächlich pflegten sie ihn sehr gut aber er hat so wenig zu essen, er schreibt, Großmutter schicke mir irgend etwas roh oder gekocht ganz gleich, und ich habe ihm fünf Pakete geschickt und er hat bisher nur eins erhalten und es ist schwer Sachen zu finden die man schicken kann, und er schreibt schreib mir doch auch Briefe lange Briefe seitenlange Briefe, und ich sagte schreiben Sie ihm alle Einzelheiten ihres täglichen Lebens gerade so wie wir eben miteinander gesprochen haben und wie Sie sich an ihn als kleinen Jungen erinnern das wird ihn trösten, und ist er der einzige Enkel sagte ich nein sagte sie er hat einen Bruder gerade achtzehn und jetzt hat seine Mutter Angst daß auch er gehen muß man sieht solche Meldungen in der Zeitung stehen und außerdem kann es auch jeder sehen und er hat nicht so lange gelernt wie sein Bruder er machte eine Handwerkerlehre, nun sagte ich ich glaube wirklich es wird bald vorüber sein und ich hoffe sagte sie Sie haben recht auch ich hoffe es so sehr, bei den Bombardements der Fabriken sagen sie, die Jungens, nicht einmal herrje, es ist genau wie im Mittelalter, sie werden aus allem herausgeholt, und eben das geschieht heute.

Marschall Petain war der Held von Verdun im Krieg 1914-1918 was jeder weiß, aber viele wissen nicht daß er es war der die französische Armee vor der Meuterei bewahrte. Hier ist die Geschichte. Die französische Armee von '17 war fast am Ende, sie hatten mehr als genug gehabt und es gefiel ihnen nicht was nun mit ihnen geschah, zu viele Oberbefehlshaber in rascher Folge und sie hatten es satt wie man sie behandelte und als Petain das Kommando bekam, sagte er daß er und sie eine Veränderung brauchten, er sagte alle Offiziere sollten ihren Leuten ehe sie ihnen befahlen etwas zu tun erst erklären was sie von ihnen verlangten und warum, er sorgte dafür daß jeder regulären Urlaub bekam, alle vier Monate zehn Tage, eine Woche in der sie zu ihrer gewohnten Arbeit zurückkehren sollten um wieder ins Gleichgewicht zu kommen und noch ein paar Tage um mit all ihren Verwandten zu essen wie es in Frankreich üblich ist und so würden sie aufgemuntert durch ein reguläres tägliches Leben mit neuen Kräften an die Front zurückkehren und das taten sie und die Meuterei war vorüber. Dann nachdem er seinen Abschied genommen hatte machte er sich Gedanken und schrieb sehr viel darüber wie schlapp Frankreich wurde und daß es den nächsten Krieg nicht gewinnen könne, weil es weder genug Männer noch genug Material noch genug Verbündete gab und machte sich Gedanken und schrieb sehr viel über ein neues politisches System das aus einer Regierung von Spezialisten und ausgesuchten Männern bestehen sollte, eine Art heldenhaften Rotariertums in allen Lebensbereichen. Ich hörte Bernard Fay oft darüber sprechen und damit in Zusammenhang stand das Verlangen wieder einen König zu haben, man fand daß Könige gut zu Frankreich paßten, die meisten Franzosen ziehen eine Republik vor aber darüber soll jeder denken wie er will. Und Frankreich ist so traditionell und es liebt Neuheiten so sehr, und ein König wäre beides eine Neuheit und eine Tradition. Das wäre es. Danach war Petain Gesandter in Spanien und er hoffte Franco würde das tun was seiner Ansicht nach getan werden mußte aber tat er es tut er es denn, und da war Portugal und auch sie taten vielleicht dasselbe, all dies regte Petain sehr auf und dann kam der Krieg der 1939-'43er Krieg, und natürlich hatte der schon begonnen. Petain war nicht sehr froh darüber, er sagte immer

und immer wieder ohne genügende Rüstung ohne eine genügend gut organisierte Armee und ohne genügend Verbündete sei Frankreich dazu verurteilt besiegt zu werden. Er war 1870 ein junger Offizier gewesen als die Franzosen besiegt worden waren er hatte es erlebt wie sie 1914-1918 siegreich waren und jetzt sollte er sie wieder besiegt sehen, und sie wurden besiegt. Er hatte zweifellos recht, sie wurden besiegt.
Vor 1914 war Petain Oberst gewesen und hörte einmal in einem Offizierskasino den jungen Offizieren zu wie sie über den Krieg schwatzten auf den Krieg tranken über den Krieg lachten und dann in ein Schweigen hinein Oberst Petain sagen hörten, Glauben Sie denn daß Krieg immer lustig ist, toujours drôle.
Nun jedenfalls gab es einen Waffenstillstand. Petain schloß ihn und wir waren alle froh in einer Hinsicht und unendlich traurig in anderer Hinsicht und wir hatten so viele Meinungen. Mir gefiel die Art nicht wie er sagte Ich Philippe Petain, das ärgerte mich und wir waren im unbesetzten Teil und das war ein Trost. Viele Monate später schrieb mir jemand und sagte in Amerika sage jeder es sei kein Unterschied zwischen der besetzten und der unbesetzten Zone aber wir die in der unbesetzten lebten wir wußten daß es sehr wohl einen Unterschied gab. Möglich, daß man in der unbesetzten nicht sehr frei war aber wir waren einigermaßen frei und in der besetzten war man nicht frei, der Unterschied zwischen relativ frei sein und überhaupt nicht frei sein ist beträchtlich. Eine ganze Menge Leute beklagten die Zweiteilung von Frankreich aber es war nicht wirklich zweigeteilt oder nur für eine sehr kurze Zeit und dann begann es allmählich wieder zusammenzuwachsen, andere sagten es hätte überhaupt keinen Waffenstillstand geben sollen man hätte nach Afrika gehen sollen und den Kampf fortsetzen aber das war Dummheit es gab keine Industrie überhaupt nichts in Afrika außer etwas Nahrung und einer sehr kleinen Armee, nein Petain hatte recht in Frankreich zu bleiben und er hatte recht den Waffenstillstand zu schließen und nach und

nach verstand ich es. Ich hatte schon immer den Waffenstillstand für richtig gehalten, erstens war er viel bequemer für uns die wir hier waren und zweitens war er ein wichtiger Faktor für die endgültige Niederlage der Deutschen. Für mich blieb es aber ein Wunder und ich fragte immer jeden warum haben die Deutschen eingewilligt, warum, es wäre so leicht für sie gewesen das Ganze zu nehmen warum haben sie nur die Hälfte genommen, es wäre leichter für sie gewesen England von Ägypten aus anzugreifen als über den Kanal, warum warum haben sie in den Waffenstillstand eingewilligt warum, es war ein Rätsel für mich und ich fragte alle, die antworten konnten und deren Antwort mich nicht befriedigte und jene die mir nicht antworten konnten und mit denen ich gemeinsam nachdachte und jene die sagten es hätte keinen Waffenstillstand geben sollen aber die hatten unrecht dessen war ich sicher und schließlich fragte ich einen Offizier aus der Armee den ich zufällig traf und er machte mir alles klar.

Und dies war seine Antwort. Die deutsche Armee geht immer planmäßig vor und sie hatten einen hartnäckigen und ziemlich langwierigen Feldzug in Frankreich geplant und danach einen Angriff auf England. Im letzten Krieg hatte Frankreichs Stärke sie überrascht, aber Überraschung ist das Entscheidende, das bringt die Deutschen aus der Fassung egal was für eine Überraschung wenn es nur eine wirkliche Überraschung ist, und das war eine sehr wirkliche Überraschung. Sie kamen so schnell voran daß ihnen der Atem ausging und alles geschah so schnell daß sie ihre Pläne änderten, England schon dieses Jahr statt nächstes Jahr wie sie es vorgehabt hatten und so konnten sie nicht noch mehr Zeit verlieren weshalb sie als Petain den Waffenstillstand vorschlug entzückt waren weil sie jetzt die Hände frei hatten um sich wieder England zuzuwenden, sie kannten Petain als einen Mann der Wort hielt also machten sie sich keine Sorgen über das was hinter ihnen lag sondern sie stürmten los zurück zum Kanal. Als sie dort ankamen stellten sie fest daß ihr Material in sehr schlechtem

Zustand war, sie waren so rasch vorgerückt daß sämtliche Pläne alles instandzuhalten zusammengebrochen waren alles war abgenutzt, es war nicht aus sehr gutem Material, wie ein zurückgekehrter Gefangener bemerkte wäre den Franzosen nur Zeit geblieben sich das deutsche Material anzuschauen so hätten sie gewußt daß es einen langen Krieg nicht aushalten konnte, nun jedenfalls sahen sie als sie zum Kanal zurückkamen daß ihre Kriegsausrüstung der Aufgabe nicht gewachsen war und deshalb mußten sie warten. Amerika kam England zu Hilfe mit Materialnachschub und als die Deutschen dann bereit waren war es zu spät zu spät. Und dann kam die Schlacht um London und es war zu spät. Das meinte Petain als er einmal gefragt wer den Krieg gewinnen werde die Deutschen oder die Engländer auf seine eigene Brust deutete und antwortete Ich.

Zwischen dem Waffenstillstand und dem Kampf der Russen gegen die Deutschen redeten wir alle und redeten und jagten hinter dem Essen her, nachdem die Russen begonnen hatten redeten wir weiter und weiter und suchten weiter nach Essen aber es war doch anders, alle Bauern betranken sich vor Freude an dem Tag an dem die Deutschen die Russen angriffen und danach hatte jeder hatten alle mehr Meinungen denn je zuvor.

Wir alle redeten so viel und wir alle erklärten so viel und wir alle redeten mit jedem, gerade heute Ende Oktober habe ich mit einem Mann geredet der auf dem größten Bahnhof in Lyon ist, und er erzählte mir alle Arbeiter die Urlaub aus Deutschland bekommen gehen nicht zurück und sie alle erzählen den Bahnbeamten, alles über Deutschland. Sie sagen vor drei Monaten hätten die älteren Arbeiter ein wenig traurig gesagt natürlich hat der Führer immer recht, aber vielleicht, möglicherweise werden die Ereignisse zu mächtig für ihn, vielleicht, und die jüngeren Arbeiter waren noch bis zum Bersten voller Sicherheit und Dickköpfigkeit, und jetzt nach drei Monaten Bombardierung sagen sie alle jetzt verstehen wir, jetzt wollen wir Frieden, Frieden um jeden Preis, wir wollen Frieden am elften November, '43, das ist ein Datum, also laßt uns ein Datum festsetzen und auf diese Weise werden wir Frieden bekommen, und sie zählen die Tage als brächte sie jeder vergangene Tag dem Frieden näher. Das hat er mir heute erzählt, und man muß allmählich erkennen lernen welche Gründe berechtigt sind und welche nicht, zur Zeit der Schlacht um London und der beabsichtigten Invasion Englands fanden wir es sei etwas dran wenn man hartnäckige Gerüchte aus ganz verschiedenen Quellen hört, und wir alle erzählten einander alles und es gab da einen pensionierten Zollbeamten der in seinem Garten arbeitete und jeden Tag redeten wir miteinander und wir redeten nie darüber wer gewinnen wird, das wußten wir immer, es ist erstaunlich wie viele Leute immer wußten daß Deutschland nie gewinnen könnte, und es wieder und wieder sagen konnten, aber das worüber wir wieder und wieder sprachen war ob Frankreich hätte weiter kämpfen sollen als es nicht mehr konnte und erst neulich gab mir Bernard Fay eine neue Erklärung. Er sagte der Fehler war überhaupt in den Krieg einzutreten. Aber sagte ich ihr wäret auf jeden Fall angegriffen worden. Nein sagte er, Deutschland beabsichtigte Polen zu nehmen und dann Rußland anzugreifen, und wenn Daladier den Engländern ehrlich gesagt hätte, daß sie kein Material haben und daß die Armee nicht kämpfen wollte was jedermann klar war, das ist wahr es war uns allen klar schon bevor der Krieg begann daß die Armee nicht kämpfen wollte und wenn die Engländer dann geantwortet hätten daß das zutreffe dann so sagte Bernard, hätten die Engländer den Krieg nicht erklärt, die Deutschen hätten Polen geschlagen Rußland angegriffen, Frankreich und England wären stärker geworden und dann hätten sie wenn sie gewollt hätten in den Krieg eintreten können. Vielleicht sagte ich ist es so. Das ist der Standpunkt derer die sagten Frankreich hätte nicht in den Krieg eintreten sollen, und so redeten und redeten wir jeder alle seit dem Waffenstillstand, und dann gab es die

Kollaborateure wie man sie nannte, aber in Frankreich hat es immer eine Partei gegeben die obwohl man heute weiß daß sie die Deutschen nicht ausstehen konnte spürte daß sie mit ihnen kollaborieren sollte. Obwohl jeder sicher war daß eine solche Kollaboration sens unique war wie sie sagten, eine Einbahnstraße. Dann gab es den Standpunkt von Georges Rosset. Er sagte er zöge einen Sieg der Deutschen dem der Engländer vor, aber Georges sagte ich Sie wollen doch Ihre Freiheit, Sie wissen Sie möchten doch nicht unter deutscher Kontrolle stehen, Oh sagte er Sie verstehen nicht, wir Franzosen können immer werden immer die Oberhand über die Deutschen behalten das ist der Grund daß sie obwohl sie gewinnen und uns besetzen uns nicht wirklich etwas anhaben können, wir können immer die Oberhand über sie behalten, wir können es immer, aber die Engländer, nun das ist nicht so sicher, nicht so gewiß, und ich für mein Teil würde es lieber nicht versuchen.

Ich hörte in jenen Tagen so vielen zu, und jedermanns Standpunkt war so vernünftig während sie ihn erklärten, das ist es was die Franzosen meinen wenn sie sagen sie seien logisch, jeder Standpunkt von ihnen der sie selbst betrifft ist so vernünftig wenn sie ihn erklären, sie haben keine Vorurteile, sie haben Traditionen und Lebensart und sie haben einen Standpunkt, und sie haben einen Grund dafür, natürlich gibt es einige unter ihnen nicht sehr viele aber einige unter ihnen die einfach auf der Seite der Sieger sein wollen, überall gibt es eine Menge solcher Leute, und wenn sie so sind ist das einfach aber nicht logisch, nicht wie die Franzosen Logik verstehen und wie ich Logik bei ihnen verstehe.

Dieser jetzige Krieg ist so logisch wie ich Logik verstehe so viel logischer als der Krieg 1914-'18, der war relativ einfach und man hatte einfache Meinungen und einfache Standpunkte aber dieser Krieg, nun da gibt es so viele Seiten auf denen man sein kann alles logische und die Ereignisse sind trotz ihres Wirrwarrs so logisch ganz und gar nicht neunzehntes Jahrhundert ganz und gar nicht. Das neunzehnte Jahrhundert war völlig bar jeder Logik, es hatte kosmische Begriffe und Hoffnungen und Bestrebungen, und Entdeckungen und Ideale aber es hatte keine Logik, und ich mag Logik ich mag sie wirklich, ich nehme an das ist der Grund warum ich so selbstverständlich teilhatte am Töten des neunzehnten Jahrhunderts und am tödlichen Töten, ganz wie ein Gangster mit einer Mitrailleuse, wenn das das gleiche ist wie ein Maschinengewehr. Aber zurück zu dem was wir alle über Petain dachten. Bernard Fay und der Schokoladenkuchen.

Der Vetter unseres Nachbarn ist gerade in der Haute Savoie erschossen worden, von einem Mann mit Gewehr der ihn erschoß als er zwischen Vater und Mutter aus der Kirche kam, und der Mann nahm daraufhin sein Gewehr über die Schulter und ging fort. Der erschossene Mann war der Sohn eines Grafen, aus einer der alten Familien der Gegend ärmlich aber ein stattlicher Landbesitzer und war er nun auf der einen oder auf der anderen Seite gewesen. Es scheint gewisse Zweifel zu geben. Er war ein entwichener Gefangener und hier und da sagte man daß er in deutschem Sold stand aber sein Vetter sagt keineswegs er war ausgesprochen anti-deutsch und erlaubte seinem jüngeren Bruder nicht der Geheimpolizei beizutreten deren Aufgabe mehr oder weniger darin besteht die Nachbarn zu überwachen, nun ja oder nein, es kann so sein oder es kann auch nicht so sein, alles ist so verwickelt, sein Schwager fiel als er für die Alliierten in Tunis kämpfte, es ist alles so verwickelt und der Bruder der Frau und der Bruder ihres Mannes hatten beabsichtigt in die Berge zu flüchten statt nach Deutschland zu gehen aber sie taten es nicht weil sie Angst vor dem langen Winter hatten. Und der Mann der getötet worden war scheint eine sanfte und geschlagene Seele gewesen zu sein, unter seinen Papieren fand man eines des Inhalts er hoffe wenn einer der vier Brüder, sie waren vier, auf irgendeine Weise umkommen müsse, daß dann er es sei weil er keine Zukunft habe. Er sei nur ein einfacher Mann, und alle seine Brüder seien gescheit und

sie könnten eine Zukunft haben. Seine Kusine die uns das erzählte ist mit einem Mann verheiratet dessen ganze Familie sagt Petain sei ein cretin, und sie sagte sie hätte das zu erdulden und jetzt ist sie zufrieden daß ihr Bruder in Deutschland arbeitet ehe er zwischen ihnen hin und hergerissen wird und selbst wenn er vom Feind getötet wird und sie war ganz hin und hergerissen zwischen denen die ins Gebirge geflüchtet waren und denen die Kommunisten sind und bombardierende Angelsachsen und Freunde Rußlands und sie leiden unter den Kommunisten, und was wird noch geschehen und ich sage immer man kann jede Regierung haben die man will aber wer zum Schwert greift wird durch das Schwert umkommen und wer verfolgt wird verfolgt werden, und ja sagt sie ich weiß, aber Sie verstehen das nicht und ein Freund der dort war sagte der Vetter der umgebracht worden war habe seine Nachbarn denunziert, keineswegs sagte sie, die Nachbarn denunzierten sich gegenseitig, es waren drei einst gut miteinander befreundet und sie denunzierten einander und dann gingen sie um sich wieder anzufreunden hin und denunzierten seinen Bruder der Geheimpolizist geworden war und das hatte ihren Vetter der gerade umgebracht worden war mit seinem Bruder und dessen Zugehörigkeit zur Geheimpolizei versöhnt.
Und die ganze Zeit über ist da Petain, ein alter Mann ein sehr alter Mann und fast jeder hat heute alles über ihn vergessen.
Marschall Petain rettete also Frankreich und besiegte indem er Frankreich rettete Deutschland und mußte um Deutschland zu besiegen so lange leben bis die Russen die er fürchtete Deutschland besiegten und die Amerikaner die er gern hatte Deutschland besiegten und die Engländer denen er mißtraute Deutschland besiegten, er war ein alter Mann und er mußte nur warten und er verbrachte jeden Tag und den ganzen Tag wartend aber sehr aktiv und er tat beides gleichzeitig. Und während er wartete mußten ihn alle vergessen und während sie vergaßen machte es ihm nichts aus weil er wußte daß er aktiv wartete und so war das aktive Warten durchaus eine vollwer-

tige Tat und er tat dies nicht weil er es tun mußte sondern weil dies zu tun die Tat war die er tun mußte.
Und die ganze Zeit über hatten alle um ihn herum so viele Standpunkte so viele Punkte so viele Standpunkte so viele Dinge die in allen vorgingen in jedem. Ich erinnere mich an einige Ankömmlinge es war Ende '40, und sie sagten sie kämen gerade aus Amerika und sie hätten gerade Marschall Petain gesehen und Petain habe wissen wollen was man drüben von ihm halte und der Mann antwortete und sagte man fände keinen Gefallen an seiner Verfolgerei, und er sagte, was die Freimaurer anbetrifft die hasse ich, was die Kommunisten anbetrifft vor denen habe ich Angst, was die Juden anbetrifft das ist nicht meine Schuld.
Franzosen lieben gutes Kämpfen sehr, mehr als alles andere und das obwohl sie alle ebenso viel Angst vor den Russen haben wie der Marschall. Es war sehr komisch aber selbst der Sprecher von Vichy kann wenn er die Nachrichten durchgibt seinen Stolz auf die russischen Kämpfe nicht verbergen, sie die Franzosen haben das Gefühl wirklich gutes Soldatentum gehöre zu ihnen, sie sind wie ich ihnen immer sage hoffnungslos europäisch in dieser Beziehung, sie können sich nicht in den Standpunkt Amerikas versetzen, daß Kämpfen darin besteht den andern aus dem Geschäft zu werfen, es hat keinen Sinn einfach vorwärts oder rückwärts zu gehen und sich selbst zu verbrauchen, es ist einfach der Unterschied zwischen altmodischem Tanzen und amerikanischem Tanzen, beim altmodischen Tanzen hat man sich immer vorwärts und rückwärts bewegt Walzer oder Polka oder sonstwas aber beim Tanzen wie es die Amerikaner erfunden haben bleibt man an Ort und Stelle man tut alles auf dem gleichen Fleck. Eben das ist die amerikanische Idee laßt die Armeen nicht überall herumlaufen sondern bleibt auf demselben Fleck, bombardiert und bombardiert bis das ganze Material des Feindes zerstört ist und dann ist der Krieg vorbei, aber kein Europäer hat das gern, es ist gegen seine ganze Vergangenheit und es enthält für ihn keine

Zukunft, weil Europa nach allem wie ich schon in Everybody's Autobiography sagte, wirklich zu klein ist für einen modernen Krieg, und es gibt keine Industriellen dort sie sind Ladenbesitzer, sie könnten im voraus einen enormen Vorrat in ihren Lagerhäusern auf die Seite tun aber wenn es dazu kommt diesen Vorrat zu erneuern nun dann ist nichts da, Frankreich ist besser dran als die meisten weil es wenigstens Nahrung produzieren kann, das ist etwas was nie aufhört mich zu überraschen. Eine durchschnittliche Bauernfamilie in Frankreich besteht aus einem Vater einer Mutter um die Vierzig und nicht übermäßig stark und einer alten Mutter oder einem Vater zuweilen auch aus beiden die aber näher den Siebzig sind als nicht und gewöhnlich einem manchmal zwei nicht sehr kräftigen Kindern. Wieviel Nahrungsmittel sie während des Jahres produzieren ist enorm, Kartoffeln und Futter für die Kühe und Ochsen, und Wein, und genügend Weizen um Frankreich zu ernähren falls die Deutschen es verlassen, und Hafer und Gerste, und Gartengemüse, und Geflügel und Kaninchen, und das in Mengen und sie machen so weiter arbeiten nicht sehr viel und nicht sehr hart, und machen Heu, und verkaufen größere Mengen und machen so weiter sind weder reich noch arm und wenn ihr einziger Sohn nicht in einem Krieg fällt nun dann macht auch er weiter und sie produzieren auf eben diese Weise eine enorme Menge Nahrungsmittel.
Ich finde immer daß das worauf die Franzosen wirklich am meisten Grund haben stolz zu sein, aber sie empfinden es nicht so sie nehmen es wie es kommt, ist, daß Savoyen und Elsaß und Lothringen, und Nizza und die Riviera, alle erst seit kaum hundert Jahren französisch, dennoch alle bei dem besiegten Frankreich bleiben wollen sie wollen nicht zu den siegreichen Feinden Deutschland und Italien gehen von denen sie erst seit knapp hundert Jahren losgelöst waren. Ja so ist Frankreich.
Und so geht dieser Krieg eben weiter, und gelangt zwar nicht plötzlich aber bestimmt nach und nach dahin überhaupt kein Krieg mehr zu sein. Dieser Krieg ist so.

Gerade jetzt und hier besteht der Krieg hauptsächlich aus der Bemühung des Bürgermeisters Männer zu finden die die Eisenbahnschienen bewachen, sie wollen in kalten Nächten nicht hinausgehen und sich erkälten und der Bürgermeister muß sie finden und es sind so wenig übriggeblieben und sie wollen nachts im Bett sein um es so warm wie möglich zu haben und so versucht der Bürgermeister sie jeden Tag zu finden, er hat eine Schweizer Frau und sie sind sehr nett und er versucht genug Männer zu finden die die Eisenbahn bei Tag und bei Nacht bewachen, und wenn es überhaupt welche gibt suchen sie Schutz vor dem Wetter und sind nicht da und nachts ist es kalt selbst im November.

In Bilignin kenne ich andere Leute aber vor allem Bauern hier kannte ich andere Leute vor allem Bahnarbeiter, sie sind durchaus nicht wie Bauern durchaus nicht. Im ganzen finde ich Bauern interessanter, sie sind auch interessanter. Sie sind nicht so großzügig nicht so freundlich nicht so lebhaft aber sie sind interessanter, französische Bauern sind interessanter.

Es ist natürlich sich an Orte zu erinnern.

In diesen Oktober- und Novembertagen '43 ist es natürlich sich an Modane zu erinnern. Viele Jahre lang war es nicht natürlich sich an Modane zu erinnern und jetzt ist es natürlich sich an Modane zu erinnern. Hier in Culoz ist der Ort wo die Züge abzweigen um nach Italien zu fahren genau da leben wir jetzt, damals als wir jeden Sommer nach Italien fuhren fuhren wir über Modane, ich erinnerte mich nicht an Culoz, an Modane, an den frühen Morgen in Modane, und dann fuhren wir nach Italien durch den St. Gotthard das ist der Weg durch die Schweiz und dann fuhren wir überhaupt nicht mehr nach Italien aber Modane war immer da und jetzt und hier fahren die Züge nach Modane die ganze Zeit über seit Italien im Krieg war fuhren die Kohlenzüge nach Modane, Kohle und Kohle und Kohle ging nach Modane und dann gingen Soldaten nach Modane und schon wurde Modane bombardiert und die Züge gehen wieder einmal nicht nach

Modane und so ist es Tag für Tag, gerade jetzt ist es natürlich sich an Modane zu erinnern.
Und wir fahren immer noch im Zug nach Chambery und es gab kein Fensterglas in den Fenstern und alle sagten in den Abteilen dritter Klasse gäbe es welches aber nicht in den Abteilen zweiter Klasse und sie sagten weil sie nun einmal für die zweite Klasse bezahlt hätten würden sie in der zweiten Klasse bleiben auch wenn es dort keine Scheiben in den Fenstern gäbe. Basket unser weißer Pudel war ins Ohr gebissen worden und es blutete als wir heute nach Chambery gingen, aber jeder sagte er sei dennoch sehr schön. So etwas kann jeden Tag passieren. Und dann gibt es noch andere Dinge.
Da gibt es den Sohn unseres Zahnarztes. Darüber gibt es noch mehr zu erzählen. Natürlich gibt es das weil die Tage weitergehen und täglich eine kleine Furcht weiterbesteht und ziemlich viel Aufregung uns jeden Tag erregt, und ziemlich viel Erwartung jeden Tag weitergeht, und eine ziemliche Menge Essen in diesen Tagen, an einigen Orten, eine ziemlich große Menge, und es gibt immer einen Grund dafür, immer.
Nein diese Tage des Kriegsendes haben nichts zu tun mit dem neunzehnten Jahrhundert gar nichts überhaupt nichts, alle paar Tage lese ich ein Stück von Shakespeare und es ist eher wie diese Tragödie wenn man so will das heißt jeder weiß daß es keinen Fortschritt geben wird alle wissen daß es keinen Fortschritt geben wird jeder weiß daß jeder weiß daß es keinen Fortschritt geben wird aber es wird Unsicherheit geben und es wird Mut und Furcht geben, und Hoffnung und Tod und Krankheit und Gesundheit, und Stärke und Terror, und man wird weitermachen und niemand wird jemandem etwas geben wollen was zu geben oder zu nehmen einem nicht zusteht nein überhaupt niemand, und das neunzehnte Jahrhundert ist tot mausetot in diesem Monat November 1943.
Belaßt es nicht einfach dabei weil jeder patriotisch ist, belaßt es nicht dabei weil niemand wirr ist, es ist der Fortschritt der verwirrt, nicht Patriotismus und Angst und Kampf und Leben

und Tod, keineswegs durchaus nicht und genau das passierte mit dem Jungen des Zahnarztes.
Das ist das Beruhigende an der Geschichte daß sie sich wiederholt, manchmal gibt es schlimmere Attacken als zu anderen Zeiten, manchmal kommt es vor daß Geschichte einen wahren Ausbruch von Wiederholungen hat sie wiederholt sich natürlich immer aber manchmal kommt es vor daß die Wiederholungen ziemlich weit auseinander liegen aber gerade jetzt das heißt im November 1943 ist sie eben voll davon voll von Wiederholungen von nichts als Wiederholungen. Sie wiederholt alle Balkankriege alle Schwierigkeiten zwischen Frankreich und England alle deutschen Niederlagen, und sie wiederholt die ganze italienische Geschichte und sie wiederholt nun wiederholt nicht ganz genau was 1915 war, da sagte man Rußland sei eine Dampfwalze aber damals walzte es nicht, jetzt sagt man es nicht aber es ist eine Dampfwalze und sie walzt. Weil die Vereinigten Staaten und Rußland zu einem neuen Jahrhundert gehören wiederholen sie sich nicht, noch nicht, natürlich werden sie es irgendwann tun aber bis jetzt haben sie es noch nicht getan, noch nicht, Japan ja, es war von den Amerikanern bombardiert worden um zugänglich zu sein und nun wird es bombardiert werden um abgeschlossen zu sein, das könnte man gut eine Wiederholung nennen aber zurück zum Sohn des Zahnarztes.
Wir waren vor einigen Monaten sehr aufgeregt als wir erfuhren daß man ihn abgeholt und ins Gefängnis gesteckt hatte, er hatte sich als Siebzehnjähriger dem Haufen in Savoyen angeschlossen der sich bereit machte und sich bereit machen bedeutete vorbereiten und vorbereiten bedeutete Dinge zu verstecken die man braucht und Dinge die man braucht verstecken bedeutete sie in einem Zimmer zu verstecken. Und es kam heraus und man holte ihn ab und es war ein schrecklicher Tag. Der Vater war Serbe und die Mutter eine mutige Französin Tochter von Generationen von Wissenschaftlern und Soldaten und sie tat alles um ihn zu behüten. Aber er wurde geholt

und alles passierte nur tot war er nicht. Und die das taten waren die Italiener und sie brachten ihn weit weg nach Italien. Als nächstes erfuhr sie daß er zu fünf Jahren Schwerarbeit verurteilt worden war und sie hatte ihn noch einmal gesehen und hatte ihm seinen Personalausweis gegeben, damals als alles geschehen war. Es gelang ihr das zu tun. Dann schied Italien aus dem Krieg und man ließ das Gefängnis offen, geht weg sagten die Wächter als sie fortgingen und natürlich gingen sie alle weg, einige gingen dahin und andere gingen dorthin aber die Jungen wollten natürlich dahin gehen wo sie Amerikaner treffen konnten, sehr natürlich. Dann machten sie sich auf den Weg aber sie fanden heraus daß es ein sehr langer Weg werden würde deshalb nahmen einige und darunter zwei einen anderen Weg. Sie kamen ins Gebirge und jeder den sie trafen trug große Bündel, es waren Bündel mit Schuhen und Kleidungsstücken und deshalb gingen sie in der gleichen Richtung und sie fanden Mengen von Schuhen und Kleidungsstücken die der italienischen Armee gehörten die sie zurückgelassen hatte und sie versorgten sich reichlich damit. Und dann mußten sie weggehen, sie fanden die vielen Schuhe sehr nützlich, sie tauschten sie gegen Nahrung und Führer und jeder war freundlich zu ihnen und ein Mann der all die kleinen Wege kannte führte sie hoch hinauf in die Alpen, und sie kamen über die Grenze und waren wieder dort wo sie hergekommen waren und da seine Mutter ihm seinen Personalausweis gegeben hatte, sie war eine jener Mütter die an alles dachte und genug Mut hatte alles zu tun gingen sie weiter. Aber ihre Schuhe die italienischen Armeeschuhe machten die Bauern mißtrauisch und sie erzählten es dem Polizisten, der sie festnahm, nun sagte er und schaute sie an sagt mir die Wahrheit und sie taten es, und während sie es taten sagte er in Ordnung erzählt niemandem von mir, und dann gingen sie weiter, sie kletterten in einen deutschen Lastwagen mit deutschen Soldaten und die deutschen Soldaten aßen Brot und Butter und die beiden waren sehr hungrig und die deutschen Soldaten gaben ihnen Brot aber keine Butter

aber das war trotzdem sehr willkommen. Und so kamen sie nach Hause, und die Mutter war so glücklich ihn zu haben und er blieb drei Tage bei ihr, badete und aß von morgens bis abends und ließ sich für sie zur Erinnerung fotografieren und dann sagte er jetzt müssen wir gehen und sie sagte wohin und er sagte zu meinen Kameraden mach dir keine Sorgen sagte er zu seiner Mutter es ist als ob man ein Soldat wäre mach dir keine Sorgen, und dann ging er weg und jetzt ist er wieder fort. Sie sagte sehen Sie die Jungen empfinden das anders, wenn sie erschossen werden nun so bedeutet es ihnen nicht das gleiche wie uns, nicht das gleiche.
Und so macht jeder Tag manche Leute fröhlich und manche Leute nicht so fröhlich und der Grund ist der gleiche. Zum Beispiel.
Jeder Tag kann irgendein Tag sein gerade jetzt.
Es war ein dunkler Tag und ein Dienstag und ich besuchte eine Freundin der es nicht gut ging und sie hatte vier Söhne und einer war noch Kriegsgefangener und ein anderer auf einem Schiff in Indochina und einer der Gefangener gewesen war war geflohen nachdem er es zweimal versucht hatte und es ihm schließlich gelungen war und dem anderen ging es nicht sehr gut, nun jedenfalls war es als ich fortging spät am Nachmittag und es war eine Glut am Himmel und ich ging den Berg hinauf gerade dahinter ist ein sehr großer steiler ein wichtiger Berg von dessen Gipfel man mit einem Drahtseil Holz herunterläßt. Ich stieg höher und höher und das Wasser fiel lauter und lauter den Berghang hinunter und es war sehr hübsch und kalt ziemlich kalt und es wurde dunkler. Ich habe es gern wenn es dunkler wird und während ich höher und höher stieg und einmal war Sonntag und niemand arbeitete traf ich als es dunkler wurde Gruppen von Männern die den Berg herunterkamen und ich sagte guten Tag und sie sagten guten Tag. Und dann als es wirklich dunkler wurde machte ich kehrt um wieder herunterzukommen, und es war sehr dunkel und noch dunkler und es begann zu regnen und zu schneien und zu

graupeln, und ich sah nichts aber ich fühlte das Knirschen des Kieses unter den Füßen und also konnte ich auf dem Weg bleiben und überall um mich herum hörte ich andere herunterkommen und es waren ungefähr fünfundzwanzig Männer in kleinen Gruppen die an mir vorüberkamen und sie gingen schnell und ich ging langsamer und ich wurde nasser und nasser und ich fragte mich warum kommen so viele Männer an einem Sonntag den Berg herunter und als ich sehr naß unten ankam und sie alle an mir vorübergingen vermutete ich daß diese Männer aus der Heide kamen wie das Maquis von Korsika her genannt wird wo man es wie in Schottland seit vielen Jahrhunderten kennt und sie kommen wahrscheinlich jede Nacht herunter vor allem im Winter wenn die Polizisten zu Hause bleiben und sie kommen herunter und haben ein gutes Essen mit ihrer Familie und wärmen sich und bleiben über Nacht und gehen wieder zurück ehe die Polizisten auf den Gedanken kommen können daß irgend etwas los ist, nicht daß irgendein Polizist wirklich daran interessiert wäre jemanden der sich versteckt hat zu finden, oh nein.
Und so ist jeder Tag irgendein Tag.
Ich unternahm einen sechzehn Kilometer langen Marsch, das tue ich sehr oft und manchmal wenn ich Brot zu tragen habe, manchmal habe ich tatsächlich weißes Brot und Kuchen zu tragen, nehme ich manchmal einen Autobus, und an jenem Tag hatte ich ziemlich viel zu tragen und den Hund zu führen und eine Frau half mir und ich kannte sie und gerade da traf ich den Zwerg von Culoz und ich gab ihm die Hand, ich sage immer guten Tag zu einem Zwerg, ich sage zu jedem guten Tag und zu einem Zwerg sage ich immer guten Tag, und er gab mir die Hand und dann gab er ihr die Hand. Sie war überrascht aber jedenfalls machte das nichts und als wir beide aus dem Autobus stiegen und ein Stück zusammen gingen sagte ich Sie sind jetzt verheiratet und haben ein Kind, ja sagte sie und mein Mann ist Soldat das heißt Offizier, und ich sagte wo ist er jetzt während Sie bei Ihrer Mutter sind und sie sagte er ist in einem Militär-

gefängnis in der rue Cherche Midi in Paris, in Einzelhaft. Und weswegen denn sagte ich, ach sagte sie, ich weiß es nicht und er wahrscheinlich auch nicht, heutzutage kommt man so leicht ins Gefängnis irgendeine Indiskretion irgendeine kleine Indiskretion und er war immer daran interessiert die soziale Stellung des Soldaten zu verbessern, aber man hört von ihm überhaupt nichts, aber ich sende ihm Pakete, meine Schwester, sie sieht ihn nicht, aber er gibt ihr seine schmutzige Wäsche und sie bringt ihm saubere Wäsche daher wissen wir es nun das ist alles was ich weiß, sagte sie und wir sagten auf Wiedersehen und sie sagte es ist nutzlos sich Illusionen zu machen daß sie ihn vor dem Ende herauslassen und wir sagten auf Wiedersehen, und ich hatte sie als ganz junges Mädchen gekannt, weil sie ein hübsches Haus hatten wo der König im Exil und seine Schwester angeblich einmal ihre Urgroßmutter besuchten. Und die Kinder spielten immer sie kämen auf einem weißen Pferd daher und seien der König im Exil und seine Schwester und statteten ihrer Urgroßmutter einen Besuch ab.

Und jetzt also weiter.

Wir hatten einen Freund namens Gilbert und er war weggegangen und seine Frau folgte ihm und das kleine Mädchen Christine hatten sie bei irgendwelchen Nachbarn zurückgelassen, wir kannten sie nicht und eines Tages fragte ein rothaariger und lebhafter junger Bursche nach mir und ich sah ihn und ich sagte was ist los und er sagte ich habe eine Nachricht für Sie von Gilbert, ach sagte ich geht es dem kleinen Mädchen nicht gut, doch sagte er es geht ihm gut es ist bei uns, ach wirklich sagte ich, brauchen Sie etwas für es, sagte ich und er sagte nein es geht ihm gut und er fingerte an seiner Streichholzschachtel herum und ich sagte nun und er sagte die Nachricht ist hier drin und ich sagte lassen Sie's lieber sein, und er sagte haben Sie Angst vor mir und ich sagte nein und lassen Sie's lieber sein und wollen Sie die Nachricht nicht sagte er und ich sagte nein lassen Sie's lieber sein und er sagte ich lasse es sein und er hatte Tränen in den Augen und er ging hinaus und sagte dem

Dienstmädchen daß wir seine Nachricht nicht empfangen hätten und ein Freund sagte waren Sie nicht neugierig und ich sagte nein gar nicht.
Es gibt so viele Enden von Geschichten in diesen Tagen so viele Enden daß es nicht ist wie es war es gibt nichts was einen neugierig macht außer die kleinen Dinge, Essen und das Wetter. Komisch an all dem ist daß verhältnismäßig wenige Leute verrückt zu werden scheinen, verhältnismäßig wenige auch nur ein wenig verrückt oder nur ein wenig seltsam, verhältnismäßig wenige, und diese wenigen deshalb weil sie nichts zu tun haben das heißt sie haben nichts zu tun oder sie tun nichts was irgend etwas mit dem Krieg zu tun hat nur mit Essen und Kälte und solch kleinen Dingen. Jeder kann reden und das tun alle, selbst wenn sie wieder hineinkommen oder wieder herausgehen was sie tun. Und dann ist da Victor. Wir haben Victor sehr gern obgleich es keinen Grund dafür gibt und doch ist er da Victor und wird von seiner Familie geliebt.
Die einzigen die für den Krieg wirklich dankbar sind sind die wilden Enten, so viele im Sumpfland der Rhône und so friedlich, gewöhnlich sind sie um diese Jahreszeit sehr verstört, kaum daß sie sich niedergelassen haben ist pop pop das Land schon voll von Jägern die sie jagen und sie müssen fortfliegen, jetzt sitzen sie scharenweise dort auf den netten Wassertümpeln umgeben von hohem Sumpffarn und sie sind so friedlich, niemand kann ihnen etwas anhaben niemand, weil man alle Schießgewehre weggenommen hat vollzählig weggenommen hat und niemand kann damit schießen überhaupt niemand und die wilden Enten sind sehr zufrieden. Sie benehmen sich als hätte man nie auf sie geschossen, nie, es ist so leicht alte Gewohnheiten wieder anzunehmen, so sehr leicht.
Als ich das erste Mal nach Frankreich kam das war bevor es Automobile in Paris gab, schob oder zog fast jeder der nicht anderweitig beschäftigt war einen Handwagen und zwar ziemlich schnell die Franzosen bewegen sich sehr schnell damit und dann füllten nach und nach die Automobile die Straßen und

Schieben und Ziehen von Handwagen wurde eine zu gefährliche Beschäftigung und deshalb hatte nach und nach keiner mehr einen und keiner stieß oder schob einen. Früher hatten alle Handwerker einen alle Anstreicher und alle Klempner und alle die irgend etwas zu verkaufen hatten, es gibt noch ein paar die sie sogar in der Zeit der Automobile weiterschieben aber das nur um irgendwo an eine Ecke zu gelangen und etwas zu verkaufen, selbst das scheint nicht ganz legal zu sein weil sie immer zur Polizeiwache abgeführt werden, und es gibt nichts Hilfloseres als einen Handwagen voll Gemüse oder sonst irgend etwas der allein und unbeachtet vor einer Polizeiwache steht. Ich fragte mich immer ob irgend jemand sie je weiterschieben wird, aber ich nehme an ihre Besitzer wurden nie wirklich ins Gefängnis gesteckt vermutlich mußten sie nur ein Strafgeld zahlen oder so etwas, oder ihre Bewilligung war nicht in Ordnung oder so etwas und sie kommen zurück zum Schieben oder Ziehen ehe das Gemüse und die Früchte für den Verkauf zu welk werden.

Aber jetzt im Jahr 1943 werden Handwagen jeder Art Handwagen auf jeder Art Straße und von allen Altersstufen geschoben und gezogen und so viele Kilometer weit und voll beladen mit allem und jedem, die Straßen sind voll davon, in jeder Größe und Form vom kleinen Kinderwagen an bis zum fast ausgewachsenen Lastwagen. Sie schieben sie zuweilen zwanzig Kilometer weit wenn sie ausziehen um Kastanien zu holen und außerdem wird ständig Gras geholt um Kaninchen und Ziegen und alles mögliche zu füttern was gefüttert und dann gegessen werden kann. Fahrräder und Schubkarren, selten jemand der nicht etwas schiebt oder zieht so selten daß es einfach nicht existiert.

Aber um auf Victor zurückzukommen, Victor und sein Vater haben Jagdhunde zwei Jagdhunde aber natürlich können sie nicht jagen und sie ziehen Gemüse und dieses wird im Handwagen geschoben und es ist eine Bäckersfamilie und Victor ist der einzige Sohn und er hat drei Schwestern und wie sie alle

Victor lieben. Er ist sehr süß dieser Victor und hat Kinder gern und jetzt ist er zwanzig Jahre alt und war in das Camp de Jeunesse gegangen, und er war immer sehr gut genährt und er zog sich eine schlimme Erkältung zu und er kam zurück und er sah sehr dünn aus als er für einen zwanzigtägigen Erholungsurlaub zurückkam. Und es ging ihm etwas besser aber nicht gut genug und er beschloß nicht zurückgehen zu wollen, und seine Familie die ihn liebte wollte auch nicht daß er zurückging weil er vielleicht eines Tages noch weiter fortzugehen hätte, deshalb muß er sich verstecken und das ist sehr leicht, man geht von einem Dorf zum andern Dorf und in dem andern Dorf sagt niemand etwas und niemand verfolgt ihn weil es sehr lange dauert bis die Papiere hin- und hergehen und wenn er nicht da ist wo er war müssen die Papiere wieder zurückgehen und manchmal bleiben sie einfach da wo sie waren und wo ihre Familie ist aber das ist dann schwieriger, es könnte anders werden aber zwischen diesen Dörfern hin- und herzugehen das ist ziemlich sicher fast sicher genug für jeden außer für die Mutter die zittert, sie alle lieben ihn aber die Mutter zittert, hie und da einmal zittert sie ein bißchen hie und da.

Alles kann in einer solchen Zeit geschehen und heute war es sehr komisch, es gibt nun überall und vor allem hier wo Berge sind und Holz sehr leicht zu bekommen ist Automobile, die mit Holz betrieben werden, die Motoren sind dieselben wie vorher, aber jedenfalls funktioniert es sehr gut, es gibt eine Menge Lastwagen und eine Menge Autobusse und jede genügend große Stadt hat mehrere Taxis. Franzosen lieben Luxus und obwohl sie einen nicht fahren sollen außer im Notfall, fährt tatsächlich jeder sie überall hin wohin es zu weit ist um zu Fuß zu gehen, und wenn man kein Fahrrad hat. Wir wollten also am Freitag nach Belley und ich rief unseren Taximann an und er sagte er sei gerade vor seinem Haus stehengeblieben und ob sein Wagen wohl wieder fahren würde, nun natürlich würde er irgendwann einmal wieder fahren aber würde er bis Freitag wieder fahren und außerdem habe man ihn gerade angerufen er solle sich unverzüglich aufmachen und ein paar deutsche Offiziere holen die unverzüglich irgendwohin müßten, und er sagte er könne nicht sein Wagen sei stehengeblieben, und die Obrigkeit sagte sie hätte fünf verschiedene Taxis angerufen und alle seien zusammengebrochen und ob seines wirklich nicht fahren könnte und er sagte nein es könnte nicht und es konnte nicht fahren, nicht jetzt. Es ist ungewöhnlich so ungewöhnlich daß nur wir das hier bemerken aber ungewöhnlich ist es, keiner kein einziger deutscher Offizier hat einen Wagen der fährt, wenn sie keinen Zug nehmen können, müssen sie einen der holzbetriebenen französischen Wagen nehmen, der sie irgendwo hinbringt. Es ist höchst ungewöhnlich, ich kann es nicht oft genug sagen, es ist höchst ungewöhnlich, höchst ungewöhnlich, wirklich das Allerungewöhnlichste von allem Ungewöhnlichen was geschieht, höchst ungewöhnlich, daß die motorisierte deutsche Armee von französischen Taxis herumgefahren wird.

Nun da das Ende mehr oder weniger in Sicht ist kann jeder einfach närrisch sein, nicht sehr glücklich, aber durchaus närrisch. Sie sind überall närrisch, überall ist jeder einfach närrisch, nicht lustig aber eben närrisch.

Wirklich und wahrhaftig glaubt in dieser Zeit niemand von Herzen daß jeder daß irgend jemand friedlich und glücklich sein wird, nicht ein einziger, nicht die riesige Mehrheit glaubt so etwas und das beweist daß das neunzehnte Jahrhundert tot ist vollständig und ganz und gar tot. Selbst die Kommentatoren am Radio finden es sehr schwierig wirklich zu sagen geschweige denn zu glauben daß die Welt ein glücklicher Ort sein wird, ein Ort der Liebe und des Friedens und des Überflusses, und daß der Löwe sich neben dem Lamm niederlegen wird und jeder jedem glaubt. Sie alle wissen, daß keiner von ihnen irgend jemandem glaubt daß nicht einer von ihnen irgend jemandem glaubt. Es gibt weder Einmütigkeit noch Glaube an Frieden und Fortschritt, das neunzehnte Jahrhundert ist tot aber es gibt keinen besonderen Frieden für seine

Asche, obwohl es auch keine Auferstehung gibt überhaupt keine für das neunzehnte Jahrhundert, keine.
Jeder weiß es, niemand sagt es, weil das zwanzigste Jahrhundert zu turbulent ist und zu sicher um schwierig zu sein und verwirrt, aber jeder weiß das das neunzehnte Jahrhundert tot ist mausetot. Jetzt weiß jeder daß es keinen Sinn hat allzu erfolgreich zu sein, seht die Deutschen an sie begannen mit der Ruhr, ich werde das nie vergessen es war ein Sonntag abend und ich war draußen und ging auf dem Boulevard Saint Germain spazieren und es waren viele Leute draußen und die Augen der Männer hatten jenen bekümmerten Blick den Männeraugen haben wenn sie womöglich in den Krieg müssen, wenn der letzte noch nah genug ist daß es keine Illusion und keinen Glanz gibt, überhaupt nicht, und die Frauen bei ihnen redeten und redeten natürlich nicht über Krieg niemand sprach darüber und für Franzosen waren die Männer sehr schweigsam und die Frauen waren sehr gesprächig und ihre Augen waren nicht so bekümmert wie die Augen der Männer. Und die Deutschen waren erfolgreich und dann war da Österreich und sie waren erfolgreich und dann war München und allen Franzosen war es leichter zumute, kein Krieg, bestimmt kein Krieg, nicht für ihre Generation, und dann kam die Annexion der Tschechoslowakei und die Deutschen waren wieder erfolgreich und die Franzosen gaben nicht acht, und dann war jedes Jahr Mobilmachung und jeder war irritiert und aufgebracht und dann war Polen und jetzt waren die Franzosen irgendwie erleichtert, daß es wirklich Krieg gab, und sie wußten die Deutschen würden erfolgreich sein aber dennoch war es eine Erleichterung daß sie den Krieg wirklich beginnen mußten, und wieder waren die Deutschen erfolgreich und es gab nicht viele Kämpfe und dann war alles sehr bald vorüber und die Deutschen waren noch immer erfolgreich, und dann fingen die Deutschen an nicht mehr so erfolgreich zu sein und jetzt sind sie überhaupt nicht erfolgreich. Nun die Weisheit der Jahrhunderte, die besagt was eigentlich jeder weiß daß wenn

eine Sache gut geht nichts anderes schief gehen darf, man kann nicht ein Haus haben, Holz zum Heizen und Nahrung zum Essen und ein Dienstmädchen auf Dauer, nicht alles auf einmal und es muß immer Rückschläge geben, und es muß immer ein Bedürfnis nach Aberglauben geben um alles vorm Zu-gut-Gehen oder Zu-schlecht-Gehen zu bewahren einfach so, und Menschen wie die Deutschen verstehen das nie, sie träumen Märchen in denen alles so ist wie es einmal war oder auch nicht war, und sie machen Musik die sie ebendas empfinden läßt aber die Franzosen wissen daß man nicht erfolgreich sein soll man soll sich aus der Asche erheben und wie kann man sich denn aus der Asche erheben wenn keine Asche da ist, aber die Deutschen denken niemals an Asche deshalb gibt es selbst wenn Asche da ist kein Sich-daraus-Erheben, überhaupt nicht und jeden Tag es mag sein wie es mag wird das klarer und klarer. Und nun kann sich fast jeder wieder an Petain erinnern, nicht daß sie es sagen, wahrhaftig nicht, wenn die Franzosen einmal aufgehört haben etwas zu sagen fangen sie damit nicht wieder an, und sie hatten und sie haben aufgehört es zu sagen. Jedenfalls sind sie erleichtert daß er eine Republik will, es mag Royalisten geben aber in Wirklichkeit möchten die Franzosen eine Republik, ich stelle mir vor daß ganz Europa sehr bald republikanisch sein wird, es ist wie Südamerika, die Brasilianer hatten tatsächlich einen sehr netten Kaiser, sie mochten ihn und er mochte sie, aber sie sagten doch voller Bedauern es hat keinen Sinn es ist nicht Mode einen Kaiser auf dem amerikanischen Kontinent zu haben, und es tut uns so leid aber Sie müssen gehen. Und ich stelle mir vor daß sich das auch in Europa zeigen wird. Mode ist Mode, und Republiken einfach republikanische Republiken werden bald Mode sein. Man versteht daß das neunzehnte Jahrhundert tot ist, völlig tot.

Und jetzt ist der erste Dezember 1943 da und jeder ist verärgert so verärgert wie noch nie und dafür gibt es einen Grund. Alle nun ja sie dachten nicht daran aber es war doch möglich und sie hofften daß der Krieg bald zu Ende gehen würde. O meine

Güte sagen sie noch einen Winter, aber es ist immer Winter im Dezember ja aber wir dachten nicht daß dieser Dezember wieder so ein Winter werden würde, wir dachten nicht daß es überhaupt noch einen weiteren Winter geben könnte und jetzt ist es Dezember und ein weiterer Kriegswinter ist da. Und gewiß gibt es noch einen weiteren Winter, jeder hat es satt Holz zu haben und keine Kohle, ganz gut zu essen aber sich immer Sorgen zu machen weil es solch eine Plage ist bis man alles hat und nicht ausgehen zu können und etwas zu kaufen wenn man Geld hat und das Allerschlimmste nun natürlich ist es das Allerschlimmste, daß es so ist, das ist das Allerschlimmste, das Allerschlimmste.
Wie sorglos spielt der Troubadour seine Gitarre. Wie leichthin erzählt einem das Radio was alle sagen. Wie oft sagen sie was alle sagen, und wieviel kann man erzählen aber erst dann wenn nun ja wenn man eigentlich nichts mehr erzählen kann.
Der Fall Petain ist typisch, er hat so wenig zu sagen jetzt im November 1943 und er hätte etwas zu sagen und man läßt ihn nicht. Das hat alles schwierig gemacht, jeder dachte an ihn weil man ihn das was er via Radio zu sagen hätte nicht sagen läßt, und jeder wollte es und er nahm es so friedlich hin als ob er gesagt hätte was man ihn nicht sagen läßt.
Wenn man daran glaubt aber das tut man nicht, sagt Petain doch was er zu sagen hat auch wenn sie ihn nicht sagen lassen was er zu sagen hat, und diesmal wieder Ende November 1943 war es auch so und jeder fast jeder erinnerte sich wieder an ihn und er machte wieder friedlich weiter als ob jeder sich an ihn erinnerte. Wie lange wird es dauern. Nun das ist nicht das Ende, nicht das Ende, nicht das.
Es ist komisch sie alle handeln als glaubten sie was sie sagen und das tun sie wirklich, sie glauben was sie sagen und es ist komisch daß sie alle handeln als ob sie glaubten was sie sagen.
Es hat keinen Sinn, geradesogut kann jeder komisch sein, und einige sind es auch, sind es wirklich.

Wir unterhielten uns und sie sagten, daß ziemlich viele Leute ein Jahr lang gewissenhaft versucht hätten mit ihren Rationen auszukommen, aber jetzt meint jeder daß es keinen Sinn hat das zu versuchen, überhaupt keinen Sinn und deshalb tut es niemand, niemand außer komischerweise einigen ängstlichen Kolonialwarenhändlern, die sich fürchten. Ich kenne so eine Familie und sie sind die einzigen hier in der Gegend die nach wie vor dünn sind und immer dünner werden. Niemand sonst ist so, niemand sonst ist dünn und niemand sonst wird immer dünner, niemand es sei denn er ist furchtbar arm und wegen seiner Lebensumstände unfähig zu arbeiten. Niemand sonst.
Das alles ist noch ein weiterer Beweis daß das neunzehnte Jahrhundert vorüber ist. England glaubt noch an das neunzehnte Jahrhundert ja das tut es, es wünscht fast es nicht zu tun aber es tut es. Frankreich gehörte nie sehr zum neunzehnten Jahrhundert, nicht sehr.
Solch amüsante Geschichten.
Auf der Straße traf ich eine Frau eine ältere Frau und wir hatten den gleichen Weg und während wir so gingen redeten wir von mancherlei Dingen. Sie sagte etwas weiter entfernt habe sie ein Haus aber sie lebe nicht dort. Sie habe eine Schwester gehabt die fünfunddreißig Jahre lang gelähmt war die habe dort gelebt und vor zwei Jahren sei sie gestorben. Sie selbst lebe jetzt mit ihrem Schwager woanders, er sei alles was sie habe aber natürlich sei jemand im väterlichen Haus um die Hühner zu versorgen. Ach ja ich vergaß ich hatte Basket an der Leine weil es auf der Straße die gerade zementiert wird viele Lastwagen gibt, natürlich gibt es auch ziemlich viele Automobile, keine deutschen, französische die Franzosen schaffen es immer irgendwie weiterzukommen, nun ja ich sagte ich habe Basket an der Leine weil er da er Würmer hat etwas nervös ist beinahe ist er schon einmal unter ein Automobil gekommen, das erzählte ich ihr und ich sagte ein Hund wird so leicht überfahren, ja sagte sie wir hatten einen im väterlichen Haus und er wurde blind und deshalb mußten wir ihn töten lassen, und ich sagte

wir hatten einen kleinen Hund den wir sehr liebten und der getötet werden mußte weil er zuckerkrank war, und ist er jetzt tot sagte sie und ich sagte ja und sie sagte bei Hühnern ist das anders, sie sagte gerade neulich ist ein Lastwagen daher gekommen und der überfuhr eines unserer Hühner und er bemerkte es nicht er fuhr einfach weiter aber kurz darauf kam ein anderer und der bemerkte es und er hielt an und stieg aus und nahm sich das Huhn und fuhr weiter, gerade da kam mein Neffe heraus und sah ihn und als er wegfuhr notierte er sich die Nummer und als der Lastwagen etwas später zurückkam hielt mein Neffe ihn an und sagte Sie müssen mir das Huhn bezahlen das heißt kein Geld ich will kein Geld ich will das Huhn, und der Mann sagte kommt nicht in Frage ich will zahlen aber das Huhn werde ich Ihnen nicht geben und mein Neffe sagte er wolle keine Bezahlung er wolle das Huhn und der Mann sagte er habe es nicht was wahrscheinlich eine Lüge war aber vielleicht hatte er es schon gegessen, aber jedenfalls sagte mein Neffe gut ich werde das Geld nehmen, nein sagte der andere ich zahle Ihnen überhaupt nichts, warum nicht sagte mein Neffe, darum sagte der Fahrer und mein Neffe sagte nun ich nehme an Sie geben es dem Roten Kreuz für ein Paket an einen Gefangenen ich denke nicht daran sagte der Fahrer und er fuhr weg und was tat Ihr Neffe, sagte ich ich habe keinen Neffen sagte sie ich habe nur eine Nichte das heißt ich habe nur einen Schwiegervater, das ist nicht mein Haus in dem ich wohne es gehört meinem Schwager und in diesem Moment trennten sich unsere Wege und wir sagten Auf Wiedersehen.
Es gibt so viele Geschichten. Heute traf ich einen Mann auf der Straße und er hatte einen Jagdhund eine hübsche Hündin ein bißchen dünn und sie und Basket begrüßten einander und der Mann schob einen Karren voll mit Kohl und wir blieben stehen und begrüßten einander, ist sie sehr jung sagte ich nicht so jung drei Jahre alt aber sie ist eine gute Jägerin, und wie, sagte er, aber jetzt kann ja leider niemand jagen und ich sagte schauen Sie es gibt so viele Zugvögel und Wildenten, ja sagte

er wir fanden sie immer ziemlich zäh zum Essen aber jetzt wäre es ein Genuß, früher war ich Zollbeamter und jetzt bin ich pensioniert und ich dachte ich würde meine alten Tage mit Jagen verbringen, aber es soll nicht sein, ach wo sagte ich vielleicht bleibt es nicht so, der Dezember '43 wird vielleicht wie '18, vielleicht wird es plötzlich anders gehn, vielleicht sagte er, aber ich sagte sicher stammen Sie nicht aus dieser Gegend, er sehe nicht so aus, sagte ich, er sah aus wie ein Mann aus der Normandie, und er sagte nein mein Vater der wie ich Zollbeamter war hatte eine große Familie, neun Kinder und wenn man eine große Familie hat will man eine Stellung in einer kleinen Stadt wo das Leben leicht ist, deshalb hatte er eine Stellung hier und ich bin hier aufgewachsen und als ich pensioniert wurde kam ich hierher zurück, aber Sie haben keine große Familie nein ich habe nur einen Sohn und er hat sich zur Armee gemeldet wie ich auch und war zwei Jahre dabei und dann wurde die Armee demobilisiert und sie haben meinen Sohn fortgeschickt wie aus der Pistole geschossen und dann sagten sie er solle nach Deutschland gehen und er sagte er könne sie nicht leiden und er kam nach Hause und die Polizei nahm ihm all seine Papiere ab, und dann ging er weg das heißt er ist hier, aber doch nicht tot sagte ich, nein sagte er mein Gott nicht tot. Sehen Sie sagte er ich war der zweite Sohn meines Vaters der ältere war nicht so kräftig deshalb sagte mein Vater ich solle jung zur Armee gehen, und die Jahre die ich in der Armee verbrächte würden dann angerechnet wenn ich mich zum Zolldienst meldete wozu ich als Sohn eines Zollbeamten berechtigt war, und das war auch in Ordnung nur brach der Krieg aus, nicht dieser Krieg ich bin kein junger Mann mehr der andere Krieg, und ich war Feldwebel und habe viele Deutsche umgebracht sehr viele und dann wurde ich eines Tages mit einem Holztransport fortgeschickt um Schützengräben anzulegen, und ich kam hin und jemand sagte, es ist Waffenstillstand, und ich sagte ach laß mich in Ruhe, und ich machte weiter, und dann sagte ein anderer ja wirklich heute ist

der Waffenstillstand unterzeichnet worden und ich sagte dann mache ich nichts mehr mit dem Holz und ich kippte alles an den Straßenrand und ich ging zurück, und alle sagten wollen wir uns heute die Nacht um die Ohren schlagen, und ich sagte nein ich sei müde, in Wirklichkeit aber weil ich kein Geld hatte als Mitglied einer so großen Familie und weil mein Vater dachte ich sollte den Jüngeren helfen, und einer der Kameraden sagte zeig uns dein Portemonnaie und er nahm es und öffnete es und es war leer, und er sagte in Ordnung, und ich sagte ich weiß wir sind alle Kameraden, aber ich habe meinen Stolz aber trotzdem machten wir noch Radau und dann schüttelten wir uns die Hände und trennten uns.
Einer unserer Nachbarn ein reizender Bursche ging mit Gleichaltrigen nach Deutschland und obwohl er nie einen Lastwagen gefahren hatte meldete er sich für diese Arbeit, und man nahm ihn in Paris zur Ausbildung an und natürlich blieb er solange er konnte und dann ging er nach Deutschland und sie gaben ihm eine Stelle bei einem Mann der eine Möbeltransportfirma hatte. Und manchmal fuhr er mit einem Lastwagen und manchmal mit Pferden, und Christian de la Flechere schrieb und sagte es sei nicht schlecht nur zanke er sich mit der Frau seines Chefs weil sie ihm nicht genug Brot gebe, aber immerhin habe er ein Zimmer für sich allein und das sei nicht schlecht und ob seine Familie ihm ein paar Schönheitsmittel und Parfum schicken würde, weil er mit diesen Sachen handeln könne und es dann viel bequemer hätte, und sie taten es und er hatte es bequemer. Dann bekam sein Chef eines Tages die Rechnung für die Tage in Paris als Christian Lastwagenfahren gelernt hatte, und es waren sechzig Mark und er sagte er würde sie nicht bezahlen Christian solle sie bezahlen, und Christian sagte er denke nicht im Traum daran und der Chef solle sich jemand anderen suchen und der Chef sagte er sei entlassen und Christian solle sich davonmachen und eine andere Stelle suchen und das tat er er bekam eine Stelle in einer Molkerei wo er besser bezahlt und ernährt wurde und er kam zurück und

Sein alter Chef entschuldigte sich und sagte er werde leicht wütend, aber er solle doch bleiben, und Christian überlegte ein bißchen und dachte daran daß er in der Molkerei zwar besser bezahlt würde aber früher aufstehen müsse und es war Winter und ohnehin war es besser die Unannehmlichkeiten in Kauf zu nehmen die man kannte als neue auszuprobieren und so blieb er. Wir waren nach allem was wir gehört hatten und wußten ganz überrascht von dieser Geschichte, sie war so ganz und gar nicht wie Krieg, außer das Christian natürlich nie dort gewesen wäre wenn es keinen Krieg gegeben hätte und nicht bei dieser Art Arbeit wenn noch Krieg gewesen wäre und doch ist es genauso wie bei jedem Burschen der auszieht um durch jedwede Art von Arbeit die er bekommen kann seinen Lebensunterhalt zu verdienen.
Es ist seltsam und seine Schwester die uns die Geschichte erzählte, sagte ich habe gerade eine Freundin getroffen und sie strahlte und ich sagte warum, und sie sagte mein Sohn der als Gefangener in Deutschland war ist gerade nach Schweden entkommen und er wurde mit offenen Armen empfangen und er sagte auf der Botschaft suchen Sie mir eine Arbeit aber Sie müssen auch eine für meinen Kameraden finden und sie wurden beide in ein großes Hotel gesteckt zum Tellerwaschen und es gefiel ihnen weil es eine Menge zu essen gab und sie nicht interniert waren.
Ja ja.
Bedingungslose Kapitulation sehr merkwürdig das.
Jeder wird trübsinnig, das Winterwetter und der Krieg nicht vorbei, jeder wird trübsinnig und ein wenig traurig, im Sommer denkt man dieses Jahr wird es vorüber sein aber nun da der fünfte Winter angebrochen ist kann niemand glauben daß es je zu Ende sein wird. Niemand. Das einzige was jeden ermunterte war die Rede von General Smuts, gegen Frankreich, jeder fühlte sich dadurch lebendig, er sagte Frankreich sei tot und da Frankreich sich natürlich aus der Asche erhebt fühlte sich jeder ganz besonders lebendig. Natürlich war nie-

mand dem General Smuts dankbar aber ich war es weil jeder munterer wurde und es besser ist jeden ermuntert zu haben als nicht. Entschieden ja.
Bedingungslose Kapitulation.
Die Europäer sind fasziniert von der Idee der bedingungslosen Kapitulation. Niemand in Europa hatte je davon gehört, es gibt immer Bedingungen es muß Bedingungen geben, das Leben in Europa ist bedingt und die Wörter bedingungslose Kapitulation sind wie etwas Neues, wie Jazz oder Automobile als sie neu waren oder das Radio, es ist etwas Neues, und die Europäer haben Neues gern, es ist eine alte Zivilisation und sie haben Neues gern. Ich erzähle allen gern davon, von General Grant der die Initialen U.S. Grant von Ulysses Simpson Grant hatte und United States Grant oder Unconditional Surrender Grant genannt wurde. Ich erzähle gern davon aber man hört mir nicht wirklich zu, man interessiert sich nicht dafür nicht einmal dafür daß es amerikanisch ist diese bedingungslose Kapitulation, man ist einfach fasziniert und findet es sehr originell und die Bedeutung dringt nicht wirklich durch, es ist eine neue Form von Jazz, bedingungslose Kapitulation, und wenn die Deutschen sagen die Japse wollen nicht und sie wollen nicht heißt es aber sie werden wollen aber selbst dann bedeutet das nichts für sie, weil es nicht wirklich Krieg ist, Krieg ist etwas anderes es ist Niederlage und Waffenstillstand und Bedingungen, bedingungslose Kapitulation hat nichts mit Krieg zu tun nicht für sie.
Es gibt so viele Flüchtlinge, im großen und ganzen könnte man sagen jeder ist ein Flüchtling, fast jeder, bestimmt hat jede Großstadt, jede Stadt jedes Dorf und jeder Flecken seine Flüchtlinge, und zwar viele, dieses Culoz hier ist eine kleine Stadt von zweitausend Einwohnern und es gibt viele, Elsässer und Lothringer und Polen und Amerikaner, auch einige außer uns, Berufstätige die irgendwie Amerikaner sind, und jede Stadt ist so, und es gibt Franzosen ziemlich viele Franzosen und Belgier, und was es sonst noch gibt und viele Perser wie

uns der Schweizer Konsul erzählte und jeder Flüchtling ist sicher daß er weder das Klima mag noch die Landschaft noch die Erde auf der er gärtnert noch die Moskitos und wenn er es nicht sagt so sagt es bestimmt seine Frau sie sagt es ganz sicher. Für manche ist es ein Gebirgsklima sehr kalt und sehr rauh, für manche ist es ein warmes feuchtes Klima niemals kalt und der Berg ist schändlicherweise bedeckt mit Felsen statt mit Föhren und die vielen Moskitos, übrigens gab es im letzten Sommer gar keine, doch war das unser erster Sommer hier, vielleicht gibt es manchmal mehr, bei all den Rhône-Sumpfen, wie dem auch sei jeder ist ein Flüchtling und es ist ein Rätsel ein großes Rätsel wie jeder weiterlebt und Geld ausgibt und recht gut genährt und gut gekleidet aussieht es ist ein Rätsel, und dann gibt es natürlich viele französische Juden und alle möglichen anderen die geflüchtet sind überall an jedem kleinen Ort und dann junge Männer die nicht zur Zwangsarbeit gehen wollen und die ihre Stadt wechseln ach jeder ist ein Flüchtling und wie machen sie das nur weiter Geld auszugeben und einigermaßen gut gekleidet und gut genährt zu sein wie machen sie das nur.

Man kann nie wissen wer einem helfen wird, das ist eine Tatsache. Die Franzosen sind schrecklich vorsichtig mit ihrem Geld, so vorsichtig und so hart und doch sind viele von ihnen ganz unerwartet hilfreich, nicht die von denen man Hilfe erwartet aber irgendwelche anderen. Nehmt unseren Fall. Nachdem wir in den Krieg eingetreten waren wurde es sehr schwierig außerordentlich schwierig, und niemand von meinen alten Freunden fragte mich ob wir irgendwelche Schwierigkeiten hätten und es wurde schon ein bißchen schwierig, natürlich hätten wir wenn wir das gewollt hätten etwas vom Konsul bekommen können aber mit dem Steigen der Preise die höher und höher gingen hätte uns das nicht geholfen, und so standen wir da, und soviel schlimmer als vorher, und eines Tages sagte ein junger Mann, sein Name ist Paul Genin und wir hatten ihn kennengelernt weil sie ein Haus in der Nachbar-

schaft gekauft hatten, er war Seidenfabrikant aus Lyon und interessierte sich für Literatur, eines Tages also sagte er zu mir sind Sie in Geldschwierigkeiten, ich sagte noch nicht ich habe noch eine Reserve aber sie schrumpft allmählich ziemlich zusammen und er sagte kann ich Ihnen helfen und ich sagte was können Sie schon tun, nun sagte er schreiben Sie einen Scheck in Dollar aus und ich will sehen was ich tun kann, und dann ein wenig später sagte er ich habe mich mit der Sache beschäftigt und ich denke es könnte Sie vielleicht in Schwierigkeiten bringen und ich meine Sie sollten es lieber nicht tun, ich hätte es tun können aber ich wollte es lieber nicht, hier ist Ihr Scheck zerreißen Sie ihn und lassen Sie mich Ihr Bankier sein, aber, sagte ich, ach sagte er, warum nicht, wieviel geben Sie im Monat aus, ich sagte es ihm, er sagte in Ordnung ich werde Ihnen das jeden Monat geben und ich sagte was für eine schriftliche Bestätigung soll ich Ihnen geben, oh keine sagte er, ich glaube es ist besser keine, aber sagte ich wenn ich sterbe oder sonst was dann haben Sie ja keinerlei Beweis, ach sagte er wir wollen es riskieren, und er tat es, und sechs Monate lang gab er mir jeden Monat was ich pro Monat zum Leben brauchte und nach sechs Monaten verkaufte ich ein Bild das ich bei mir hatte ganz im stillen an jemanden der zu mir zu Besuch kam und ich dankte Paul Genin und gab ihm sein Geld zurück und er sagte wenn Sie mich je brauchen sagen Sie es nur. Und so war das.
Das Leben ist schon merkwürdig.
Es ist schon merkwürdig, diejenigen die einem selbstverständlicherweise etwas anbieten sollten tun es nicht, und die anderen die keinen Grund haben etwas anzubieten, tun es, man weiß nie, man weiß wirklich nie woher das Glück kommt. Nicht einmal der erfahrenste Mensch kann es voraussagen, nie nie nie.
Gleichzeitig kann man sagen daß der Secret Service ein Friedensvergnügen ist im Krieg ist er kein Vergnügen. Ich habe gerade einen Secret Service-Roman gelesen einen ziemlich

guten, in welchem die Secret Service-Agenten Hongkong retten für die Briten. Das ist ganz schön in Friedenszeiten wie alles Auskundschaften über neue Waffen und Geheimverträge und lauter solche Sachen und über die anderen Geheimagenten aber wenn der Krieg einmal beginnt dann ist es zwecklos, wirklich, in Friedenszeiten ist es ein Drama in Kriegszeiten ist es ein Melodrama. Keine innerhalb eines Landes erhaltene Information nutzt irgend jemandem irgend etwas sobald sie hinausgelangt, aber auch sonst nutzen Informationen dieser Art wenig, man sieht und hört eine ganze Menge vom Secret Service, unweigerlich, man kann jetzt gar nicht anders als mehr oder weniger darüber zu hören, aber in Kriegszeiten scheint das nicht sehr gut zu sein, wirklich nicht sehr gut, wenn ein Land in Aufruhr ist wie derzeit jedes das besetzt ist dann ist es anders, aber das ist nicht Secret Service in einem Feindesland das ist die Widerstandsbewegung innerhalb des Landes, und wenn das ganze Land damit sympathisiert gehen natürlich Botschaften hinein und heraus, sonst sicherlich nicht, warum nur werden sie nicht öfter aufgehalten und sie werden nie aufgehalten, die Verhandlungen der wichtigen Leute gehen weiter, warum wird keiner von den wichtigen Leuten umgebracht, niemand findet wirklich etwas heraus und alles was Secret Service-Agenten in Kriegszeiten tun ist sich melodramatisch vorzukommen und gelegentlich erschossen zu werden, es ist in der Tat eine Beschäftigung für Friedenszeiten, wirklich. Einen von ihnen kennen wir ziemlich gut, und er soll auch ziemlich gut sein und abgesehen davon daß er seine eigenen Nerven ruiniert und seinen Namen und seine Papiere ständig ändert und uns gelegentlich schrecklich ängstigt durch mysteriöse Botschaften, die mit ihm zu tun haben könnten und vielleicht mit uns zu tun haben könnten, aber weiß er das denn und abgesehen davon daß er sehr häufig zum Tode verurteilt wird aber noch am Leben ist, weil seine Hauptbeschäftigung im Ändern der Namen besteht, erinnere ich mich daß ich als ich jung war fasziniert war wenn auf der Bühne irgendwelche

Leute sich verkleideten indem sie ihre Perücken wechselten, so daß man also wußte sie sind dieselben und doch jemand anderer. Nun die Secret Service-Leute scheinen das gleiche zu erreichen durch Änderung ihrer Namen, einmal sind sie Hubert und dann sind sie Henry und dann sind die Charles und genauso ändert sich der Nachname. Warum sollte das irgend jemanden täuschen da sie doch dieselben bleiben aber es scheint so, alles ist merkwürdig aber das was mit dem Namen zusammenhängt scheint mir eines der merkwürdigsten Dinge zu sein, was liegt in einem Namen, für einen Secret Service-Mann liegt alles im Namen wenn sie nur einen neuen finden können und zweifellos können sie das immer, und dieser neue Name scheint die Behörden vollständig umzuwerfen, ich habe das immer gelesen und ich dachte es sei nur in den Büchern so, aber nein es ist so es ist tatsächlich so und es scheint zu funktionieren trotz des furchtbaren Verdachtes den man hat daß vielleicht niemand wirklich daran interessiert ist sie zu finden aber anscheinend sind sie doch interessiert, jedenfalls ist es sehr komisch. Die Zeiten sind so seltsam, so mittelalterlich so vernunftwidrig daß zum ersten Mal seit hundert Jahren Wahrheit wirklich merkwürdiger ist als Dichtung. Jede Wahrheit.

Es gibt so komische Dinge, wie kann eine Nation die sich derart stark fühlt wie die deutsche nur Angst haben vor einer Handvoll Leuten wie die Juden, warum nur, es scheint komisch, höchst merkwürdig und sehr komisch, sie müssen Angst haben weil wie Edgar Wallace immer wieder zu sagen liebt, Haß Furcht ist, aber warum, was können sie ihnen denn tun, schließlich und endlich was können sie ihnen denn tun. Alles ist komisch. Gestern war ein komischer Tag.

Fremde müssen immer Papiere bei sich haben wenn sie unterwegs sind, man erwartet daß sie mehr oder weniger in ihrem Bezirk bleiben, niemand das heißt kein Franzose nimmt es damit sehr genau aber es wird mehr oder weniger erwartet daß man in seinem Bezirk bleibt. Wir sind ziemlich bevorzugte

Fremde, und wir können uns recht frei in unserem Departement bewegen, aber wenn wir in ein anderes gehen müssen wir einen speziellen Ausweis haben. Gestern war ein komischer Tag.

Heute war ein komischer Tag, wir erwarteten den Sohn und die Mutter kam. Sie sagte unter den Frauen im heutigen Frankreich seien sehr viele die sich nicht mehr erinnern könnten daß zwischen '18 und '39 Frieden war alles erscheine wie Krieg und nochmals Krieg und kein Friede dazwischen. Gewiß ihr Sohn war '16 in Paris geboren, und sie hatte am Tag an dem er geboren wurde im Bett bleiben und die Bomben riskieren müssen aber er war in Verbandwatte gehüllt und in den Keller hinuntergebracht worden mit all den andern die laufen konnten, und 1940 war nun sein Sohn geboren, und er wohnt in Lyon, und sobald er diese bestimmte Art Lärm hört sagt er nachdenklich das ist eine Bombe, und es ist eine Bombe. Wie gesagt der heutige Tag war ein komischer Tag aber gestern war ein noch komischerer Tag. Wie gesagt wir sind sehr darum bemüht unsere Papiere in Ordnung zu halten. So viele Leute gehen mit falschen Papieren herum, einer unserer Freunde ein Autobesitzer kauft sich regelmäßig eins wenn er irgendwohin fahren will, und jedenfalls scheint jeder imstande zu sein mühelos eins zu bekommen aber wir sind nicht so, wir gehen zur Gendarmerie und wir bekommen unsere Papiere um hinzugehen wohin wir gehen wollen dabei sind sie sehr nett zu uns und geben uns immer alles was wir wollen was sehr nett für uns ist. Gestern also mußten wir nach Chambery zum Zahnarzt fahren, und wir machten uns auf und alles war wie sonst. Ich mag Züge jetzt, ich verstehe vollkommen warum die Franzosen sich nie etwas aus Automobilen machten, warum sie Züge soviel lieber mögen, Züge sind so sehr viel abenteuerlicher, vor allem jetzt, da niemand wirklich weiß wann sie fahren oder wohin sie fahren, und ob man wenn man aussteigt auf dem Bahnhof herauskommen kann um nach Hause zu gehen, und dann die dunklen Bahnhöfe, und der überfüllte Zug, es ist alles

sehr aufregend. So machten wir uns gestern auf den Weg nach Chambery.
Ich mußte einen Topf Marmelade kaufen.
Man muß kaufen was man nicht kaufen will um das kaufen zu können was man kaufen will. Das heißt wenn man nichts zu tauschen hat und viele von uns haben nichts zu tauschen. Natürlich ist es gut wenn man Bauer ist dann hat man viel zu tauschen aber wenn man kein Bauer ist dann hat man nichts zu tauschen. Einmal als wir während des Winters in Bilignin waren wollten wir ein paar Eier kaufen und niemand wollte uns welche verkaufen weil sie alle Eier die ihre Hühner legten selbst essen wollten, was nur natürlich war, und Madame Roux sagte können wir denn nichts für einen Tauschhandel finden das heißt nicht um zu tauschen sondern um ihnen einen Anreiz zu geben uns Eier zu verkaufen, schließlich fanden wir etwas, und das war unser Spülwasser. Madame Roux hatte die Angewohnheit das Spülwasser einer Nachbarin zu bringen die ein Schwein mästete, und da es nur sehr wenig Milch gab um ein Schwein zu mästen, war Spülwasser eine beträchtliche Hilfe, das war in den schlimmsten Tagen '41-42, im Jahre '43 begann das Leben leichter zu werden, nun jedenfalls sagte Alice Toklas zu Madame Roux, nein wir wollen unser Spülwasser nicht mehr weggeben, wenn die Nachbarin es haben möchte muß sie als Gegenleistung einwilligen uns eine gewisse Anzahl Eier zu verkaufen. Madame Roux ging also zu der Nachbarin und sagte ihr sie könne das Haushaltsspülwasser haben aber nur unter der Bedingung daß wir das Privileg hätten eine bestimmte Anzahl Eier von ihr zu kaufen, nun gut sie wollte das Spülwasser und wir kauften die Eier, aber ach zu Weihnachten schlachtete sie das Schwein, jeder schlachtete sein Schwein zu Weihnachten, und so brauchte sie unser Spülwasser nicht mehr zum Schweinemästen und also war es mit unserem Vorrecht Eier zu kaufen vorbei, wir hatten nicht daran gedacht den Handel für länger zu vereinbaren. Jetzt 1943, im Dezember, ist es aber, ich weiß zwar auch nicht genau warum, offenbar aus

verschiedenen Gründen leichter sich zu versorgen. Erstens besteht da viele Züge ausfallen die Tendenz die ganze produzierte Nahrung dort zu lassen wo sie herkommt und in Frankreich wird riesig viel Nahrung produziert und zweitens können die Deutschen weil die Transportmöglichkeiten so schlecht sind und die Deutschen nicht genügend Benzin und daher keine Lastwagen haben und weil die Züge ausfallen können die Deutschen keine Nahrungsmittel aus Frankreich ausführen folglich bleiben sie hier und außerdem ist es sozusagen Ehrensache für jeden die Vorräte zu stehlen die die Regierung zusammengetragen hat vermutlich um sie den Deutschen zu geben und all das kommt schließlich auf den schwarzen Markt, und deshalb beklagt sich am Ende jeder der auf dem Land lebt daß er zuviel Fleisch essen muß bis zum Überdruß, zuviel Butter, zuviel Weißmehl, selbstverständlich ist es in den Großstädten ganz anders, dort hat man natürlich durch die Transportschwierigkeiten Schwierigkeiten die Ware zu bekommen aber selbst in den Großstädten scheint man merkwürdigerweise sehr viel mehr Vorräte zu haben als vorher, und das kann auch deswegen sein weil es so aussieht als ob der Krieg bald vorbei sei, und der Friede jeden Augenblick kommen könne, niemand also mehr hamstern will, und da es überall riesige Vorratslager gab, und da man jetzt nur noch sehr wenig Deutsche in Frankreich zu füttern hat, gibt es eine Menge Nahrungsmittel, viel mehr denn je seit 1940. Es kommt immer anders als man denkt.
Aber um auf das Zugfahren zurückzukommen je länger je lieber reise ich mit dem Zug ich verstehe warum die Franzosen es dem Autofahren vorziehen, es ist soviel geselliger und heutzutage natürlich soviel abenteuerlicher, und die Unregelmäßigkeit seiner Regelmäßigkeit ist faszinierend. Wie ich sagte waren wir im Aufbruch nach Chambery und wir machten uns fertig und kamen zum Bahnhof viel zu früh wie es unsere Gewohnheit ist und mit all unseren Papieren in Ordnung wie es unsere Gewohnheit ist.

Als wir am Bahnhof ankamen war der Zug natürlich nicht da er ist nie da und wir hatten eine lange Unterhaltung mit unserem Freund dem Polizisten der uns hilft zurechtzukommen und uns hilft eine Ziege zu bekommen, und er half uns auf jede Weise sie helfen allen täglich in jedem Falle und oft auch wegzugehen, das tun sie wirklich. Nun jedenfalls warteten wir auf den Zug und schließlich kam er und er sollte nach Chambery fahren aber nicht der Wagen in dem wir waren der sollte nicht nach Chambery fahren und deshalb war die Landschaft plötzlich nicht mehr vertraut und natürlich sprach ich mit einer jungen Frau über Paris und Lyon und darüber daß sie eine Friseuse war und einmal ein Geschäft in Paris haben wollte, jetzt war sie nur in Lyon, und sie hatte eine Freundin und wir redeten alle bis ich plötzlich aufschrie das sieht aber nicht aus wie Chambery, o nein sagten sie er geht nach Annecy, o je sagten wir was sollen wir machen und wir redeten alle und jeder gab einen Rat und ein deutscher Offizier sah aus als wollte er mitreden aber natürlich beachtete ihn keiner keiner tut das je was sie im Zug ganz schüchtern macht, und sie meinten wir sollten bis zur größten Ortschaft fahren und wir sagten nein wir steigen am ersten Ort aus der schließlich kaum zehn Kilometer von Aix-les-Bains entfernt ist und schlimmstenfalls können wir sogar zu Fuß hingehen. Und wir stiegen aus mit Hund und allem denn Basket ist natürlich immer bei uns und er fährt gerne im Zug, anfangs nicht aber jetzt ja, weil man ihn bewundert und ihn füttert, Franzosen können selbst in diesen zucker- und brotlosen Tagen keinen Hund sehen ohne ihm Brot und Zucker anzubieten wenn sie essen und in diesen Tagen ißt jeder im Zug. Es ist wie in Amerika während der Prohibition man weiß nie wann es wieder eine Gelegenheit gibt also ißt man wenn man kann was in diesen Dezembertagen kurz vor Weihnachten '43 fast immer der Fall zu sein scheint. Nun jedenfalls hielten wir an dem kleinen Bahnhof und wir baten den Stationsvorsteher um Auskunft und er sagte wir hätten Glück in zwei Stunden gäbe es einen Zug nach Aix und dann um acht Uhr abends gäbe es einen von Aix nach Culoz und wir müßten Chambery eben aufgeben und es eben später wieder versuchen und das taten wir und wir redeten alle so viel daß er uns nicht nach den Fahrkarten fragte und wir redeten soviel daß wir vergaßen ihm die Fahrkarten zu geben oder ihn zu bezahlen, und dann gingen wir in die Stadt und alle erklärten uns wo wir in einem kleinen Café essen konnten und wir aßen dort und zwar sehr gut für sehr wenig und wir waren mehrere und es waren zwei deutsche Soldaten da die an der Bar standen und einer von ihnen sah aus wie Hemingway fast so wie Hemingway als er jung war, wahrscheinlich war er jetzt kein Deutscher sondern ein Tscheche oder so etwas, das sind sie jetzt meistens und er trank wie Hemingway, er trank einen Cognac und dann trank er ein Eau de Vie und dann trank er spritzigen Weißwein und dann trank er einen AmerPicon, und dann trank er spritzigen Wein und schaute mehr und mehr wie der junge Hemingway aus und der andere bei ihm ein kleinerer und dickerer und verheirateter Mann und ausgesprochen deutsch trank nur ein Glas Wein und als es zum Zahlen kam war es eine recht beachtliche Summe und da war ein Elsässer bei ihnen der übersetzte und der eine der gutaussehende der aussah wie der junge Hem streckte als sie gingen die Hand aus um der Wirtin die Hand zu schütteln und die Wirtin konnte es natürlich nicht ablehnen aber sie wurde rot und stieß ihre Tochter zurück und niemand sagte etwas als sie gingen, aber jeder verstand was jeder fühlte, verkaufen und Geld nehmen ist eine Sache aber Handschütteln ist eine andere Sache und die Wirtin wußte das es war nicht ihre Schuld und doch wußte sie es hätte nicht geschehen dürfen das wußte sie und das wußten alle.

Dann kauften wir ein paar Birnen und gingen zurück zum Bahnhof und dann hörten wir daß die Wirtin Schweizerin sei und keine Französin und so verstanden wir daß sie obwohl sie dasselbe empfand nicht so gut wissen konnte wie jede Französin es wußte daß so etwas nicht geschehen durfte.

Und dann waren wir wieder zurück in Aix-les-Bains und dort waren so viele Deutsche und es gab Alarm aber nichts geschah und wir gingen zum Zeitvertreib und um warm zu werden, denn es war kalt zu allen Ladenbesitzern die wir kannten und wir kennen sehr viele in Aix und kauften reinseidene Schals und ein Paar wollene Strümpfe und wir gingen in einen Tea Room wo man uns Schokolade gab und wo merkwürdigerweise ein deutscher Offizier war der genauso aussah wie Göring obwohl der natürlich nicht hier sein und auch Schokolade trinken und Brot und Marmelade essen konnte aber so war es und dann wurde alles geschlossen und wir mußten zum Bahnhof gehen und dort zwei Stunden auf unseren Zug warten. Wir warteten und ich ging hinein und heraus und spazierte hin und her und Alice Toklas saß auf der Bank in der Nähe des Fahrkartenschalters weil der Wartesaal voll von lauter Schlafenden war weil man möglicherweise den ganzen Tag auf einen Zug warten mußte oder möglicherweise die ganze Nacht warten mußte um den Zug verlassen zu können weil das Signal nicht ertönt aber es läutete jede Nacht und immer nachts und sehr oft muß man die ganze Nacht bis zum Morgen warten ehe man aus dem Haus gehen kann. Es ist genau wie sonst, das Signal zur Sperrstunde und in Frankreich bedeutet das Feuer löschen, und es bedeutet Licht löschen und man kann wegen der Sperrstunde die Mitternachtsmesse nicht halten obwohl Weihnachten ist. Man denkt nicht viel darüber nach wenn man nicht reist weil man keinen Grund hat im Winter auszugehen und so bleibt jeder zu Hause. So warteten wir auf unseren Zug, und ich ging hinein und heraus und überall waren ziemlich viele Deutsche und deutsche Krankenschwestern drinnen und draußen und der Hund und ich gingen hinein und heraus und plötzlich sah ich da in der Nacht und am Kiosk draußen auf einem Regal ein Exemplar von Alice Toklas' Autobiographie auf Französisch zum Verkauf ausliegen, und ich war sehr aufgeregt und ging hinein um Alice Toklas davon zu erzählen und der Fahrkartenverkäufer hörte mich er war ein netter junger Bursche und er sagte ja in zehn Minuten auf Englisch er dachte ich erkundigte mich nach der Abfahrtszeit des Zuges wonach ich bereits gefragt hatte und so ging ich zu ihm hin um mit ihm zu reden und er sagte und diese Herren, so werden die Deutschen immer genannt, belästigen diese Herren Sie etwa und ich sagte nein wir sind Frauen und über das Alter hinaus in dem man belästigt wird und außerdem sagte ich bin ich Schriftstellerin und daher passen die Franzosen auf mich auf, und was wenn ich fragen darf schreiben Sie sagte er oh sagte ich zufälligerweise steht gerade eines meiner neuen Bücher draußen am Kiosk zum Verkauf und das habe ich gerade meiner Freundin erzählt, und eine junge Fahrkartenverkäuferin sagte und dürfte ich fragen wie das Buch heißt und ich sagte es ihr und ohne zu zögern nahm sie ihre Handtasche warf sich einen Schal über und ging hinaus zum Kiosk und kam triumphierend damit zurück und sagte wollen Sie es signieren? und ich sagte ja gern und ich fragte sie nach ihrem Namen und ich schrieb ihn hinein und wir waren alle sehr erfreut und Alice Toklas fand alles sehr komisch, mit all den Deutschen die hin- und herrannten und um uns herumstanden. Alles kann in Frankreich geschehen und das macht es zu dem was es ist, genau das macht es zu dem was es ist.

Und jetzt fahren wir gerade wieder nach Chambery der Zug kam wieder zu spät und es regnete, aber jedenfalls waren alle möglichen Leute unterwegs, wir und sie und jedermann. Franzosen fahren gern Eisenbahn und jetzt sind die Schwierigkeiten genau die gleichen wie sie früher in Amerika waren als es Gleisunterspülungen und Schneeverwehungen gab, und Zugüberfälle und Streiks, und Zusammenbrüche und all das, ich durchquerte einmal den Kontinent während des Pullmanstreiks und heute ist Reisen genauso, alles kann geschehen und niemand erwartet etwas und jeder reist einfach weiter. Die Regierung bittet alle zu Hause zu bleiben und wenn der Grund zum Reisen nicht sehr dringend ist, aber natürlich ist er dringend, warum nicht solange noch Züge fahren und man irgendwohin fahren kann und so fuhren wir wieder nach Chambery und es regnete. Der Sohn des Zahnarztes ging nachdem er aus dem Gefängnis geflohen und durch ganz Italien gekommen war und wieder zu Hause und wieder fortgegangen war um sich seinen Kameraden anzuschließen und ein Kommando zu bilden, kleine Jungen spielen das auf der Straße, nach alledem ging er in Geschäften für seine Freunde nach Lyon und wurde von den Deutschen gefaßt und ist jetzt wieder im Gefängnis und seine Mutter ist verzweifelt. Aber er hat seiner Großmutter geschrieben und sagt sie könne ihm kein Essen schicken aber sie könne ihm saubere Wäsche schicken was sie auch tut und er sagt er ist zusammen mit Kameraden und es geht ihnen allen gut, und der einzige Trost ist daß er Spiegelschrift schreibt und Leute die so etwas tun bringen es gewöhnlich fertig auf sich aufzupassen also wird er vielleicht entkommen und obgleich es jetzt gefährlicher für ihn ist als es war scheinen sein Vater und seine Mutter sich weniger Sorgen zu machen als vorher, ich nehme an es kommt zu einem Sättigungsgrad von Sorgen und dann beginnt das normale Leben wieder und geht einfach weiter. Ich traf einen andern Burschen er war Elsässer und er war mit seiner Mutter zu Besuch in der Nachbarschaft und ihm war es so ergangen, er war aus einem Zug entkommen und endlich frei und jetzt mußte er nur die großen Städte meiden nicht daß er es wirklich tat, sie tun es nie und ich fragte ihn wie es ihm gelungen sei mit seinen Schwierigkeiten fertig zu werden und er antwortete durch Geduld und Geschicklichkeit, und ich nehme an daß man auf diese Art seine Freiheit bewahrt.

Alles ist gefährlich und jeder der zufällig irgend jemanden trifft spricht mit jedem und jeder erzählt jedem die Geschichte seines Lebens, sie erzählen sie immer und ich erzähle sie ihnen immer und so macht es jeder, das ist nun einmal so wenn alles gefährlich ist. Leben und Tod und Tod und Leben.

Ich höre gern den Deutschen zu wenn sie am Radio Englisch sprechen. Neulich sprach ein sehr komischer.

Er sagte es sei ihm sehr ernst, er sagte die Engländer seien ein schreckliches Volk und er gab zwei Beispiele ihrer Leidenschaft für extreme Grausamkeit.
In erster Linie sei da die schreckliche Tatsache daß sie ungeborene Kinder töteten, sie glaubten und sie predigten jene schrecklichste aller schrecklichen Doktrinen, die Geburtenkontrolle, kann, sagte er, solch eine Nation im Rang der Nationen verbleiben die menschlich genannt werden, nein seiner Meinung nach nicht, und dann fuhr er fort ist da etwas fast noch Schrecklicheres dieser Malthus einer ihrer großen Männer der sagt Menschen sollten getötet werden durch Seuchen, durch Hungersnot, und durch Kriege, kann fuhr der Radiosprecher fort kann ein Land dessen anerkannt große Männer solch eine Doktrin predigen, kann das menschlich genannt werden.
Und so fährt er fort und so fährt man fort, und alle Radiostationen stören einander so daß keiner den andern hören kann und mitten in allem Unglück ist das nicht kindlich sondern sehr kindisch. Es ist merkwürdig die Welt heute ist nicht erwachsen sie hat die geistige Entwicklung ungefähr eines Siebenjährigen. O je.
Und deshalb ist die Welt mittelalterlich so mittelalterlich wie sie nur sein kann.
Sie sehen wie Männer aus sie sehen wie Männer aus sie sehen wie Kriegsmänner aus.
Das hatte ich am Radio 1939 gehört und jetzt ist es Januar 1944, und sie sehen noch immer wie Männer aus, und sie sehen noch immer wie Männer aus, aber und sie sehen noch immer wie Kriegsmänner aus.
Sie sehen so aus und sie sehen nicht so aus.
Ich denke oft der eigentliche Anfang dieses Rückfalls ins Mittelalter war die Abdankung Edwards, das war es war unzweifelhaft wie ein Stück mittelalterlicher Geschichte, und seither ist es immer mittelalterlicher geworden, Edwards Abdankung, Judenverfolgung, und das Zurückwerfen aller Indi-

viduen in mittelalterliches Elend, und vielleicht muß das alles noch einmal wiederholt werden bis zu einem neuen neunzehnten Jahrhundert und einem neuen Rückfall ins Mittelalter, wer weiß, die Geschichte wiederholt sich, ich habe oft gedacht daß dies eine wirklich beruhigende Sache ist daß die Geschichte sich wiederholt. Das einzig Sichere und Gewisse ist daß die Geschichte nicht lehrt, das heißt, sie sagt immer laßt es euch eine Lehre sein aber ist es das. Ganz und gar nicht weil die Umstände immer den Fall verändern und obwohl sich die Geschichte tatsächlich wiederholt, glaubt jeder nur deshalb daran weil die Wiederholung beruhigend ist, niemand niemand will lernen weder aus der eigenen Erfahrung noch aus der von anderen, niemand will lernen, nein sie sagen sie wollen lernen aber nein niemand will lernen, niemand will lernen. Ja niemand will lernen.
Es ist sehr merkwürdig, in den letzten zwei Jahren trug jedermann Schuhe mit Holzsohlen man konnte keine anderen bekommen und jetzt da man auch keine anderen bekommen kann trägt niemand mehr Schuhe mit Holzsohlen alle tragen Lederschuhe wie früher jeder und man kann keine bekommen aber jeder trägt sie. Es ist ein Vergnügen daß es so ist, ein wirkliches Vergnügen, fast eine Befriedigung.
Ich fragte heute einige Leute wie das denn käme und sie sagten ganz natürlich, kurz vor Weihnachten '43 weiß jeder daß er eines Tages vorüber sein muß, dieser Krieg trotz der Tatsache daß einige Leute sagen es werde gewiß ein hundertjähriger Krieg daraus warum also sollte man sich überhaupt darum kümmern, aber fast jeder denkt daß es jetzt irgendwann zu Ende sein wird, wie der Bauer sagt, alles was einen Anfang hat muß ein Ende haben warum also nicht der Krieg, und so trägt jetzt jeder seine Lederschuhe statt sie für später aufzuheben und außerdem holen alle Ladenbesitzer die Vorräte an Vorkriegsschuhen haben und in Frankreich haben sie immer Vorräte große Vorräte von allem, warum nicht, es ist eine sparsame und verschwiegene Bevölkerung warum nicht, so holen sie

jetzt alle diese Vorräte hervor um sie zu übersetzten Preisen zu verkaufen ehe die Preise normal werden, was also ist der Unterschied zwischen denen die kaufen und jenen die tragen was man nicht länger aufheben muß, Holzschuhe, die wirklich nicht sehr praktisch waren, hat man aufgegeben und jetzt trägt plötzlich jeder Leder als ob es Mode wäre, jetzt wo es angeblich gar keines gibt.
So vieles ist geschehen, wir heizen gerade mit Torf, früher hat man immer gelesen das sei in Irland einst üblich gewesen, und hier gibt es sehr viel Sumpfland und dort gibt es Torf und obwohl er ein bißchen riecht und ziemlich stark raucht ist er gar nicht schlecht zum Heizen, und weil die Fenster in Grenoble und Annecy alle durch Explosionen zerbrochen sind haben alle Papierfenster, und wie ich sage ist es wirklich wie in der Pionierzeit, wir sind alle immerzu unterwegs hierhin und dorthin um etwas zum Essen zu finden, auf dem Land findet man natürlich jede Menge und am Ende so viel daß man sogar ablehnen kann noch mehr zu kaufen, worauf wir alle übermäßig stolz sind, bis jetzt haben wir immer alles gekauft was uns irgendeiner gebracht hat.
So viele merkwürdige Dinge, eine unserer Nachbarinnen eine sehr reizende ältere Dame die in einem Schloß wohnt hat drei Töchter und zwei Söhne, was wieder eine andere Sache ist. Ich schreibe jetzt gerade einen Roman über sie Schlösser In Denen Wir Leben und die Tochter Claude war in Chambery wo sie ihr erstes Baby bekam, und sie telefonierte daß das Baby da sei, die Mutter sagte sie müsse sofort zu ihr gehen, aber der Ehemann sagte es fährt kein Zug heute, und sie sagte aber es gibt einen Autobus von Ruffieux, Ruffieux ist zehn Kilometer entfernt und sie machte sich auf den Weg und sie sah daß sie nicht rechtzeitig hinkommen konnte so hielt sie einen Radfahrer an der sie überholte und erzählte ihm von ihrer Tochter und er sagte aber der Bus wird fort sein bevor Sie dort sind und sie sagte, ja ich weiß und er sagte ich werde Sie auf mein Rad nehmen und sie sagte aber hinten ist kein Platz für mich zum

Sitzen und er sagte nein aber ich nehme Sie auf meine Lenkstange und das tat er und sie erreichte den Bus und sie kam nach Chambery und sie sah ihre Enkeltochter.
Wenn man sagt man glaubt etwas glaubt man es dann auch und wenn man sagt man will etwas tun tut man es dann auch. Das geschieht jeden Tag.
Sehr bald wird es keinen Krieg mehr geben und wie wird das sein. Sehr bald.
Ich frage mich zuweilen warum die englische Königsfamilie jemanden der einmal auf den Thron kommen könnte, George taufen läßt wie kann sie nur, gewiß Shakespeare sagt eine Rose duftet süß wie immer man sie auch nennt aber tut sie es. Nein sie tut es nicht. Nimm den Namen George. Jedesmal wenn ein George auf dem Thron war gab es Schwierigkeiten schlimme Schwierigkeiten. Die ersten beiden Georges verringerten allmählich den Glanz den Anne und Malborough die auf William und Mary folgten England verliehen hatten, und dann kam George III und alles Unglück, verlor er denn nicht Kolonien und wurde verrückt, und dann George der Vierte und der erste Weltkrieg, mit Napoleon und danach keine Georges mehr für eine Weile, und dann nach Victoria und Edward, Edward wollte keinen Weltkrieg haben, kommt George V ein netter Mann aber mit all dem Unglück eines Weltkriegs und dann ein Edward, wäre der Weltkrieg gekommen wenn Edward geblieben wäre aber er blieb nicht, nein, und ein George kam und peng wieder ein Weltkrieg und sehr viel Unglück und wird sie also wieder wird die königliche Familie wieder die Kühnheit haben einen Sohn der einmal auf den Thron kommen könnte George zu nennen. Besser nicht, wirklich besser nicht. Es hat etwas mit dem Namen zu tun. Nomen est omen.
Heute ging ich meine üblichen zwölf Kilometer um etwas Brot zu kaufen das nicht dunkel ist und etwas Kuchen der sehr gut ist, sehr sehr gut und unterwegs traf ich eine Frau die einen Schubkarren zog und zuweilen schob dazwischen hielt sie an um Holz aufzuheben und ich sagte zu ihr na Sie werden ein

ganz hübsches Feuerchen haben. Ja sagte sie in dem einen Sack habe ich etwas Kohle, die habe ich an den Eisenbahnschienen aufgelesen und in dem andern habe ich Papierschnitzel um das Feuer anzuzünden und jetzt sammle ich Reisig damit es weiterbrennt. Ich gehöre nicht hierher, sagte sie, sie war eine gutaussehende großgewachsene Frau, ich gehöre nicht hierher sagte sie, ich komme aus dem Norden, wenn ich an mein schönes Land denke dort oben im Norden wo Rosen wachsen, aber ich und mein Sohn wurden von einer Stunde auf die andere aus dem Haus gesetzt, herausgesetzt von den Deutschen, sie haben mein Haus und sie haben meine Möbel und ich habe nichts, und hier, es ist ein erbärmliches Land und es sind schreckliche Leute sie geben einem nichts selbst wenn man es zahlt und alles was ich hoffe ist daß bald eines Tages Bomben auf sie fallen, Bomben, sagte sie und ich lachte und sie sagte meine gute Dame, ja das ist es was ich sage, und jede von uns machte sich auf den Weg ohne weitere Fragen, jede verschaffte sich Vorräte die wir brauchten in diesen Tagen.

Und die Jungen sind merkwürdig. Alles ist merkwürdig. Ich sprach mit dem Leiter unserer hiesigen Bank und seine Tochter studiert Soziologie in Grenoble und sie sind natürlich als Bankiers sehr ruhig und konservativ, und ich sagte jetzt da Grenoble so voll ist von Explosionen und Mordanschlägen und Repressalien nehme ich an daß Sie Ihre Tochter zu Hause behalten. O nein sagte er, die Jungen sind nicht so, sie sagen, dies sei ihr Krieg, wir verstünden das nicht, ihre Professoren könnten als Geiseln erschossen werden, ihre Kameraden in Überfälle verwickelt, ihre Fenster und was sonst noch eingeschlagen werden, und schließlich sei es ihr Krieg laßt uns in Ruhe es ist unser Krieg, und sagte der Vater man kann nichts anderes tun als sie in Ruhe lassen, ich glaube wirklich es ist ihr Krieg.

Ein Tag ist wie der andere und doch ist jeder Tag anders. Und die Mädchen neigen dazu groß zu werden, größer als sie früher waren aber nicht die Knaben nicht größer als sie früher waren, ich glaube dafür gibt es einen physischen Grund, ich glaube das wirklich.

Viele machen sich Sorgen weil die Jungen wenn sie aus Deutschland zurückkommen alle alt sein werden, sehr alt, das macht sehr vielen Sorgen.

Und jeden Abend kann man weiterhin irgend jemandem zuhören der am Radio Propaganda macht und eine Sache ist ganz sicher keiner scheint jemanden zu lieben. Liebet einander, das gilt jetzt ganz und gar nicht. Niemand kann es, seltsam wirklich seltsam wie schwierig es gerade jetzt für jeden ist seinen Nächsten zu lieben jeden Nächsten hier dort und an jedem Ort es ist ganz sicher daß es für keinen natürlich ist den anderen zu lieben. An Weihnachten und Neujahr 1943-44 ist es uns wirklich ganz klar geworden, daß man nicht liebt überhaupt nicht niemand kaum jemand daß keiner irgend jemanden liebt, das heißt seinen Nächsten, kaum einer. So ist das jetzt, dieser letzte Winter war genau einen Winter zu lang, jeder weiß das, letzten Winter war es in Ordnung sie konnten noch den Witz machen daß der Krieg bald zu Ende sei und auf die Frage warum was für einen Grund es dafür gebe, sagte der Mann er habe einen ganz bestimmten, deshalb weil meine Frau genug davon hat übergenug. Aber jetzt ist es wieder Winter und keiner kann mehr einen Witz darüber machen, es ist einfach ein Winter zuviel.

Ich ging heute nachmittag in der ersten Januarwoche '44 draußen am Ufer der Rhône spazieren und ein kalter Wind blies und ich hatte zwei Wollumhänge um einen sehr guten und einen nicht so guten und ein Hemd aus schwerem Leinen sehr gut und der Wind kam gleich durch bis auf die Arme und es war kein Grad unter Null sogar eins darüber und was mochten die deutschen Soldaten fühlen dort drüben, es gibt hier in der Nähe einige junge die die Bahnlinie bewachen und drüben in Belley sind sie dabei das heißt sie haben schon junge ausgebildet, jetzt sind sie vermutlich alle fort in Rußland, und es war ihnen kalt dort in Belley wo es nicht so sehr kalt ist und sie waren sehr jung und sehr viele von ihnen waren keine Deutschen und sie waren ausgebildet worden um hölzerne Tanks zu fahren und Fußarbeit zu leisten da die deutsche Armee keine Automobile mehr hat überhaupt keine außer denen die auf Güterwagen sind, und doch geht es weiter, nun ich nehme an wie die Bauern sagen alles was einen Anfang hat muß ein Ende haben, und wie Madame Gallais sagt sie ist es die uns hier das bißchen Luxus verschafft das wir brauchen, sie findet solche Dinge und sie freut sich sehr darüber was reizend von ihr ist, sie lebte fast ihr ganzes Leben lang in Paris und sie ist gern Pariserin was sie auch ist und man muß alles lernen sogar das Sterben, und die Jungen denken ebenso, sie denken die Alten können nicht lernen wie man in diesem Krieg sterben muß, aber sie wissen es.

Während ich am Ufer der Rhône entlangging und der Wind kalt war sah ich eine riesige Menge Krähen und Wildenten, es gibt derzeit so viele Arten, freilich ist seit drei Jahren nicht mehr gejagt worden aber andererseits gibt es auch keine Nahrung die Leute sammeln ihre Ernte sorgfältiger ein als sonst, sie halten ihre eigene Nachlese und was bleibt also für all diese Vögel zu essen übrig und doch gibt es so viele Tausende mehr als sonst und sie sind viel fetter als sonst es muß einen Grund dafür geben aber gibt es einen.

Man träumt heutzutage merkwürdige Träume. Ich träumte einen von Nathalie Barney. Ich träumte daß sie die Pflanzen aus ihrer Pariser Wohnung immer einem Blumenhändler überließ der sie den Sommer über gießen und im Winter zurückbringen sollte und wird sie sie jetzt wieder zurückbekommen, wird sie, wird der Blumenhändler wird überhaupt ein Blumenhändler da sein, wird eine Wohnung da sein, wird sie selbst da sein. Ich weiß nicht ob sie das gewöhnlich mit ihren Pflanzen machte auch nicht ob sie Pflanzen hatte aber jedenfalls träumte ich es.

Sie ist in Florenz und es ist Januar 1944 und jeder hier nun nicht jeder aber sehr viele denken daß der Krieg da er '43 nicht zu Ende ging, nie zu Ende gehen wird, überhaupt nie zu Ende gehen wird und vielleicht haben sie recht, so jedenfalls denken viele Leute hier und heute.

Jeder fast jeder schleppt etwas in diesen Tagen oder schiebt oder trägt etwas die Straße entlang jeder und ich trage, mir fällt es leichter zu tragen als zu ziehen oder zu schieben, obwohl ich manchmal das was ich trage auf das stelle was sie schieben und wir schieben es zusammen aber meistens trage ich, nicht mehr viel drei oder vier oder fünf Kilo, und das ist gerade genug gerade genug um es ungefähr zwölf Kilometer weit zu tragen.

Neulich sprach ich mit dem Bäcker, er backt uns Kuchen, ja das tut er, wir mögen Kuchen, und er backt mir sogar weißes Brot und er gibt uns tatsächlich Marmelade ja das tut er, ziemlich viele tun es in diesen Tagen, und er auch. Und wir unterhielten uns. Er sagte er habe gerade etwas über die ungarische Küche gelesen. Er sagte er sei ein verhältnismäßig junger Mann er ist fünfundvierzig oder so, und er sagte was für ein Mann er sei er habe sein Leben als Lehrling in einer sehr guten Konditorei in Lyon begonnen, von da sei er nach Paris gegangen, er habe in den besten Häusern gearbeitet, in den wichtigsten Konditoreien und Teestuben, und dann habe er an der Riviera gearbeitet und er habe sehr viel Erfahrung und jetzt habe er diese kleine Bäckerei in diesem kleinen Weiler gekauft und vielleicht bleibe er hier auch nach dem Krieg, schließlich sagte er sollte ein Mann wie ich mit so viel Erfahrung sich an vieles erinnern was er von andern gelernt hat aber er sollte auch ein ganz klein wenig von dem behalten was nur er selber ist und darum hat er einen kleinen Laden und dennoch werden die Leute kommen weil es so ist. Jetzt sagte er kann ich nur ein paar Sachen für ungefähr fünfzehn Kunden machen von denen Sie einer sind, aber warten Sie sagte er warten Sie bis der Krieg vorüber ist dann werden Sie sehen was Sie sehen werden und es wird sehr gut sein.

Und dann sprachen wir weiter über das Klima und über das

was die verschiedenen Nationen essen und trinken. Ja sagte er ich verstehe daß wir hier in Frankreich normalerweise einen Wein machen der kaum mehr als neun Grad Alkohol hat, und wir können ihn zu unseren Mahlzeiten trinken und natürlich können wir auch Wasser in unseren Wein tun wie viele es machen, und wir trinken einen angenehmen Wein zum Essen, aber die Ungarn die schweren Wein trinken, die trinken Wasser zum Essen und sie trinken ihren schweren Wein danach. Wie es die Spanier und die Portugiesen tun, sagte ich das ist alles eine Frage des Klimas. Nun sagte ich die Amerikaner und die Russen die mehr oder weniger das gleiche Klima haben, sie trinken starken Alkohol vor dem Essen Wodka oder einen Cocktail, und während des Essens trinken sie heiße Getränke wie Tee, Kaffee oder Kakao, ja sagte er ich verstehe der Magen muß einen Schock bekommen und dann muß er warm gehalten werden, aber sagte er das einzige was ich nicht verstehe ist das deutsche Essen und die deutschen Getränke, das heißt das Bier, ach sagte ich die Engländer und die Deutschen leiden beide unter den Nebeln vom Meer von der Nordsee und vielleicht ist das Bier und ihr Essen das einzige was diesem Nebel vom Meer gewachsen ist, vielleicht, sagte er, alles andere sagte er finde ich sympathisch aber das nicht, sagte er, und dann seufzte er, er sagte man spricht von den Vereinigten Staaten von Europa aber sagte er dazu kann es nie kommen weil Essen und Trinken in jedem Land von Europa zu radikal verschieden sind, sie könnten nie Vereinigte Staaten sein, o nein, sagte er. Ich denke aber manchmal doch, alle Slawen könnten zusammen sein und alle Romanen zusammen und wenn wir einigermaßen anständig regiert würden könnte es gut gehen, aber sagte er selbst dann höchstwahrscheinlich nicht, nein sagte er ich finde solange jedes Land sein eigenes Essen essen und seine eigenen Getränke trinken will und das wollen sie kann es nie Vereinigte Staaten von Europa geben. Es ist merkwürdig, fuhr er fort, sehr merkwürdig daß es auf einem so kleinen Erdteil wie Europa so viele Arten von Klima gibt, so viele Arten von Essen und Trinken. Es ist merkwürdig, sagte er, und ich nahm meine beiden köstlichen Kuchen und meine beiden Brotlaibe und schwang sie mir auf den Rücken und Basket und ich gingen nach Hause wie jeden Winterabend.

Es ist Januar 1944. Immerhin.

Alle unsere Freunde gehen zur Abwechslung nach Paris.

Es gibt keine Züge aber trotzdem fahren sie alle nach wie vor damit. Wir leben ein Zugleben, um so mehr jetzt wo es keine Züge gibt. In den alten Tagen der Automobile hätte ich nie gedacht daß ich das kleine Tor aufstoßen und hindurchgehen oder den Weg über die Schienen nehmen würde, wie ich es die Leute immer tun sah während wir im Automobil warteten aber jetzt tue ich es tue es genau so die ganze Zeit über, mit einem Korb auf dem Rücken und es gefällt mir, warum nicht.

Es gibt auch kleine Dinge, klein wie ein Tupfen an der Nasenspitze, und das ist Tabak. Ich rauche nicht aber Alice Toklas und sie muß sie muß es einfach wenn nicht nun jedenfalls sie muß es einfach. Als Karten aufkamen Karten für Tabak und sie nur an Männer gegeben wurden, Frauen wurden nicht zum Rauchen ermuntert nicht von der Regierung und also was tun, nun der Tabakhändler und ich kamen überein daß da sie nicht fragten ob man eine Frau sei, man sich einfach eintragen könnte wir würden die Anfangsbuchstaben einsetzen und wer wüßte es schon, nun das klappte ein ganzes Jahr lang und durch die gelegentliche Hilfe eines Freundes war Alice Toklas gar nicht so schlecht dran und dann im nächsten Jahr hatte man reguläre Karten und die mußten regulär sein nein Anfangsbuchstaben genügten nicht und was konnten wir tun was konnte sie tun, wir taten manches aber nichts reichte aus. Alice Toklas ertrug es sehr schwer, Burschen von achtzehn hatten ein Recht auf Schokolade und hatten auch ein Recht auf Zigaretten, das schien wirklich ungerecht, entweder waren sie zu jung zum Rauchen oder zu alt um Schokolade zu essen es war nicht einleuchtend aber als Fremde wenn auch nicht Feinde hatten wir kein Recht zu protestieren, so versuchten wir alles, und auf die eine oder andere Art bekamen wir ein paar Zigaretten, hier und dort und auf die eine oder andere Art und Freunde brachten ein paar aus der Schweiz mit man konnte damals in die Schweiz reisen und wieder heraus und es gab ein paar aber nicht genug bei weitem nicht genug, und dann gabelte ein Freund von uns einen Sergeanten aus der französischen Armee auf der ein paar verkaufen wollte die die Armee ihnen gab und außerdem noch ein paar mehr und bald hatte Alice Toklas genug reichlich genug, und dann kam die amerikanische Invasion und die französische Armee wurde aufgelöst und der Sergeant ging fort und es war ein schwieriger Augenblick und dann kam die italienische Armee und das war gut, warum die italienische Armee soviel Zigaretten hatte weiß ich nicht mysteriöserweise hat die deutsche Armee keine, aber jedenfalls wie immer es zuging die italienische Armee hatte sie tonnenweise sehr hübsche kleine Zigaretten waren es und die Italiener verkauften sie sehr gern, und jeder kaufte sie und alle Raucher waren wieder glücklich. Und dann mußten die armen Italiener weggehen, ganz plötzlich und obwohl jeder einen Vorrat hatte war er nicht groß genug und etwas mußte geschehen. In dieser Gegend hatte man immer Tabak gezogen, hier ist ein Klima das gut für den Tabak zu sein scheint man sollte es nicht glauben denn es ist gebirgig hier und der Winter ist kalt und der Sommer nicht zu heiß aber es scheint gut für den Tabak zu sein, und jetzt begann jeder Tabak im Garten anzubauen jeder und es gab einige bei denen ein sehr guter Zigarettentabak wuchs und sie waren bereit uns mehrere Pfund davon zu verkaufen und ich lernte mit einer kleinen Maschine die sich jeder kaufte Zigaretten zu drehen und mysteriöserweise gab es keinen Mangel an Zigarettenpapier, alles an diesem Krieg ist mysteriös und auch daß es kein Papier gibt aber doch keinen Mangel an Zigarettenpapier und so war jeder und auch Alice Toklas wieder glücklich. So ist es hier, in

anderen Gegenden Frankreichs wo kein Tabak wächst waren sie nicht so glücklich.
Eine Frau erzählte mir gerade von ihrem Großneffen.
Ein Großneffe war nach Deutschland geschickt worden zum Arbeiten und er war jung und er wuchs noch und es ging ihm nicht gut und man schickte ihn nach Hause zur Erholung und sie sagten er solle zurückkehren jetzt da es ihm besser ging, und seine Mutter und sein Vater und seine Großmutter und seine Großtante sie alle wußten es besser und er wußte es besser, und er ging fort zu seiner Großmutter und dort blieb er und bis jetzt, bis jetzt, es ist immer bis jetzt bis jetzt kümmerte sich niemand darum, weder ihn zu finden noch ihn anzuzeigen aber obwohl er jung war hatte er zu rauchen angefangen und es gab keinen Tabak, er hatte natürlich keine Karte weil er sich versteckte so versuchte seine Großtante die in dieser Gegend war in einem Teil dieser Gegend wo Tabak wachsen kann ihm welchen zu schicken aber sie konnte es nie es kam nicht in Gang und er kam nie an als es in Gang kam und er hatte also keinen Tabak zum Rauchen. Man sagt, seine Großtante, das sei Diebstahl, eigentlich, sagte sie scheint es nicht von Bedeutung zu sein in Anbetracht aller anderen Dinge aber es ist doch Diebstahl.
Heute sprach ich mit der Frau des Bürgermeisters, sie ist gebürtige Schweizerin und hatte einen Großvater der sehr schweizerisch war. In einem Krieg weiß jeder immer alles über die Schweiz, in Friedenszeiten ist es bloß die Schweiz aber in Kriegszeiten ist es das einzige Land zu dem jeder Vertrauen hat, jeder. Die Schweizer sind gut für Kriegszeiten, auch gut für sich selbst in Friedenszeiten aber in Kriegszeiten gut für jeden, und zwar deshalb weil sie alles ernst und ruhig nehmen, und alles ist gleichermaßen wichtig und alles ist perfekt. Das macht sie sehr wichtig wenn jeder sie braucht und jeder braucht sie in Kriegszeiten.
So erzählte mir die Frau des Bürgermeisters die Schweizerin ist von ihrem Großvater und sie zeigte mir eine Fotografie von

ihm und er war genauso schweizerisch wie Wilhelm Tell. Sie sprach auch von Leuten die naturalisiert wurden als Schweizer und daß diese unglücklicherweise oft des Verrats schuldig sind, dahin sagte sie muß es kommen, sie sagte ihr Großvater habe immer gesagt daß Naturalisation Dummheit sei, man denke nur sagte er etwa daran daß ein Savoyarde wie sehr man ihn auch naturalisiert immer Savoyarde bleibt. Savoyarden waren zu seiner Zeit das was in der heutigen Zeit Deutsche sind. Nun jedenfalls, ich glaube er hat recht, Naturalisation ist komplette Dummheit. Keiner der nicht im Land geboren ist oder wenn man zufällig in einem anderen Land geboren ist muß man von Eltern geboren werden die in diesem Land geboren sind, keiner der nicht im Land geboren ist hat wirklich das elementare Gefühl für dieses Land. Laßt sie alle Vorteile des Wohnsitzes haben, ihren Lebensunterhalt in diesem Land verdienen auch das Land genießen aber nicht Bürger dieses Landes werden. Das Bürgerrecht ist ein Geburtsrecht und sollte es bleiben, ich glaube der alte Schweizer hatte recht unzweifelhaft recht. Ich habe die beste und längste Zeit meines Lebens in Frankreich verbracht und ich liebe Frankreich und die Franzosen aber dennoch bin ich Amerikanerin, und es läuft immer wieder darauf hinaus daß ich dort geboren bin, und das Geburtsland ist das Geburtsland man kommt nicht weg davon und nur die im Land gebürtigen Söhne und Töchter sollten Bürger dieses Landes sein und das ist alles was dazu zu sagen ist. Der alte Schweizer hatte recht, bestimmt hatte und hat er recht. Alles wäre dann besser. Bestimmt.
Gerade jetzt Januar 1944 scheint niemand zu denken daß der Krieg je enden wird. Wir alle waren hoffnungsvoll im Jahre 1943 aber im Jahr 1944 geht es viel besser doch haben wir so viel weniger Hoffnung daß er je vorüber sein wird so sehr viel weniger Hoffnung.
Solch merkwürdige Dinge geschehen.
Wenn der Präsident der Vereinigten Staaten in Amerika geboren sein muß dann ist es nur vernünftig daß jeder der wählt um

ihn zum Präsidenten zu machen in Amerika geboren sein muß, nur vernünftig.
Der Besitzer des hiesigen Kramladens ist was sie einen collabo nennen, das ist einer der mit den Deutschen kollaborieren will, es gab ziemlich viele und es werden weniger und weniger aber es gibt noch immer ein paar und er ist einer. Ein Deutscher sagte etwas Nettes darüber. Es war in Paris und es war vor etwas mehr als einem Jahr es war Anfang 1942 und er sprach zu einer Gruppe von Franzosen die zusammengekommen waren um irgendeine Frage zum Schutze französischer Kunstwerke zu besprechen, und er sagte die Franzosen sind ein angenehmes Volk und ich habe sie gern aber keiner von ihnen hat drei Eigenschaften sie haben nur zwei. Sie sind entweder ehrlich und intelligent, sie sind entweder collabo und intelligent oder sie sind collabo und ehrlich aber ich habe nie einen kennengelernt der collabo ehrlich und intelligent war, jeder lachte und es stimmt collabo ehrlich und intelligent sein das gibt es nicht. Nun der Krämer war collabo und ehrlich aber bestimmt nicht intelligent. Man hatte ihm bereits einen Sarg geschickt und andere Aufmerksamkeiten und neulich kamen die Deutschen in sein Haus für eine Durchsuchung. Natürlich war er schrecklich aufgeregt. Anscheinend hatte jemand der ihn ärgern wollte den deutschen Behörden eine anonyme Anklage gegen ihn geschickt und Einzelheiten angegeben über Sprengstoffe die er auf seinem Grundstück versteckt habe. Da sie stets diesen Anklagen nachgehen und da sie natürlich die örtlichen politischen Meinungen nicht kennen forschen sie nach was nur zu natürlich ist. Der unglückselige Mann beklagte sich bei der Gendarmerie, und selbstverständlich erzählten sie es allen und alle bogen sich vor Lachen und fanden es einen außerordentlich guten Witz, alle.
Hier wird es allmählich genau so wie bei Robin Hood. Die jungen Männer aus den Bergen kommen herunter, sie haben zwei Tonnen Butter aus einem Milchladen geholt und neulich haben sie zum Entzücken aller eine hundertfünfzig Kilo

schwere Sau geholt, er hatte noch zwei kleine und man riet ihm sie zu mästen und man wolle eins nehmen und ihm eines lassen, dem ansässigen Aristokraten dem man das wegnahm er war höchst unpopulär wegen seiner politischen Ansichten und hatte weil er ein armer Mann gewesen war und an die Spitze der örtlichen Lebensmittelverteilung gesetzt worden war, nur denen Zuteilungen gegeben die seine politischen Meinungen teilten, und man nahm ihm sein Automobil, sagte daß er zu Fuß zur Messe gehen könne wie das die übrige Welt auch tue und da er keine Lebensmittel mehr zu verteilen habe brauche er das Automobil gar nicht, man nahm ihm auch achthundert Liter eau de vie, die er da hatte, und weil sie wie jeder sagt immer die vorgeschriebenen Preise für alles was sie nehmen zahlen hat niemand einen Grund sich zu beklagen. Jeder ist aufgeregt und vergnügt, die jungen Männer sind so jung so froh so diszipliniert und sie haben so viel Geld, vermutlich englisches und amerikanisches Gold und jeder ist vergnügt, nur zu natürlich, da niemand ihnen Einhalt gebieten kann nimmt jeder an daß es der Anfang vom Ende ist alle außer den collabos natürlich die sagen sie seien Gangster und was wird nach dem Krieg geschehen. Jeder sagt der Krieg wird ewig weitergehen aber dennoch denkt jeder der Krieg werde schon zum Abschluß kommen was Ende Januar vierundvierzig auch stimmte.

Jeder ist auf Wanderschaft und es ist interessant zu wissen wie viel jeder auch schon vorher gewandert ist.

Ich sprach mit zwei jungen Arbeitern, sie waren zwanzig Kilometer gegangen auf der Suche nach Nahrungsmitteln und ich war zwölf gegangen und sie marschierten schnell und ich marschierte mit ihnen und sie erzählten mir ihre und ihrer Familien Geschichte, wenigstens einer tat es, der andere lief nur mit.

Er sei ganz allein sagte er, und er koche selbst für sich. Er sei ein guter Koch sagte er, er habe sogar in einem Restaurant gekocht, er sei in der Armee in Algerien gewesen und er habe

Urlaub nehmen müssen um nach Frankreich zurückzukommen und seine Familie zu sehen und am Tag an dem er hätte zurückgehen sollen seien die Amerikaner in Afrika angekommen und deshalb sei er hier ganz allein. Zwar war sein Vater in Italien in Bergamo geboren und er ebenfalls, sein Vater war aber nach Frankreich gekommen um seinen Lebensunterhalt zu verdienen und hatte dann seine Familie zu sich geholt, und er der Junge war damals sechs Jahre alt gewesen und war also auch in Italien geboren. Er hatte während seines Militärdienstes die wunderschöne Kathedrale von Albi gesehen er wußte sie war herrlich obwohl er nie drinnen gewesen war und jetzt war er ganz allein. Und haben Sie keine Brüder und Schwestern, ich weiß nicht wo meine Brüder sind und ich habe eine verheiratete Schwester in Italien, mit einem Italiener fragte ich, nein sagte er mit einem Amerikaner, Südamerikaner sagte ich, das weiß ich nicht sagte er und ich habe nie etwas von ihr gehört seit meine Mutter gestorben ist und ich bin ganz allein, und nicht verheiratet sagte ich, nein sagte er ich bin erst achtundzwanzig und man soll nicht heiraten vor dreißig, ein Vetter meines Vaters sagte er hat ein Vermögen in Amerika gemacht, wo sagte ich, ach das weiß ich nicht, sagte er, und dann sagten wir auf Wiedersehen und trennten uns.

Handwerker sind immer gewandert, wie sie es im Mittelalter getan haben, sie wandern bis sie heiraten und dann beginnen einige wieder zu wandern. Im letzten Krieg hatten wir einen verwundeten Neger namens Hannibal und er sagte er sei ein großer Wanderer gewesen er sei durch ganz Staten Island gewandert, nun hier in Europa sind sie einfach Wanderer, sie wandern durch ganz Europa, und sehr oft sind sie am Schluß ganz allein sehr oft. Und jetzt ist Krieg, und sie wandern so viel daß es scheint als bewegten sie sich überhaupt nicht, überhaupt nirgendwohin.

Ich sprach neulich mit einer Frau wir gingen beide mit unseren Körben in der Absicht etwas nach Hause zu bringen, und sie erzählte mir von ihren beiden Brüdern und ihrem Mann die alle drei geflohen waren ehe die Gefangenen nach Deutschland gebracht wurden, sie sagte einige Familien litten sehr und einige überhaupt nicht, sie sagte es sei Schicksal. Sie selbst hat fünf Kinder vier davon Mädchen. Auch das findet man sehr häufig in dieser Gegend wir beide waren dieser Ansicht. Und dann sprachen wir über die merkwürdige Sache, daß so viele von den verhältnismäßig wenigen in diesem Krieg gefallenen Franzosen Einzelsöhne von Witwen seien deren Männer im letzten Krieg gefallen waren. Warum sagte ich. Nun sagte sie, wahrscheinlich weil sie verängstigter in den Krieg gingen als jene deren Väter nicht im letzten Krieg gefallen sind. Das könnte es sein. Und sie sagte könnte es nicht auch sein daß sie weil von einer Witwe erzogen natürlich verwöhnter waren und nicht so aktiv wie die anderen die von Vater und Mutter erzogen wurden. Natürlich sagte sie, eine Mutter kann nicht anders als ihre Kinder verwöhnen weil sie die ganze Zeit bei ihnen ist und sie nicht immer nein sagen kann daher kommt sie soweit überhaupt nicht mehr nein zu sagen. Und außerdem sagte sie, wenn eine Mutter ihren Mann im Krieg verloren hat ist ihr kleiner Sohn so vorgeprägt durch ihr vieles Weinen und das macht ihn nervös, wenn auch er in den Krieg ziehen muß. Es ist bestimmt wahr daß ein sehr beträchtlicher Prozentsatz der relativ wenigen in diesem Krieg gefallenen Franzosen einzige Söhne von verwitweten Müttern waren deren Männer im letzten Krieg gefallen waren.

Heute abend kam Francis Malherbe der zur Arbeit nach Deutschland geschickt worden war zu uns gerade zurückgekehrt und sehr interessant, Januar neunzehnhundertvierundvierzig. Unter anderem erzählte er alle in Paris sagten er war gerade von dort nach Hause gekommen daß am zwanzigsten Januar eine Invasion stattfinden werde. Natürlich nahm jeder an es werde in Frankreich geschehen, und zu gleicher Zeit erfuhren wir daß der Mann der immer weiß was nach Meinung der Deutschen geschehen wird sagte es werde eine Invasion zwischen dem sechzehnten und dem zwanzigsten Januar vierundvierzig geben und er weiß immer was sie wissen und deshalb waren wir äußerst aufgeregt und es gab eine Invasion nur war sie in Italien statt in Frankreich. Eine gut gelungene Täuschung das, weil und das darf man nie vergessen die Leute wissen was geschehen wird und bis jetzt haben es die Amerikaner recht gut gemacht, zweimal haben wir gewußt etwas wird geschehen und das richtige Datum und alles aber nicht den richtigen Ort. Wir sind sehr zufrieden mit unseren Landsleuten, es ist ein gutes Pokerspiel. Wirklich sehr gut und wir haben es gern wenn sie gut Poker spielen. Es freut uns.

Aber das war nicht alles was Francis Malherbe uns erzählte. Er beschrieb Deutschland wie es jetzt ist und wie die Franzosen sind die gezwungenermaßen dort arbeiten. Er beschrieb es so gut, er sagte natürlich gäbe es keine Lebensmittel kein Fett, und Gemüse immer in Wasser gekocht, den deutschen Arbeitern gäbe man Fett aber nicht den Franzosen, aber sagte ich gibt es dort keinen Schwarzmarkt keine Möglichkeit etwas zu bekommen, o ja sagte er eine ganze Menge unter all den Fremdarbeitern aber nie bei den Deutschen, aber sagte ich wo bekommen die Fremdarbeiter es her, wie bekommen sie es, sie stehlen es, sagte er, jeder der kann stiehlt eine bestimmte Menge von irgend etwas und verkauft es oder tauscht es für etwas anderes ein, und das ist der ganze Schwarzmarkt den es gibt aber und er lachte der ist beträchtlich, und wir sagten wie ist es ihnen den Deutschen zumute, immer noch vom Sieg überzeugt vor allem die jungen, sagte er aber warum sollten sie auch nicht die Welt ist für die Jungen da, für fünfzehnjährige Burschen stehen ältere Männer in der Straßenbahn auf um ihnen ihren Platz zu geben, natürlich sind sie überzeugt daß sie gewinnen werden, wenn man mit fünfzehn eine solche Stellung in der Welt hat wie sie muß man natürlich gewinnen. Und wirklich sagten wir wirklich sagte er sie können sicher noch sechs Monate aushalten, sicher. Mein Bruder sagte er ist Kriegsgefangener ein Leutnant, und da ich das war was man einen Vertrauensmann nennt, das heißt ich hatte die unaufhörlichen Streitereien zwischen französischen und deutschen Arbeitern zu richten und zu schlichten gaben sie mir Urlaub um meinen Bruder zu besuchen. Er ist seit vier Jahren Gefangener und natürlich hatte ich ihn nicht gesehen und jetzt sah ich ihn. Er kam herein mit zwei Soldaten mit Gewehren und aufgepflanzten Bajonetten hinter ihm und es regte mich so auf daß ich zu weinen begann aber er sagte streng zu mir beherrsch dich zeig keine Gefühle, und wir setzten uns zusammen an einen Tisch und wir unterhielten uns und wir verglichen Fotografien solche die er von der Familie hatte und solche die ich bei mir hatte, und der Adjutant der dabei war um zuzuhören sagte plötzlich er gibt Ihnen Fotografien, was erlauben Sie sich sagte mein Bruder mir so etwas vorzuwerfen, entschuldigen Sie sich ich bestehe darauf daß Sie sich entschuldigen, prüfen Sie zuerst diese Fotografien und dann entschuldigen Sie sich, und der Mann sagte schon in Ordnung, nein sagte mein Bruder schauen Sie schauen Sie sie an zählen Sie sie und prüfen Sie sie und dann entschuldigen Sie sich, was der Adjutant auch tun mußte. Ich war stolz auf meinen Bruder. Als er uns das erzählte waren wir natürlich sehr bewegt, es war so wirklich so normal wie aus einer Erzählung von Dumas und doch geschehen, einem Burschen geschehen den wir sehr gut kannten und den wir sehr gerne haben, und dann schilderte er weiter, und erzählte uns von den verschiedenen Nationalitäten mit denen er arbeitete und machte alles sehr lebendig und die Russen sagte er, die sind die Interessantesten, wir Franzosen kommen mit ihnen besser zurecht als mit allen anderen außer den Franzosen, und sie beeindrucken uns mit ihrem Mut und ihrer Ausdauer und der einfachen Art in der sie sagen natürlich rechnen wir damit dieses Land zu besetzen und wenn wir es tun und wir glauben wir tun es, dann werden wir sie sehr unglücklich machen. Und so redete er weiter und dann mußte er fort und er muß zurückgehen und er muß deshalb zurückgehen weil er zwei Brüder hat die Offiziere sind und in Gefangenschaft und denen etwas zustoßen könnte wenn er es nicht

täte und deshalb wird er zurückgehen. Wir hoffen daß er wiederkommt wir haben ihn sehr sehr gern. Er ist ein netter Nachbar.
Zur Zeit hören alle von ihren Söhnen oder ihren Neffen die dort arbeiten, einer der wirklich zu klein und zu schwach zum Weggehen war ging aber doch, sein Vater war bei der Marine gewesen und dann in einer Garage als Elektriker und wir hatten ihn gern gehabt und als die Franzosen besiegt wurden hatte der Schrecken ihn getötet er konnte es nicht glauben und der einzige Sohn schreibt an seine Mutter liebe Mutter ich bin hungrig, ich war noch nie hungrig aber jetzt bin ich hungrig immer hungrig so hungrig. Und dann gibt es einen Neffen von jemandem hier den wir kennen er ist ein intelligenter Bursche ein Maschinenzeichner, und er schreibt er sei in der Hauptstadt und der Himmel sei traurig, es ist ein kalter trauriger Himmel, und er spielt Geige und zeichnet ein bißchen und er erholt sich nicht viel aber doch ein bißchen da die meisten seiner Landsleute bei einem Bombenangriff umgekommen sind, und so ist jeder Tag ein weiterer Tag der auf diese Weise vergehen mag.
Gestern ging ich meine üblichen zwölf Kilometer um ein wenig Brot und Kuchen zu bekommen und ich traf drei oder vier die auf einem von einem Maulesel gezogenen Bauernwagen saßen und sie sagten kommen Sie und setzen Sie sich, und ich sagte kann der Maulesel noch einen mehr aushalten, warum nicht sagten sie und ich setzte mich und es war sehr bequem. Basket der weiße Pudel war völlig außer sich aber schließlich entschloß er sich nachzulaufen und wir zottelten dahin und es war ein angenehmer Tag obwohl es Januar war und ich sagte wißt ihr, ihr Franzosen könnt aus allem etwas Angenehmes machen, aber wir sind nicht reich wie die Amerikaner nein sagte ich aber ihr könnt mit eurer Arbeit weitermachen mit der Art Arbeit die ihr tut bis ihr neunzig oder hundert seid und ihr beklagt euch aber jeder Tag ist doch ein recht angenehmer Tag wie er es in keinem anderen Land ist, und sie sagten vielleicht

aber sie wären gerne reich wie die Amerikaner und dann waren wir oben auf dem Hügel und ich ging mein Brot und meinen Kuchen holen und sie zogen weiter um ihr Mehl zu holen und es war ein angenehmer Tag.
Die Jungen die auf Urlaub aus Deutschland zurückkommen sind über etwas verwundert, was jeden Franzosen verwundern würde warum sind die Deutschen so sentimental, wenn sie sind was sie sind warum sind sie so sentimental. Kein Franzose kann das verstehen.
Gestern ging ich spazieren und ich traf einen Mann den ich von früher kannte, eine Zufallsbekanntschaft vom Land, das heißt er und seine Familie waren Vettern von irgendwelchen sehr alten Freunden von uns, und sie besitzen ein Haus hier in der Gegend, sie waren immer nur ein paar Wochen im Sommer hier aber jetzt, wie die Dinge nun einmal sind, leben sie ganz hier. Der Vater ist ein großer vergnügter Geschäftsmann der viel Besitz hat ein guter Geschäftsmann ist und sein ganzes Leben immer zwischen hier und anderen Orten und der Côte d'Azur verbrachte. Seine Frau ist in Washington U.S.A. geboren ihr Vater war an der französischen Botschaft gewesen und er ist ein amüsanter Mann, natürlich sagt er wir leben jetzt hier, die Gegend ist reizend im Winter, ich habe sie nie vorher gesehen aber sie ist reizend, sie ist wie die englischen Pastelle so zart in den Farben, und außerdem bekommen wir alle alles zu essen was wir wollen, Sie nicht auch, und ich stimmte zu, soviel wir nur wollen von allem, Butter Eier Fleisch Kuchen und Käse, und ich mußte zustimmen wir bekommen alles weil wir wirklich alles bekommen. Warum gerade jetzt während es in den Jahren vorher nicht so war scheint niemand erklären zu können aber wir bekommen es, vielleicht weil die Besatzungsarmee kleiner und kleiner wird oder vielleicht weil jeder jetzt weiß wie man es besser und besser macht, jedenfalls ist es zweifellos wahr überall jetzt in Frankreich, überall und niemand scheint genau zu wissen warum. Wie dem auch sei, neulich traf ich ihn M. Labadie, er sah Basket und er wartete

auf uns er war auf dem Fahrrad und ich war zu Fuß, und wir blieben stehen um miteinander zu sprechen. Ich dachte er hat merkwürdige Sachen an und als ich näherkam sagte ich zu ihm das sind merkwürdige Sachen die sie tragen was ist das. Ach sagte er Sie würden es nie erraten sehen Sie sich die Knöpfe an und ich tat es, es waren große amerikanische Armeeknöpfe mit Adler und Schild, hübsche Messingknöpfe an einer Khakijacke und ich sagte wann in aller Welt haben Sie das bekommen. Ach sagte er das habe ich aus dem vorigen Krieg aus den amerikanischen Beständen gekauft und ich bewahrte es hier auf dem Land auf und jetzt ist es sehr brauchbar, und so war es einige deutsche Soldaten auf Patrouille waren gerade vorbeigekommen aber M. Labadie kümmerte das nicht, wissen Sie sagte er jeder will mir einen Knopf abkaufen, sehen Sie sagte er indem er sie zählte zwölf sind es, fast ein kleines Vermögen, gerade heute hat man mir wieder vierzig Franken für einen geboten, aber ohne mich, ich behalte sie und trage sie. Nun wir unterhielten uns weiter und ich sagte Ihr Junge der einundzwanzig ist macht er auch mit, o Himmel nein, sagte er, sehen Sie ich schicke ihn auf Reisen, so macht man es entweder geht man fort an irgendeinen kleinen Ort und verhält sich ruhig und niemand belästigt einen oder man bleibt in Bewegung, nun ich halte meinen Jungen in Bewegung, ich habe viele Geschäfte um die man sich kümmern muß, und ich schicke ihn herum damit er sich kümmert, und wenn man immer geschäftlich reist, müssen alle Papiere allezeit in Ordnung sein was sie natürlich sind deshalb belästigt einen niemand, so macht man es sagte er, und natürlich hat er recht so macht man es. Und dann unterhielten wir uns weiter. Wir unterhielten uns über den Krieg, warum auch nicht da doch jetzt Krieg ist. Er sagte selbstverständlich können die Deutschen nicht gewinnen, was nur zu natürlich ist weil ihr Land so arm ist sie verstehen nichts vom Kochen und Essen, Leute die nichts vom Kochen und Essen verstehen können natürlich nicht gewinnen. Nachdenklich fuhr er fort, Frankreich scheint immer geschlagen zu sein

aber ein Land das sehen kann und ein Auge schließt und dann das andere Auge, während es das erste Auge öffnet, muß einfach aus jeder Klemme halbwegs gut herauskommen, sehen sie fuhr er nachdenklich fort, man muß auf sich aufpassen und tapfer sein und sich ereifern und gleichzeitig muß man sich um sein Geschäft kümmern darf nicht arm sein. Krieg sagte er ist unvermeidbar mit Geld verbunden und wenn zwei Leute das gleiche Geld oder mehr Geld wollen müssen sie natürlich kämpfen, und sagte er nachdenklich heutzutage wenn man so viel Geld ausgeben will wenn jeder Automobile will und elektrische Installationen und alles andere nun natürlich je mehr Geld jeder ausgeben will um so mehr Männer müssen umgebracht werden wenn es zu einem Krieg kommt. Leute die wenig Geld ausgeben bringen nicht viele Leute um wenn sie Krieg machen, aber je mehr Geld man ausgeben will, desto mehr Menschen müssen umgebracht werden wenn man einen Krieg beginnt. Und dann gibt es noch eine andere Sache wenn man wirklich das meiste Geld ausgeben kann dann werden weniger von den eigenen Leuten umgebracht als auf der anderen Seite die mehr Geld ausgeben will aber es nicht zum Ausgeben hat. Und deshalb werden weniger Amerikaner umgebracht und mehr Deutsche und das sagte er ist ganz natürlich. Und gerade da kam ein anderer Mann daher den wir beide kannten, sehen Sie sagte M. Labadie er ist ein armer Kerl ein unglücklicher Mann, er hat eine Frau aber man sieht sie nie sie ist immer fort und er ist ein verlassener Mann und er zuckte die Schultern und jeder von uns ging seiner Wege.
Heute war ein weiterer Tag, wie in Frankreich üblich werden Gefühle immer noch komplizierter, und jetzt da die die sich in die Berge geschlagen haben herunterkommen und Lebensmittel aus der Eisenbahn nehmen, wird und muß Stehlen bei ihnen dann nicht zur Gewohnheit werden, und sie alle machen sich Sorgen, und da war eine Frau auf Besuch und sie zankte sich mit jedem in Culoz, und als sie wegging sagte sie die hätten es nötig daß die Deutschen kämen um sie unter die Knute zu

nehmen, und irgendwer sagte und sie eine Faulenzerin die Geld hat was glaubt sie wohl was mit ihr passieren wird. Nun jedenfalls ist eins sicher jeder Tag bringt den Krieg seinem Ende näher und näher aber glaubt das irgendeiner hier, bestimmt nicht, so wenig glaubt man es daß wir obwohl wir es wissen es selbst nicht wirklich glauben. Wie eine Frau sagte nun da wir uns jetzt alle eingerichtet haben im Kriegszustand zu leben nehme ich an der Krieg wird weitergehen. Wir alle nehmen an er wird und er geht weiter an diesem ersten Tag im Februar neunzehnhundertvierundvierzig.

Ich habe gerade einer Beschreibung zugehört wie die Burschen aus den Bergen zwei Deutsche gefangen und sie als Geiseln ins Gebirge gebracht haben und jetzt sind die Deutschen selbst wenn sie nur ein Stück Brot in einem Laden kaufen wollen alle bewaffnet und immer sind sie mindestens zu sechst und einer steht draußen Wache für sie. Alle lachen darüber. Jeder zehnte Geburtstag ängstigt einen Mann und auch eine Frau und sogar Kinder jeder zehnte Geburtstag tut das. Seid auf der Hut alle.

Jedem ist heute bei allem etwas heiterer zumute, obwohl der Tag dunkel und trüb ist.

Atmet irgendwo ein Mensch mit einer solch toten Seele daß er nie zu sich sagen kann, dies ist mein eigenes mein Heimatland.

Nun ja, gestern als das Schweizer Radio meldete die Amerikaner seien auf den Marschallinseln gelandet und diese Inseln hätten vor dem Krieg Japan gehört war ich sehr erfreut. Es war Mitternacht und ich war sehr erfreut. Als Amerikanerin und als Kalifornierin war ich sehr erfreut. Ich ging die Treppe hinauf und weckte die schlafende Alice Toklas, und ich sagte wir sind gelandet die Amerikaner sind auf den Marschallinseln gelandet, die vor dem Krieg zu Japan gehörten und Alice Toklas öffnete ein Auge ein wenig und sagte, nun sind sie also besetzt, und schlief ruhig weiter. Natürlich ist es das was jeder will daß sie besetzt sind, wenn das wirklich geschehen ist wird

so ein Trost sein für jeden, ja für jeden außer für sie und sie wollen es am wenigsten ihre Gefühle spielen keine Rolle keine Rolle. So wurde dieser Tag ein schöner Tag. Andererseits ein nicht ganz so schöner Tag weil man versucht immer jüngere Männer zum Arbeiten wegzuholen aber daß sie meistens nicht gehen ist ohne weiteres zu verstehen.
Und dann heute als sie sagten, das heißt die Ansager sagten daß die Marschallinseln auf dem Weg zu den Philippinen liegen, da kam einem die ganze Jugend zurück die Tage als wir sahen wie die amerikanischen Soldaten in San Franzisko sich auf den Weg dorthin vorbereiteten. Sie waren ungeformter als sie jetzt sind, ihr Charakter ist gefestigter war es im Weltkrieg mehr als im spanisch-amerikanischen Krieg und jetzt haben wir sie nicht gesehen aber wir hören sie sie sind einfach ganz so wie sie damals waren aber nicht so unreif, die nationale Sicherheit ist zweifellos stärker, wir hoffen sie bald zu sehen, ja das tun wir.
Heute waren wir in Belley am dritten Februar meinem Geburtstag und natürlich war jedermann schrecklich aufgeregt weil eine Anstrengung gemacht wird die Gebirgsburschen zusammenzutreiben und da alle Söhne dort sind ist es ziemlich schrecklich. Eine Frau von Bilignin flehte mich an was soll ich nur tun, mein Junge liebte Sie immer so sehr aber nun was soll ich nur tun und was kann sie schon tun mit einem neunzehnjährigen Jungen, gehen oder nicht gehen, bleiben oder nicht bleiben, fortgehen oder nicht fortgehen, wer soll das entscheiden. Wer. Ich sagte das einzige was ich raten könne sei nichts zu tun, gerade jetzt ist dies das einzige was man tun kann und meistens gelingt es, nichts zu tun aber er will nicht essen, und er stand um vier Uhr morgens auf um zu arbeiten weil er sagt wenn ich weg muß will ich soviel für dich gearbeitet haben wie möglich ach du lieber Himmel. Unser Schweizer Kolonialwarenhändler er ist ein netter Mann, er hat drei Söhne aber wie er sagt hat man ihm vor diesem Krieg seine Naturalisationspapiere einfach nicht gegeben und jetzt sind sie alle Schweizer und also verhältnismäßig sicher und jedenfalls sagte er zu mir,

sie müssen kommen die Amerikaner müssen kommen und sie müssen bald kommen um die Burschen zu retten um die Burschen zu retten o ja um die Burschen zu retten. Jeder ist unglücklich und schämt sich, schämt sich weil Franzosen Franzosen festnehmen, der Taximann sagte neulich, drei von der Mobilgarde die hinauf in die Berge gehen hätten ihren Zug verpaßt und sie hätten ihn gebeten sie zu fahren. Für Sie persönlich sagte er oder auf Befehl, nein sagten sie es ist kein Befehl, nun sagte er wenn ich euch mitnehme, euch die ihr unsere Burschen zusammenschießen wollt, wenn ich euch mitnehme müßt ihr dafür bezahlen, und sie fragten mich wieviel, und ich sagte den doppelten Preis und gezahlt haben sie, die Schweine die unsere Burschen zusammenschießen wollen. Jeder schämt sich, jeder weint, jeder hört auf jedes und die Züge fahren weiter, mit Deutschen die keine Deutschen sind und Franzosen die keine Franzosen sind, o Himmel, das hat nichts vom neunzehnten Jahrhundert, kaum vom zwanzigsten Jahrhundert, es ist schreckliches Mittelalter, und in der Zwischenzeit kam Alice Toklas daher mit sechs Zitronen, das scheint nichts zu sein aber jahrelang hat es keine Zitronen gegeben, es gab ein paar als die Italiener hier waren, und seit die gegangen sind keine mehr. Wo sagte ich hast du die her. Vom Kolonialwarenhändler sagte sie, und woher hat er sie, er sagte er hat sie weil in Tunis eine Hochzeit gewesen sei.

Was das heißen sollte kann niemand wissen, denn natürlich gab es keinerlei Verbindung mit Tunis seit die Amerikaner dort gelandet sind, was also meinte er damit. Natürlich fragt man nie jemanden was er meint.

Wir regen uns immer mehr über die Marschallinseln auf und daß man auf dem Weg zu den Philippinen ist, wir können nicht umhin uns zu wundern wie der amerikanische Kommentator so ruhig über all das sprechen kann, es zeigt daß er kein Kalifornier ist, uns interessiert das alles leidenschaftlich, Alice Toklas erinnert sich an den Mann der im Kommando der zweithöchste war nach Leahy der auf dem Rückweg von

Manila Guam einnahm. Die Insel gefiel ihnen also fanden sie sie sollten sie einnehmen, und da sie vorher noch nie etwas eingenommen hatten wußten sie nicht wie, und zwei eingeborene Mädchen verliebten sich in Leahy und als er die Präambel zur Verfassung las was wie er glaubte der richtige Weg war sie einzunehmen begannen die beiden Mädchen die ganz vorne standen einander zu beißen und als Leahy mit der Verfassung zu Ende war schlug ihm Spear sein zweiter im Kommando auf die Schulter und sagte auf die Mädchen deutend wegen Ihnen. Nun ja für uns ist alles Wirklichkeit hier in einer kleinen französischen Stadt während alles kämpft. Und dann gab es den jungen Burschen Ned Hamford den Alice Toklas von damals kannte und er hatte volontiert und war Ordonnanz bei General King geworden der später Romane darüber schrieb und in einem sagte er und ich warf die Zügel meiner Ordonnanz Ned Hamford zu, nun jeder war damals ein Held und jeder ist heute ein Held nur war damals nichts traurig und heute ist alles sehr traurig und gerade hier, gerade hier jetzt. Es ist traurig wenn man mit neunzehn oder zwanzig selbständig entscheiden muß, soll man sich in die Berge schlagen, soll man zu Hause bleiben und es riskieren, soll man nach Deutschland gehen und es hassen und vielleicht bombardiert werden während man für die Feinde seines Landes arbeitet und soll man was soll man was kann man tun, was wird man tun, es ist schwer mit achtzehn oder neunzehn all diese Dinge allein entscheiden zu müssen, jeder für sich, in einem Krieg ist es verhältnismäßig einfach, man wird eingezogen man geht man ist in einer Gruppe und man ist mehr oder weniger gleichaltrig und man ist zusammen und selbst wenn es weh tut ist es nicht so schlimm, aber jetzt müssen alle diese französischen Burschen alles allein entscheiden jeder für sich selbst wofür er Kraft hat, hat er Leute zu denen er gehen kann, wird er dort hinkommen, kann er ernährt werden, und all das, und der Winter und die Berge und wird er jemanden finden, und wenn er nicht geht was geschieht dann, es ist schwer für jeden mit

neunzehn und zwanzig Dinge wie diese allein zu entscheiden. Sehr schwer.
Wir stecken jetzt mitten im Schlimmsten, Gerüchte um Gerüchte doch einige sind wahr, man hat den Gebrauch des Telefons in der ganzen Gegend unterbunden, niemand kann ohne Sondererlaubnis irgendwohin gehen und gerade heute abend haben wir gehört daß der Gendarmeriehauptmann unser sehr guter Freund und Vater des reizendsten kleinen Mädchens, das ein reizendes Lockenfädchen mitten auf der Stirn hat und der eine sehr süße und anziehende Frau hat gerade weggebracht worden ist, ob von den Gebirgsburschen oder von den Deutschen niemand scheint es zu wissen und wir sind schrecklich aufgeregt, jeder zittert aus Angst irgendeiner könnte als Geisel genommen werden und wenn es passiert lieber Himmel, wenn es passiert. Ob es passiert um die Gebirgsburschen im Zaum zu halten ob deshalb weil ein deutscher Oberst umgebracht worden ist ob deshalb weil man Angst vor einer Ivasion hat ob deshalb weil sie erwarten sich aus Italien in dieses Land zurückzuziehen ob deshalb weil sie nicht wissen was sie tun sollen, ob deshalb weil es dem Ende zugeht und ein Ende wie das Ende beim Theater sein muß wenn das Stück zum Ende kommt ein Zustand von Verwirrung, aber was immer es auch sei man hat unseren guten liebenswürdigen Freund weggebracht und wir sind sehr traurig.
Im neunzehnten Jahrhundert hatten wir uns alle an Dauer gewöhnt. Dauer war natürlich und notwendig und kontinuierlich. Dauer und Fortschritt waren gleichbedeutend, das scheint merkwürdig aber selbstverständlich ist es ganz natürlich. Wenn etwas dauernd ist kann man an Fortschritt glauben wenn etwas nicht dauernd ist ist Fortschritt nicht möglich und daher glaubte das neunzehnte Jahrhundert an Fortschritt und Dauer, Dauer und Fortschritt. Und jetzt. Nun jetzt gibt es weder das eine noch das andere. England und Deutschland die merkwürdig genug selbst jetzt mehr neunzehntes Jahrhundert

sind als irgendein anderer Teil der Erdkugel hoffen noch an Dauer und Fortschritt glauben zu können, Fortschritt und Dauerhaftigkeit, aber niemand sonst tut es und niemand sonst ist interessiert an ihrem Glauben an Fortschritt und Dauerhaftigkeit, niemand sonst.

In diesen Januartagen vierundvierzig sind wir hier wo wir sind einmal mehr da wo wir neunzehnhundertvierzig waren – wir haben den Terror der Deutschen rings um uns, wir haben kein Telefon, wir hören Geschichten und wissen nicht ob sie wahr sind, wir wissen nicht was mit unseren Freunden in Belley geschieht, außer vom Leben in diesem Dorf Culoz scheinen wir von allem getrennt zu sein, wir haben unseren Hund, wir haben Radio, wir haben Elektrizität, wir haben reichlich zu essen, und wir haben es bequem aber wir sind vollkommen isoliert und Gerücht folgt auf Gerücht, und auf der Straße begegnen wir jetzt zum ersten Mal seit zwei Jahren Automobilen mit deutschen Offizieren, Motorrädern mit Deutschen die rasch rasch vorbeifahren, und auf dem Bahnhof sind lange Züge von Güterwagen mit der Aufschrift Italien und München und Breslau, und keiner von uns weiß warum, warum dieser kleine Zipfel von Frankreich der so friedlich ist dauernd belästigt wird. In den Zeitungen steht es ist Savoyen aber tatsächlich stimmt das nicht, in Savoyen kann man telefonieren man läßt einen friedlich existieren und hier wird eine kleine Stadt und noch eine andere kleine Stadt umschlossen und die wichtigen Einwohner werden fortgebracht und niemand weiß warum, niemand kann sich einen Grund dafür vorstellen, was ist der Grund dafür, niemand weiß es, und diejenigen die es wissen, sagen es natürlich nicht weshalb niemand es weiß. Warum. Niemand weiß es. Die jungen Männer werden unruhig, sie stehen herum und lachen und ihre Väter und ihre Mütter sind sehr nervös, aber die jungen Männer stehen einfach herum und beobachten wie sie vorbeigehen, und sie lachen, sie lachen über sie, und es sieht aus als ob nicht sie es seien die gesucht werden, sondern andere und ältere und warum. Niemand weiß warum. Niemand kann Belley betreten und niemand kann es verlassen, so eine unschuldige Stadt, und so lange ist dort eine deutsche Garnison gewesen, hatte dort ihre militärische Ausbildung gehabt, und niemand hat sie gestört und sie störten niemanden und jetzt kamen sie und schlossen die Stadt ein und nahmen fünfzig Männer fort und niemand weiß warum, niemand weiß es.

Wie ich sage hat jeder das Gefühl als sei es wie zu Beginn der Invasion vierzig, aber damals war es ein Beginn ein langer Beginn und eine sehr lange Mitte und jetzt hat jeder das Gefühl es sei zu Ende und die Franzosen haben immer das Gefühl das verwundete Tier sei immer am schlimmsten daran wenn es in die Enge getrieben wird, und der Winter ist angenehm und lang gewesen und jetzt schneit es und es ist trübe und jeder hat dieses Gefühl außer den jungen Burschen die auf ihren Rädern hin- und herfahren den ganzen Tag auf den Beinen sind und stehen und lachen während die andern vorbeigehen. Jeder sonst möchte am liebsten weinen aber sie nicht, und so ist es heute.

Und so ist es heute. Gestern besuchte ich den Bürgermeister und die Bürgermeisterin unseres Städtchens und wir sprachen über alles. Natürlich ist sie sehr nervös. Heutzutage, niemand weiß warum, schließen die Deutschen eine Stadt ein nehmen den Bürgermeister gefangen und manchmal lassen sie ihn wieder frei und manchmal nicht. Deshalb ist die Frau des Bürgermeisters natürlich nervös, der Bürgermeister ebenfalls ein wenig aber er sagt es nicht. Die Frau des Bürgermeisters sagt es. Und all das hat man mit den Städten der ganzen Gegend gemacht und wird es auch hier machen.

Hier sind sie. Unsere Nachbarin eine nette alte Jungfer die allein in einem kleinen Haus lebt und reichlich Land und reichlich von allem hat und zuweilen heuchlerisch ist und von unserer Köchin eine Viper genannt werden kann aber meist sehr freundlich und nett ist. Sie kam herein um zu sagen sie sind gekommen. Sie klopften an ihre Tür, sie war noch nicht angezogen und sie rief was ist los und sie sagten es sei die deutsche Armee also öffnete sie furchtsam und zitternd die Tür und sie sagten sind Männer hier und sie sagte nein, und sie sagten wirklich und sie sagte ja wirklich es sind keine Männer hier, und sie sagten auf unser Haus zeigend sind dort Männer, und sie sagte nein zwei Damen und zwei Dienstmädchen alles Frauen, und sie sagten wirklich und sie sagte ja wirklich es sind nur vier Frauen dort und dann gingen sie weg. Später am Tag gingen wir natürlich nicht hinaus aber später am Tag sah ich sie hinausgehen um nachzusehen immer wenn ein Soldat dic steile Gebirgsstraße hinauf- oder herunterging, und ich sagte was gibt es Neues, und sie sagte ich fürchte mich so, warum sagte Alice Toklas gehen Sie dann wenn Sie sich so fürchten hinaus um nachzusehen. Ich gehe hinaus um nachzusehen sagte sie weil ich mich so fürchte.

Später kam dann der Bursche herein der uns dreimal in der Woche unser Holz hinaufträgt. Er war sehr traurig, man hatte seinen Vater der Italiener ist mitgenommen und nach Deutschland geschickt, aber sagte ich er ist älter als fünfundvierzig, ja ich weiß, sagte er traurig aber obwohl er immer in Frankreich gelebt hat ist er Italiener und sie haben ihn doch genommen. Sie sind noch hier die Deutschen und Basket unser Hund ist draußen um seinen Abendspaziergang zu machen es beunruhigt uns aber wir nehmen an er wird wieder zurückkommen. Obwohl man bei Soldaten nie weiß, sie haben Hunde gern und er ist ein sehr hübscher. Und niemand weiß warum sie hier sind noch wie lange sie bleiben werden, und keiner kann in die Stadt hereinkommen und keiner kann hinausgehen nicht einmal der Priester, und niemand weiß warum, die ganze Gegend hier ist so friedlich. Natürlich gibt es sehr viele junge Männer die nicht nach Deutschland gegangen sind die aufgerufen worden sind aber das ist alles ja beim Himmel das ist alles. Gewiß jene die in die Berge gehen und sich zum Teil wie Robin Hood gebärden, sie nehmen einen Doktor mit und seine Frau und und all ihre Habe, so daß der Doktor sich um sie kümmern

und seine Frau sich um ihn kümmern kann, und seine Habe so daß niemand sie wegnehmen kann um ihn zu strafen. Sie bemühen sich einen Doktor zu finden der keine Kinder hat. Jedermann sagt und auch das klingt nach Mittelalter, wir sind zwischen zwei bewaffneten Streitkräften, die Gebirgsburschen schießen wenn man nicht tut was sie sagen, und die Deutschen schießen wenn man nicht tut was sie sagen, und was kann man tun, jede Seite macht uns Vorwürfe wenn wir tun was die andere Seite von uns zu tun verlangt aber was können wir tun. Und in der Tat was kann man schon tun. Jedenfalls es geht weiter und es geht genauso weiter. Und wie viele sind gefaßt worden, hier und in Belley, o lieber Himmel wir wissen es nicht, jeder sagt etwas aber niemand weiß etwas.
Es ist komisch warum tragen die Deutschen jetzt getarnte Regenmäntel aber keine getarnten Uniformen warum tun sie das. Den ersten sah ich neulich, sie fuhren auf Fahrrädern vorbei, und sie erinnerten mich an den Chor der Tivoli Oper in San Franzisko, es kostete immer fünfundzwanzig Cents und die Männer im mittelalterlichen Kostüm sahen aus wie diese getarnten Mäntel, mit einer Art Schlüssel und Kreuzen darauf in kontrastierenden Farben. O lieber Himmel. Alles wäre so komisch wenn es nicht so beängstigend und so traurig wäre, das im Januar vierundvierzig.
Ma foi es dauert lange sagt man. Jeder auf dem Lande in Frankreich sagt ma foi, ein hübscher mittelalterlicher Ausdruck, man sagt irgend etwas zu ihnen und sie sagen ma foi, das kann heißen ja oder zum Teufel, oder nein, oder einfach nichts. Zur Zeit kann jeder hier sagen, es dauert lange, und die Antwort ist ma foi, was auch gewiß heißt. In diesem speziellen Teil der Welt hat man etwas anderes, man sagt taisez-vous, oder halt's Maul, oder halt's, und sie sagen es während sie reden, sie reden über irgend etwas daher und sie sagen, o halt's und das nicht zu sich selbst, oder zu dir, es sind Tatsachen von denen sie sprechen, zuweilen sagen sie taisez-vous, taisez-vous, und der Satz geht weiter, es ist köstlich, ich weiß nicht ganz

warum, sie sagen etwa der Krieg ist lang und die Deutschen können wieder hier entlang kommen o halt's Maul o halt's Maul und glauben Sie daß es möglich ist daß sie kommen. Das ist eine Art Satz wie es ihn gibt, und es ist erfreulich. Ma foi. Und nun funktioniert das Telefon wieder einmal und wir können Leute sehen und die Straßen sind offen und die Deutschen sind fort aus dem Dorf und jeder atmet ein klein bißchen freier nicht ganz frei aber doch ein wenig freier obwohl ein paar unangenehme Dinge geschehen sind, o Himmel. Jeder beobachtet seine Nachbarn und sagt o Himmel oder ma foi, und jedenfalls ist jeder erleichtert. Niemand weiß worum es geht außer daß man herausfinden muß wer die Gebirgsburschen mit Nahrung versorgt. So viele merkwürdige Dinge Ausgangsverbot um sieben Uhr statt um zehn Uhr, zwei junge Burschen die Schleudern besaßen und sich davongemacht hatten, ein junger Bursche der versucht hatte davonzulaufen war erschossen worden, und einen alten Mann der betrunken und nach zehn Uhr draußen war hat man umgebracht, und da es sehr schlechtes Wetter war, Schnee und Matsch und Wind blieben die anderen zuhause, es ist so schwierig einer französischen Bevölkerung klarzumachen es sei gefährlich nicht zu tun was man ihnen sagt, sie tun gern was sie gern tun, und sie tun es. Wie mir ein Franzose sagte ist in Frankreich ein Zivilist immer wichtiger als ein Polizist wenn er nicht zufällig ein Krimineller ist, aber jedenfalls ist jeder Zivilist immer wichtiger als jeder Polizist. Das steckt in jedem Franzosen und so ist es fast unmöglich sie dazu zu bringen daß sie tun was man ihnen sagt. Solch merkwürdige Dinge geschehen, einem komischen kleinen Mann der bekannt war als Kollaborateur und sogar einen Sarg geschickt bekommen hatte so einen wie man denen schickte waren all seine Sachen von den Deutschen genommen worden, anscheinend war sein Vater vor langen Zeiten Hehler gewesen, nur zu natürlich da diese Stadt immer ein wichtiger Eisenbahnknotenpunkt gewesen ist eine kleine Stadt aber ein wichtiger Eisenbahnknotenpunkt, und sein

Sohn, nun vielleicht war er kein Hehler, aber er hatte Lager von verbotenen Vorräten hier dort und an jedem Ort, und unter diesen einige sehr alte Schußwaffen von der Revolution oder von Napoleon die sein Vater gesammelt hatte und jemand erwähnte sie und die Deutschen gingen auf die Suche und fanden sie und nahmen natürlich alles weg Seife und Werkzeug und Wein und Spirituosen die natürlich auch dort waren, und er der kleine Mann war fort und sie gaben ihm drei Tage Zeit sich zu stellen, aber wo ist er und weiß er es, und wie kann er oder irgendein anderer wissen warum sie zu ihm gingen. Da gibt es auch einen älteren Mann und seine Schwester, hier, und man hat uns gerade erzählt ihr Vater der Eisenbahnarbeiter gewesen war, habe einmal kostbare Juwelen gestohlen und versucht sie in Genf zu verkaufen und habe fünf Jahre Gefängnis bekommen und Sohn und Tochter die da schon ziemlich alt waren hatten nie geheiratet und sie leben zusammen, und der Sohn wurde trotz allem bei der Eisenbahn angestellt, heute ist er noch Nachtwächter, und sie hat nach einem langen Leben als Dienstmädchen Magengeschwüre, und jedenfalls lenkten uns diese Geschichten von der Angst und dem Kummer eines unserer Nachbarn ab dessen Sohn schließlich nach einem Fluchtversuch umgebracht worden war. Heute nun da alles vorüber ist ging jeder zur Beerdigung von allen die umgebracht worden sind, und heute war Sonntag und die Sonne schien und der Schnee lag auf dem Boden und die ganze Bevölkerung war draußen zum Skilaufen und Schlitteln und der Bürgermeister war müde und seine Frau ebenfalls, und mit Grund, es ist kein Spaß in diesen Tagen Bürgermeister zu sein. Schließlich überzeugte der Bürgermeister die Deutschen daß im Gebirge hinter uns keine Gebirgsburschen seien weil es dort wie er erklärte kein Wasser gibt. In den Tagen als er noch jagte mußten wir immer ein Flasche Wasser mitnehmen um die Hunde zu tränken weil der Hund dort kein Wasser finden konnte wie können Menschen sich dort aufhalten. Nein das ist nicht möglich, und schließlich waren die Deutschen überzeugt

und sie gingen. Sie gingen. Und das Telefon funktioniert wieder, und die Leute können wieder auf den Straßen herumgehen, und ich kann den Hund wieder hinauslassen den Hund Basket und wir können wieder spazierengehen und der Schnee beginnt zu schmelzen, und heute ist Montag im Februar neunzehnhundertvierundvierzig.
Wintermüde kriegsmüde aber wie dem auch sei man hofft und faltet die Hände einmal ist es zu Ende.
Ich unterhielt mich mit Madame Gallais, sie hat einen kleinen Laden, sie ist in dieser Gegend geboren, verbrachte aber die meiste Zeit ihres Lebens in Paris, und sie ist Pariserin und es ist eine Freude. Landschaft ist ja ganz schön aber man sehnt sich danach eine Straße zu sehen irgendeine Straße. Einmal in Belley ging ich hinein zu Madame Chaboux und sie war nicht zu Hause und ich war müde und ich legte mich auf ihr Sofa, und sie wohnt in einer Straße, und gegenüber war eine Mauer einfach eine Mauer mit Fenstern, es war eine Erleichterung nach den Bäumen und Feldern, ich erinnere mich an Janet Sayne, sie war eine Freundin von uns vor dem Krieg 1914, und sie sagte immer daß sie nie verstehen könne warum Bäume die so hübsch in der Stadt aussehen so häßlich auf dem Land aussähen, und in gewisser Weise hatte sie recht, in gewisser Weise bestimmt. Nun, Madame Gallais gelingt es immer alles was man will in bescheidenem Maße zu bekommen, sie alle kommen und sie alle gehen die Leute vom Land und sie bringen etwas und sie bekommen etwas anderes und man gibt uns etwas und wir geben etwas und jeder hat einen gewissen Bestand von irgend etwas und das Leben geht weiter. Wir leiden unter einem Mangel an Zahnseide, scheint komisch zu sein unter so etwas zu leiden aber wir leiden und wir beschlossen wann immer die Amerikaner von Italien kommen und an unserer Tür vorbeiziehen würden hinauszugehen und die erste zahnärztliche Ambulanz anzuhalten und sie um Zahnseide zu bitten, und Alice Toklas sagt sie werden keine haben und kommen sie überhaupt und ich sage ja sie werden welche

haben und sie kommen vielleicht. All dies ist recht erfreulich an diesem kalten Februartag.
Nun wie ich sagte ich unterhielt mich mit Monsieur Gallais, er hatte den letzten Krieg den 1914er Krieg mitgemacht, in Frankreich hat das natürlich jeder in seinem Alter getan, und wir erzählten einander Geschichten wie Veteranen es tun wie reizend alle damals gewesen waren, ach ja sagte er damals waren die Franzosen ein einiges Volk, und er erzählte wie jeder alles mit seinen Kameraden teilte, und ein armer Mann, der sehr wenig Pakete bekam und immer Spaß machte sagte wenn er auf Urlaub ginge würden sie überrascht sein über das was er mitbrächte, und die anderen schenkten ihm keine Aufmerksamkeit aber tatsächlich brachte er als er zurückkam einen riesigen Truthahn mit den seine Frau für sie gemästet hatte und sie alle aßen ihn und Monsieur Gallais sagte jeder war damals so, die Franzosen waren ein einiges Volk. Und seine Frau sagte aber schließlich sind die Jungen ebensolche Kameraden, seht euch die Gebirgsburschen an seht euch die Zwangsarbeiter in Deutschland an, sie helfen einander, ja sagte Monsieur Gallais aber denken Sie an diejenigen zu Hause die sie denunzieren. Nun ja, natürlich gibt es Uneinigkeit, da ist die verängstigte Mittelklasse die den Kommunismus fürchtet, da ist das verärgerte Militär weil man ihnen die Armee weggenommen hat es gibt die frommen alten Jungfern und Witwen die Angst haben daß es in Zukunft keine Religion mehr geben wird aber wie Madame Gallais sagt die junge Generation ist genauso einig wie es die poilus im '14-'18 Krieg waren und sie hat recht sie sind einig. Gerade heute traf ich eine Frau die neulich im Zug nach Lyon war und es waren zwei Lazarettwagen am Zug mit verwundeten Männern von der Polizei die vermutlich in Hochsavoyen gegen die Gebirgsburschen gekämpft hatten. Sie sagten, und das hatten wir bereits gewußt weil nur ungefähr die Hälfte von denen die dorthin gegangen waren hier auf dem Rückweg durchgekommen war, sie sagten gut die Hälfte der Hilfspolizei habe sich mit den Gebirgsburschen zusam-

mengetan und die übrigen hätten die Gebirgsburschen voller Bedacht an den Beinen verletzt, sie wollten sie ausschalten und gaben ihnen eine Entschuldigung ihr Gehalt weiter zu beziehen ohne doch eine Verletzung zu haben die sie später daran hindern könnte ihren Lebensunterhalt zu verdienen, nur einer wurde am Arm verletzt und das war ein Versehen, sie waren sorgfältig bedacht nur am Bein zu verletzen. Natürlich waren sie härter mit der Miliz, die hassen sie, und sie bringen jeden um, na ja nicht jeden und nicht jeder wurde verletzt, nein nicht jeder, es ist in Ordnung, sagten sie und lachten. So sind die Franzosen schließlich ein einiges Volk, natürlich sind die Deutschen da, und natürlich ist das eine vollkommen andere Sache.

Ich sagte die Deutschen sind hier und überall, und hier in Culoz sind zwei junge Burschen umgebracht worden weil sie versucht hatten fortzulaufen und ein Mann ein älterer Mann der trank und der wurde von den Deutschen erschossen weil er nach dem Ausgehverbot auf der Straße gewesen war, und was jeden schmerzte war daß er von den Deutschen die ganze Nacht dort liegen gelassen worden war, und jeder ging zu seinem Begräbnis, aber was alle am meisten aufregte war daß eine Frau gefunden wurde nicht weit von hier auf einer Insel in der Rhône, und als man sie untersuchte stellte man fest daß sie eine Kugel im Kopf hatte. Außerdem stellte man fest daß sie eine Schullehrerin aus der Stadt Seysell war wo es die meisten Schießereien von Deutschen gegeben hatte weil man dort die Gebirgsburschen immer mit Nahrung versorgt hatte, und diese Frau war dort Schullehrerin, und es scheint daß sie als die Deutschen kamen schreckliche Angst hatte und fortgehen wollte und der Schulleiter sagte nein, er sagte ein Lehrer sei wie ein Soldat ein Arzt eine Krankenschwester oder ein Bürgermeister, seine oder ihre Pflicht sei auf dem Posten zu bleiben was immer geschehe aber sie sagte sie müsse zu ihren Leuten gehen und sie versuchte den Zug zu nehmen und man wollte ihr am Bahnhof kein Billet geben und sie bekam noch mehr Angst und sie zog die Hosen ihres Skianzugs an und sie machte sich auf um in eine andere Stadt zu gehen um den Zug zu nehmen und das nächste was geschah war daß sie tot mit einer Kugel im Kopf auf einer Insel in der Rhône war wo man immer Ertrunkene findet.

Gerade im Augenblick sind wir ganz ruhig bei sehr winterlichem Wetter hier gegen Ende Februar, und ob oder wo oder wann oder ob die Amerikaner bald kommen werden, wer weiß.

Selbstverständlich muß ich heute da es keine Möglichkeit gibt neue Bücher zu bekommen die alten lesen und glücklicherweise habe ich Mengen von Detektivgeschichten und Abenteurergeschichten und jede hat jetzt einen anderen Sinn, es ist eine der wirklich wichtigsten Sachen am Krieg, daß die Gegebenheiten der Geographie lebendig werden, und viele Orte in den Geschichtsbüchern sind jetzt wirklich geworden was ein Vergnügen ist. Natürlich ist wieder und wieder geängstigt zu werden nicht immer ein Vergnügen, es ist ganz und gar kein Vergnügen, als ich gestern abend hörte daß der Erzbischof von Polen aus der Abtei von Hautcombe fortgeholt worden ist war es beängstigend, man ist immer ein wenig geängstigt nur ein wenig und heute abend sagte das Mädchen in der Küche seien ein paar Leute ob Alice Toklas herunterkommen könne um sie sich anzusehen, wer sind sie, fragten wir, und sie antwortete vorbeikommende Fremde, nun tatsächlich es waren amerikanische Bürger ein Bruder und eine Schwester die seit einiger Zeit hier waren, im Dorf, gebürtige Amerikaner von französischen Eltern die nach Marseille zurückgekommen waren und der Junge war schon vom Schweizer Konsul gerettet worden und jetzt holten sie ihn wieder, so rieten wir der Schwester, morgen den Zug nach Lyon zu nehmen und zum Schweizer Konsul zu gehen, was sie tun wird, und wie gesagt ist alles ein bißchen beängstigend, und es gibt Geschichten die sind ein bißchen beängstigend, genug gesagt, sie sind ein bißchen beängstigend, vor allem wenn der Hund dabei ist, es ist schon ein bißchen beängstigend. Die Schweizer sind sehr tröstlich, sie sind es wirklich, sie haben uns gerade einen Schutzpaß gegeben, und die Frau des Bürgermeisters ist sehr tröstlich, sie ist Schweizerin, und sie und ich sitzen da und reden miteinander, und sie erzählt mir, sie hält nicht viel von der höheren Geistlichkeit sie denkt man denkt dort mehr an Paläste als an die Menschheit die niedrigere Geistlichkeit denkt mehr an Essen und Trinken als an irgend etwas anderes, freilich sagt sie die armen Teufel sind sehr arm, da sie den Bischöfen so viel geben müssen, nun das ist jedenfalls ihre Art es zu empfinden und sie ist auch ein bißchen verängstigt aber sie ist sehr ermutigend. Gestern abend brachte uns der Dorfbäcker ein paar Bohnen und ein wenig Mehl und er kam spät und hämmerte gegen die geschlossene Küchentür und die Köchin kam verängstigt herunter und sagte es sind Deutsche, nein sagte ich ich nehme an es ist Bonaz, so heißt der Bäcker und sicher war ich nur deshalb tapfer weil ich wußte daß er vorhatte zu kommen, also gingen die beiden Mädchen hinunter und öffneten die Tür, und Jeanne das Hausmädchen sagte keine von ihnen sei sehr tapfer, ihre Beine zitterten unter den Röcken und der Bäcker lachte, er liebt Späße und er wußte daß er sie erschreckt hatte. Heute Ende Februar sieht es so aus als ob es schneller gehen könnte und die Vögel sind gekommen, alle hier sagen nie habe man hier so viele Frühlingsvögel einschließlich Wachteln gesehen, und man nahm an die Kämpfe haben die Vögel aus Italien und aus Deutschland verscheucht und deshalb gebe es hier so viele.

Die Bräuche bei Kaninchen sind anders als bei Hühnchen. Das ist der Grund warum wir Hennen bevorzugen. Außerdem legen Hennen Eier was ein angenehmer Brauch bei ihnen ist.

Heute sagte ein Mann zu mir die Jagdhunde werden alle verrückt weil sie nicht jagen können, weil wir nicht jagen können, die Zeit wird kommen sagte ich und er sagte ja diesen Herbst.

Der Frühling ist da, es ist der erste März neunzehnhundertvierundvierzig und der Frühling ist da, nun ja noch nicht ganz da aber so gut wie da, und jeder hat ein bißchen mehr Hoffnung, alle wünschen es werde vorübergehen ohne eine Invasion in Frankreich, und ich nehme an wir alle denken das gleiche, es ist gut befreit zu werden aber es wäre so nett wenn es ohne Bomben und Kämpfe auf Frankreichs Boden geschehen könnte. Madame Gallais sagt wir sind alle egoistisch wir können nicht anders als so darüber denken, aber jedenfalls ist es nicht an uns zu entscheiden also wozu sich sorgen, alles was einem zu tun bleibt ist so viel wie möglich zu kaufen damit jeder wenn es doch dazu kommt in seinem Schrank genug zu essen hat, so daß selbst der arme Hund einen Knochen haben kann. Jeder kommt aus Paris zurück, das heißt jeder ist dort gewesen und jeder ist zurückgekommen und sie alle sagen das Leben dort sei ziemlich normal geworden und alle sagen auch man könne soviel Gemüse haben wie man will, es gibt eine Menge zu kaufen und nicht teuer. Nun auf dem Land kann man Fleisch und Fisch und Eier und Butter haben aber kein Gemüse, Gemüse kommt nicht vor Juni, so verteidigen sich die Franzosen auf jede Weise das heißt sie führen ihr normales Leben. Ich erinnere mich daß Virgil Thomson einmal gesagt hat das einzige was die Franzosen respektieren sei Langlebigkeit, Kraft weiterzumachen, in der Tat das ist der einzige Kommentar den die Franzosen je machen, wenn sie denken man hat Talent sagen sie mach weiter wie in der hübschen Geschichte von dem Nigger, in allen Schulen ist das alles was jeder Lehrer je sagt mach weiter so halte durch und einmal in einer Militärakademie kam der Instruktor und einer der Studenten war ein Neger und der Instruktor sagte überrascht, was Sie sind ein Neger, ja sagte der Neger, nun dann sagte der Lehrer, machen Sie weiter so, mit anderen Worten bleiben Sie es weiter. Und so führen die Franzosen ihr normales Leben weiter. Die Topses erzählten uns neulich daß die deutschen Behörden sich über das Aussehen von Paris beklagten, niemand könne erkennen daß Krieg ist, und das entmutige die deutschen Soldaten die dort auf Urlaub sind. Der Präfekt von der Seine sagte aber was kann ich machen, die Franzosen wollen ihr normales Leben führen was immer auch geschieht, und sie führen es, was kann ich machen, was immer man macht sie wollen ihr normales Leben führen es ist ihre Art, und darum können die Franzosen sich immer aus der Asche erheben, sie finden es nämlich fein so zu sein, es macht den Alltag ihres normalen Lebens nur um so aufregender.

Es ist sehr merkwürdig auf welche Art jeder und irgendwer irgend etwas empfinden kann. Zum Beispiel die Gebirgsburschen, traf ich doch zwei von ihnen als ich heute nachmittag von meinem Spaziergang ein Stück bergauf zurückkam, sie sahen beide ziemlich müde aus und dann sagten wir im Vorübergehen guten Tag, jeder trägt heutzutage einen schweren Sack huckepack, nichts bedeutet etwas, und manche sagen, sie seien wieder in der Gegend und manche sagen nein, und manche sagen die Deutschen sind wieder in der Gegend und manche sagen nein, und wie dem auch sei jetzt ist es Nacht fast Mitternacht und ich will noch kurz vor dem Schlafengehen die letzten Nachrichten hören. Es ist merkwürdig wie verschiedene Nationen ihre Sendungen beginnen ich wünschte ich könnte mehrere Sprachen so daß ich verstehen könnte wie jede es macht. Die Engländer beginnen immer mit hier ist London, oder der B. B. C. home service, oder der over seas service, immer mit einem Stück angenehmen häuslichen Lebens, von größter Wichtigkeit für jeden Engländer oder jede Engländerin. Die Amerikaner sagen mit Poesie und Feuer, hier ist die Stimme Amerikas, und dann mit Bescheidenheit und gut nachbarlich, eine der Vereinten Nationen, hier ist die Stimme Amerikas die über den Atlantik zu Ihnen spricht. Und der Franzose, will sagen Franzosen die zu Franzosen sprechen, sie beginnen immer so, und die Belgier sind einfach und direkt, sie melden sich einfach mit Radio Belgien, und der Nationalhymne, und die Franzosen sagen auch Ehre und Vaterland, und die Schweizer sagen so höflich Studio Genf, es folgen jetzt die Nachrichten der schweizerischen Depeschenagentur Bern, und Italien sagt es lebe Mussolini es lebe Italien, und sie machen ein Vogelgeräusch und fangen dann an, und Deutschland fängt an mit Deutschland ruft, Deutschland ruft, im letzten Krieg sagte ich die Tarnung sei das charakteristische Merkmal jeden Landes gewesen, jede Nation hat ihrer Tarnung den Stempel aufgedrückt, aber in diesem Krieg ist es der Anfang der Radiosendung der das nationale Leben so vollständig und entschlossen macht. Es ist so eine Nation ist sogar stärker als die Persönlichkeit von wem auch immer, bestimmt ist es so die Nationen müssen weitermachen, ja das müssen sie.

Der Frühling scheint es unmöglich zu finden zu kommen, wir alle werden traurig, es ist Mitte März, weder der Frühling noch das Kriegsende kann kommen, aber plötzlich in Wiesen auftauchende Felsblöcke das ist immer romantisch und läßt sie wie einen Park aussehen, selbst wenn sie an einem Berghang sind, und die Tatsache daß das romantisch ist ist tröstlich, ich weiß nicht genau warum es tröstlich ist, aber es ist tröstlich, Felsblöcke sehr große mit Efeu darauf oder kleinen Bäumen sind immer tröstlich wenn sie auf einer Wiese verstreut sind, das sind sie. Der Wind bläst und der Wind ist eiskalt und der Frühling kommt nicht, es heißt die Jahreszeiten können nicht kommen wie sie sollten, weil Kanonen die Wolken durcheinanderbringen, zuerst bringen sie die Vögel durcheinander und dann die Wolken, es besteht kein Zweifel daß sie, die Bombardements die Dinge durcheinanderbringen. Die Tage folgen einer dem andern und die Zeit vergeht so sehr schnell, es ist kaum möglich sich an einen Tag zu gewöhnen bevor er vorüber ist und dann ist es der nächste Tag und dann ist es Freitag und wir hören die Wochenrückschau vom Schweizer Kommentator und dann ist die Woche vorüber, einfach so. Die Chinesen haben das Schießpulver erfunden, darüber scheint es keinen Zweifel zu geben, und die Franzosen und die Amerikaner die Automobile und das Fliegen, und die Italiener die drahtlose Telegrafie und es scheint keinen Zweifel darüber zu geben, warum nicht, es scheint wirklich keinen Zweifel darüber zu geben. Gerade jetzt denkt niemand daran was für ein Jahrhundert das ist, sie fragen sich nur wann alles vorüber sein wird, nur das fragen sie sich. Darüber gibt es keinen Zweifel.

Ich hörte gerade die Rede eines amerikanischen Generals über die einfachen Dinge für welche die Amerikaner kämpfen und als erstes wird erwähnt daß man in seinem Heim sein kann und niemand mit Gewalt eindringen darf und einen erschrecken und zwingen zu tun was er will, ich finde es sehr ungewöhnlich daß ein amerikanischer General so einfach versteht wie schrecklich es ist in einem besetzten Land, die Unsicherheit in den Augen aller jungen Männer und in den Augen ihrer Väter Mütter Schwestern und Brüder, und Frauen, die Unsicherheit weil man jeden Augenblick verhaftet werden kann jeden Augenblick, die Papiere können völlig in Ordnung sein und dennoch, und die Papiere können nicht in Ordnung sein und dann ebenfalls, und gerade jetzt haben uns unsere Nachbarn von einem jungen Mann erzählt wir hatten ihn sehr gut gekannt in Belley und später hier, und er wollte in den nächsten Ort gehen um Brot zu kaufen, und seine Mutter sagte nein tu es nicht, und er sagte aber Mutter meine Papiere sind in Ordnung und er ging und er kam nicht zurück, er wurde verschickt, seine Mutter weiß nicht wohin und seine Papiere waren in Ordnung und dennoch, und es ist ungewöhnlich daß der amerikanische General versteht daß es das ist wofür jeder Amerikaner kämpfen würde, dafür daß überall in der Welt jeder der kein Verbrechen begangen hat friedlich in seinem Heim leben kann, friedlich seinen Geschäften nachgehen darf und keine Angst zu haben braucht keine Unsicherheit in den Augen haben muß, keine. Ich finde es sehr ungewöhnlich daß der amerikanische General das so einfach verstanden hat. Wir haben jetzt Mitte März und der Frühling ist gekommen und mit ihm ein wenig Mut, man meint jetzt es werde nicht so weitergehen der Krieg werde nicht noch Jahre und jahrelang weitergehen, man beginnt das zu glauben, man ist noch nicht hoffnungsvoll, es ist schwer hoffnungsvoll zu sein, nach fünf Jahren sehr schwer, man ist noch nicht hoffnungsvoll, aber man führt sein Leben, und man meint es wird jetzt vielleicht irgendwann vorüber sein. Heute ist Sonntag und unser Mädchen Jeanne die keine hoffnungsfreudige Person ist kam soeben herein und sagte in Culoz heißt es die Deutschen ziehen sich zurück, wo sagten wir, nun in Rußland, sagte sie, so heißt es, so heißt es in Culoz, aber natürlich sagten wir, ach ja sagte sie, so heißt es heute in Culoz. Gut das bedeutet daß man nicht mehr glaubt es gehe für immer so weiter, und als ich heute spazierenging, sprachen alle über Ernte und Kartoffeln und Anpflanzen, gewiß fühlen sich Franzosen wenn sie mit Erdeumgraben und Gemüsepflanzen beginnen können wohler, und heute ist der rechte Tag dafür, deshalb würden sie selbst wenn Culoz den Rückzug der Deutschen in Rußland nicht beschlossen hätte doch anfangen sich wohler zu fühlen ganz natürlich gerade jetzt da sie umgraben und pflanzen können, sie müssen das tun.

Mitte März und es ist als gehe es fast sicher so gut wie sicher irgendwann zu Ende, der Winter und der Krieg, der Krieg und der Winter. Uns gefällt im Zug nach Chambery zu fahren, wir sehen immer etwas oder jemanden, jedermann reist, den Franzosen gefällt es im Zug hin und her zu gehen und auf Bahnhöfen zu stehen und zu warten und davon gibt es ja so viele. Vorgestern warteten wir auf dem Bahnhof in Culoz und unter den vielen war nun er war bestimmt Amerikaner, nur ein Amerikaner kann den Hut so tragen, nur ein Amerikaner kann sich so hin und her wiegen, und er hatte eine eingedrückte Nase wie ein gewisser Typ amerikanischer Burschen und er war ungefähr fünfundzwanzig und er trug einen Sack huckepack und er nahm von niemandem Notiz und er stand am Rand des Bahnsteigs sehr nah wo der Zug einfahren sollte, und ich sagte zu Alice Toklas nimm keine Notiz von ihm, wir wollten natürlich auf keinen Fall daß jemand Notiz davon nähme daß wir Notiz von ihm nahmen, aber wenn doch irgendeiner der Franzosen Notiz davon nähme daß er kein Franzose war, nun niemand nahm Notiz von ihm und wir vermuteten er würde irgendwohin wahrscheinlich in die Haute Savoy gehen, vielleicht ja, und wir bemühten uns keine Notiz davon zu nehmen wohin er ging aber er war unzweifelhaft er war bestimmt Amerikaner und es war der zehnte März neunzehnhundertvierundvierzig hier auf dem Bahnhof in Culoz.

Das ließ uns mit einem seltsamen Gefühl zurück, und doch war es so natürlich das war es bestimmt. Es erinnerte uns an neunzehnhundertachtzehn als wir immer in Südfrankreich die amerikanischen Soldaten sahen die a. o. U.'s, abwesend ohne Urlaub, und sie fragten uns stets ist Militärpolizei in der Nähe, und wir sagten immer nun nicht direkt hier aber man täte besser daran sich in der nächsten Stadt vorzusehen, aber das war ein Spaß im Vergleich zu heute, wir hoffen er kam sicher dort an wohin er ging.

Man trifft so viele Leute von so weither heute und man trifft keinen einzigen, aber Bahnhöfe und Züge sind eben dafür gemacht daß es geschehen kann und es geschieht.

Frühlingsschnee ist hübscher als Winterschnee. Dies der erste wirkliche Frühlingstag und ich kann sagen was ich seh. Frühlingsschnee ist hübscher als Winterschnee. Ja und nein! In diesem Frühling ist es bestimmt so, es gab keinen Winterschnee und es gibt Frühlingsschnee und jeder nun nicht jeder aber ziemlich viele fangen wieder zu hoffen an, da Frühlingsschnee hübscher ist als Winterschnee.

Irgend jemand im Dorf hat mir gerade erzählt daß der deutsche Bahnhofsvorsteher, es gibt zwei hier am Bahnhof, der für eine so kleine Stadt ein wichtiger ist weil man da nach Italien und in die Schweiz und nach Savoyen und in den Süden umsteigt, deshalb ist er wichtig und da viele sehr viele deutsche Truppenzüge durchgehen ist da ein deutscher Bahnhofsvorsteher.

Heute Mitte März neunzehnhundertvierundvierzig sagte er zu dem französischen Zugpersonal, in drei Monaten ist Deutschland kaputtgeschlagen und dann werde ich statt nach Deutschland zurückzugehen hier bleiben um mit den Franzosen zu feiern, drüben in Deutschland gibt es nichts zu feiern und sie verstehen nicht zu feiern aber ihr Franzosen versteht es, also werde ich hier bleiben und mit euch feiern, natürlich sagte niemand etwas aber es war tröstlich nicht daß er hier bleiben wollte um zu feiern aber daß er wirklich glaubte in drei Monaten würden die Franzosen feiern. Wenn ich die Geschichte erzähle sagt jeder ein wenig seufzend hoffen wir es. Aufgeschobene Hoffnung, wir waren so oft sicher aber schließlich sieht die russische Dampfwalze die im letzten Krieg hätte walzen sollen und es nicht getan hat so aus als sei sie doch eine wirklich eine. Wie ich immer sag jeden Tag haben die Amerikaner selbst wenn sie Rom nicht eingenommen haben doch die Flugbasen von wo aus sie bombardieren können und ohne dieses Bombardieren wären die Russen nicht imstande zu walzen, ich werde ungeduldig und ich sage ihr Franzosen ihr habt so altmodische Ideen vom Krieg, ihr denkt nur an Landkämpfe und an Orte erobern aber wir Amerikaner wir glauben an das Zerstören der feindlichen Produktion. Ja sagen sie, ja das ist wahr, aber, nun sie wünschen daß wir ein paar einnähmen und rascher machten, aber ich sage was ich ihnen immer gesagt habe daß die Amerikaner sich gerne lange vorbereiten und dann wenn sie wirklich bereit sind dann geschieht etwas, seht euch Tunis an sage ich damals habt ihr euch genauso beklagt, ja sagen sie überzeugt aber ungläubig und ich verstehe das ich verstehe das wirklich weil fünf Jahre eine lange Zeit sind für ihre Gefangenen und sie selbst, und sagte eine Frau und wenn die Alliierten gewinnen werden unsere Gefangenen dann in Deutschland als Geiseln bleiben, Geiseln für wen fragte ich ungehalten, ich weiß nicht antwortete sie, ich habe mich nur gefragt werden sie als Geiseln dort bleiben nein, Amerika wird auf ihrer sofortigen Entlassung bestehen, oh

sagte sie wenn Amerika das tun würde. Es ist immer schwer irgend etwas zu verstehen aber am Ende von fünf langen Jahren wird Verstehen noch schwieriger darüber besteht kein Zweifel, ja und nein, Frühlingsschnee muß hübscher als Winterschnee sein, sicher sehen dieses Jahr alle das ein.
Und außerdem ist da noch unsere Ziege. Wir haben jetzt eine Menge Nahrungsmittel, wirklich mehr als wir essen können, eine Menge von allem Butter Käse Eier Fleisch Zucker alles außer Milch, und deshalb hatten und haben wir noch eine Ziege, aber eine Ziege muß Junge bekommen um weiter Milch zu geben, deshalb ging unsere zum Bock und jetzt wird sie in einer Woche Junge bekommen, und deshalb fragen wir natürlich jeden was wir tun sollen, man sagt sie solle einen Tee bekommen, so einen wie die Franzosen ihn zu sich nehmen wann immer sie sich schlecht fühlen, Lindenblätter oder Minze oder Eisenkraut, oder sonst etwas, und irgend jemand sagt entweder sie oder die Jungen sollen warmen Wein trinken, und sie solle Brot mit Öl und einem gewissen Kraut darauf haben, ich glaube beide Mutter und Kind und alles war ein Durcheinander, und einige sagten sie wird es schon schaffen ihr Junges ganz allein zu bekommen, und jemand anderer sagte wir müßten dabei sein aber wie können wir das wenn wir nicht wissen wann es soweit sein wird und der Stall ist weit fort vom Haus, und einige sagen wir können Milch haben sowie das Junge kommt und einige sagen nein, jedenfalls nahm ich sie diesen Nachmittag auf einen Spaziergang mit und sie wirkte ein wenig schwer aber vergnügt also hoffen wir das Beste. Inzwischen sah ich vorgestern den ersten gelben Schmetterling und morgen so erzählt man mir ist der Tag an dem die Vögel beginnen ihre Partner zu suchen, der Tag des Heiligen Joseph, und sie haben zwei Tage Zeit sich für ihre Männchen und Weibchen zu entscheiden und danach keinen Unsinn, schon machen sie sich dran ihre Nester zu bauen, gewiß es war ein hübscher sonniger Tag vielleicht haben sie es also alle fertig gebracht und wenn nicht, nun wenn nicht niemand erzählt mir

etwas darüber wenn nicht, es gibt kein wenn nicht, im Leben auf dem Lande in Frankreich, da gibt es eben einfach kein wenn nicht.
Und so wird jeder langsam wieder ein bißchen fröhlicher abgesehen von den jungen Männern und jungen Mädchen die neuerdings zur Arbeit in Munitionsfabriken zusammengetrieben werden und wo, nun niemand weiß etwas Genaues darüber, man sagt in Frankreich aber muß es Frankreich sein, und jeder muß etwas entscheiden und man sagt, oh man sagt so vieles, man kann sich um so vieles Sorgen machen, es gibt keine Logik in diesem Krieg in nichts was Krieg ist, falls und wenn der Krieg gewonnen wird behält man die Gefangenen dort wo sie sind als Geiseln, Geiseln für wen frage ich ungeduldig, so sagt man, antwortet man mir, so sagt man. Genau das macht es so ungewöhnlich, jeder hört Radio, man hört den ganzen Tag über zu weil fast jeder eines hat und wenn nicht gibt es das des Nachbarn und man hört die Stimme aller möglichen Länder und doch ist das was man wirklich glaubt nicht das was man hört sondern die Gerüchte in der Stadt, das was von Mund zu Mund geht ist immer das überzeugendste, man glaubt weder den Zeitungen noch dem Radio aber man glaubt was man einander erzählt und das ist ganz natürlich, alle offiziellen Nachrichten sind so täuschend, warum also nicht Gerüchten glauben, das ist durchaus verständlich, und deshalb tut man es, man glaubt all den Gerüchten, und selbst wenn man weiß daß sie nicht wahr sind glaubt man ihnen, jedenfalls haben sie eine Chance wahr zu sein Gerüchte haben das so an sich aber offizielle Nachrichten haben keine Chance wahr zu sein überhaupt keine, natürlich keine.
Wir verbringen unsere Freitag-Nachmittage mit Freunden und lesen Shakespeare, wir haben Julius Caesar gelesen, und Macbeth und jetzt Richard den Dritten und das Erschreckende ist daß alles genauso ist wie das was jetzt geschieht, wenn Macbeth Geister sieht nun tun sie es vielleicht nicht, sieht Mussolini vielleicht nicht den Geist seines Schwiegersohns,

natürlich sieht er ihn man kann ihn sehen wie er den Geist seines Schwiegersohns sieht, seine letzte Rede zeigte daß er ihn sah, und jeder von ihnen, nehmt die Könige bei Shakespeare es gibt keinen Grund warum sie alle einander ständig umbringen, das sind keine gewöhnlichen Kriege in denen man aufeinanderstößt und kämpft, sondern es ist einfach Gewalt und da ist kein Ziel zu erreichen, kein Ruhm zu gewinnen, genau wie bei Heinrich dem Sechsten und Richard dem Dritten und Macbeth genauso, sehr schrecklich sehr sehr schrecklich und genauso.

Ein langer Krieg wie dieser macht einem klar welche Gesellschaft man wirklich vorzieht, das eigene Zuhause, Ziegen Hühner und Hunde und gelegentliche Bekanntschaften. Ich stelle fest daß ich mir überhaupt nichts aus Gärten Blumen oder Gemüsen Katzen Kühen und Kaninchen mache, man hat Bäume Reben und Hügel satt, aber Häuser, Ziegen Hühner Hunde und gelegentliche Bekanntschaften werden einem nie zu viel.

Die Kinder spielen natürlich komische Spiele, gestern sah ich wie ein kleines Mädchen von sieben zwei kleine von zwei und drei unter ein Stück Blech legte und sagte jetzt da ihr in Sicherheit seid sage ich auf Wiedersehen. Was spielt ihr fragte ich, wir spielen abris, Bunker, sagte sie und so war es.

Ich sprach mit Claude Malherbe sie war gerade von einer Witwe gekommen deren Mann plötzlich gestorben war, ja sagte sie jetzt sterben sie, sie waren sehr junge Männer im letzten Krieg, sie waren in diesem Krieg, aber was so schrecklich für sie ist das ist daß Frankreich geschlagen worden ist, es frißt sie auf sagte sie, ich sage manchmal zu meinem Mann aber schließlich ist Frankreich geschlagen worden, und er sagt sag das nicht, es ist nicht wahr ich kann es nicht hören, doch sagte Claude es ist wahr aber Frauen können darunter natürlich nicht so leiden wie Männer, Männer sind schließlich Soldaten, und Frauen nicht, und lieben Frankreich so sehr wie wir und wir lieben Frankreich so sehr wie die Männer, aber schließlich sind

wir keine Soldaten und deshalb können wir eine Niederlage nicht so empfinden wie sie und außerdem haben Frauen in einer Niederlage nach einer Niederlage mehr zu tun als Männer sie haben mehr was sie beschäftigt das ist nur zu natürlich bei einer Niederlage, und deshalb haben sie weniger Zeit zu leiden, ja sagte Claude ich verstehe das.
Manchmal ist nichts von allem sehr wirklich, aber was ist wirklich, was man immer getan hat oder was man jetzt tut, nun ich saß nicht immer in einem Feld und beobachtete die Ziege beim Fressen, aber ich tue es jetzt, was ist wirklich was man jetzt tut oder was man immer getan hat.
Es ist merkwürdig daß Menschen von denen man annimmt sie seien wissenschaftlich es nicht schaffen das Grundprinzip der Physik zu erfassen, nämlich daß Aktion und Reaktion gleich und entgegengesetzt sind, daß man wenn man Menschen verfolgt sie immer dazu bringt stark und stärker zu werden, die Franzosen sagen, Zucker zieht Bienen schneller an als Essig, oder die Fabel vom Wind und der Sonne die einen Mann dazu bringen seinen Mantel auszuziehen, es ist merkwürdig es ist lange so gegangen, Verfolgung um Menschen schwach zu machen und es macht sie stark, und wenn man sie nicht verfolgt dann werden sie weich, nun natürlich wenn Aktion und Reaktion gleich und entgegengesetzt sind was sonst kann man tun, wenn Menschen zuviel Frieden haben wollen sie Krieg und wenn sie zuviel Krieg haben wollen sie Frieden, was sonst können sie tun, gerade jetzt scheint niemand wirklich zu wissen was er will, Frieden scheint ihnen fast ebenso gefährlich wie Krieg, so war es das letzte Mal, und Krieg ist nicht mehr gefährlich er ist endlos und miserabel, miserabel und endlos, und Frieden wird Frieden auch endlos und miserabel sein oder nur miserabel und nicht endlos, und doch ja doch wollen sie Frieden, schließlich wollen sie es anders haben als es jetzt ist.
Jemand erzählte mir, wir sprachen über Essen, man spricht natürlich häufig über Essen oder Nichtessen, und wir sagten wie schwierig es sei zu wissen ob Leute an einem bestimmten

Ort essen oder nicht essen, einige die von dort kommen, sagen es gibt reichlich und einige sagen es gibt nichts und überhaupt wie kann man das wissen. Ja sagten sie eifrig, bei uns gibt es eine Frau eine Nachbarin die immerzu sagte es ist nicht schwer alles zu bekommen was man will, ja sagte sie ich kann sogar kandierte Früchte bekommen, lieber Himmel, sagten sie und dann fanden sie nach und nach heraus daß die Frau sehr wenig zu essen hatte und sie redete nicht so um es andere glauben zu machen sondern um es selbst zu glauben, und sie glaubte es. Allgemein gesprochen gibt es hier in Frankreich mehr Esser als Nichtesser, aber überhaupt sind die Franzosen ziemlich gute Esser und essen wollen sie, versagt eine Art der Nahrungsmittelbeschaffung so versucht man eine andere, und auf die eine oder andere Art schafft man es Nahrungsmittel zu bekommen sie müssen essen und um zu essen, müssen sie Nahrungsmittel finden, also finden sie sie, gelingt es ihnen zuerst nicht dann versuchen noch einmal versuchen aber gelegentlich gelingt es ihnen sogar irgendwie beim ersten Mal, aber bestimmt gelingt es ihnen schließlich eine ganze Menge zu bekommen, bestimmt gelingt es, das ist ihre Art, im letzten Krieg nannten sie es, das System D, debrouillez-vous, das heißt seht euch um und findet heraus wie.
Unsere Ziege starb als sie ihr Junges nicht zur Welt bringen konnte. Haustiere sterben so oft bei der Niederkunft, was sehr entmutigend ist, es passiert wieder und wieder, und nun passierte es unserer Ziege, unser Nachbar wachte die ganze Nacht bei ihr und er und ein anderer Nachbar arbeiteten drei Stunden an ihr versuchten das tote kleine Ding aus ihr herauszubekommen aber es gelang ihnen nicht, auch so etwas kann heute vorkommen, wenn jeder in einer Fabrik arbeitet und Extradienst tut beim Bewachen der Eisenbahn, die Franzosen sind so, man muß immer tun was man kann um das Leben eines Haustiers zu retten ob es einem gehört oder nicht, sie sind so.
Es wird immer verblüffender sich in ihren Gefühlen auszuken-

nen immer verblüffender. Gab es je kann es je etwas Gefährlicheres geben als einen Krieg der zu Ende geht, nichts, das heißt einen Krieg wie diesen letzten, nicht einen Krieg wie '14-'18 der noch ein Krieg des neunzehnten Jahrhunderts war sondern diesen neununddreißig bis irgendwann Krieg der zweifellos ein Krieg des zwanzigsten Jahrhunderts ist zweifellos.
Mir gefällt was man hier auf dem Land sagt, im Frühling weinen die Bäume, sie vergießen Tränen, man sagt nicht der Saft fließt man sagt die Bäume weinen und sie tun es wirklich, sie scheiden Tropfen aus und die frisch geschnittenen Reben die weinen auch, sie lassen Tropfen um Tropfen fallen, ja das tun sie, ich sage den Franzosen immer wieder daß sie das Kriegswesen des zwanzigsten Jahrhunderts nicht verstehen, ich werde wütend ich sage schließlich wenn die Anglo-Amerikaner nicht alles in Deutschland und in den für Deutschland arbeitenden Ländern in die Luft gesprengt hätten wie sie es getan haben wären die Russen noch dort wo sie waren im Dnjeprbogen aber alles woran ihr Franzosen denken könnt ist etwas mehr oder weniger Territorium einzunehmen, nein zerstört die Vorräte des Feindes und sie müssen an Zermürbung sterben, könnt ihr das denn nicht verstehen, sie sagen ja aber nicht wirklich, was sie wollen ist hübsches Achtzehntes-Jahrhundert-Kämpfen das taten sie wirklich gern, nicht einmal Neunzehntes-Jahrhundert-Kämpfen am liebsten war es den Franzosen im achtzehnten Jahrhundert. Zuweilen frage ich mich war Kansas vor dem Bürgerkrieg so wie es heute in Frankreich ist und wie während der Revolutionszeit die von Fenimore Cooper in The Spy beschrieben wurde, jeder Freunde und Feinde denunzierend, jeder in den Bergen versteckt, Patrioten falsche Patrioten, Banditen die sich als wirkliche oder falsche Patrioten ausgeben, Züge in die Luft gesprengt und jetzt sagen die Franzosen wird das von den Deutschen getan um die Franzosen wütend aufeinander zu machen und heute am Bahnhof war ein ganzer Zug voller Gendarmen,

Staatspolizei und sie hatten nagelneue Automobile und alle Arten von Rüstung und was hatten sie vor, und Züge gingen dahin oder dorthin niemand weiß je was sie tun wohin sie gehen und ob sie sich überhaupt fragen, höchstwahrscheinlich kann niemand das sagen. Alle Franzosen sind allezeit in Zügen, Franzosen haben Züge gern sie fahren immer damit selbst aus unwichtigen Gründen, nur um in Bewegung zu sein, sie haben es gern herumzufahren, sie haben das gesellige Leben in den Zügen und auf den Bahnhöfen gern, sie haben die Regelmäßigkeit die Unregelmäßigkeit gern und Kommen und Gehen, es ist geselliger und regelmäßiger als mit dem Automobil, sehr wenige trauern den Automobilen nach, wirklich sehr wenige, sie machen sich wirklich keine Sorgen darüber.

Nein danke, und dann so traurig weil das kleine Mädchen tuberkulös war und es wurde so geliebt und der Doktor sagte er könne nun nichts mehr für es tun und man kaufte ihm einen Platz auf dem Friedhof und es begann sich besser zu fühlen und begann herumzugehen und man war so glücklich daß man ihm zur Unterhaltung einen Radioapparat kaufte, es hatte einen kleinen gehabt und jetzt kaufte man ihm einen größeren. Diese Dinge können geschehen wenn jeder beschäftigt ist mit dem möglichen Kriegsende. Sie können geschehen weil sie geschehen.

Heute als ich spazierenging reparierten fünf deutsche Soldaten ein Automobil, aber niemand beachtete sie jeder kam und ging und nichts geschah, das kann geschehen wenn dieser Krieg beginnt nach Ende auszusehen, es kann geschehen weil es geschieht. Der Frühling ist gekommen, es ist April, die Vögel singen und ein Habicht stieß herunter ins Gras vor dem Haus und fand kein Huhn sondern einen Knochen den ein Hund dorthin gebracht hatte. Der Habicht schien ein wenig enttäuscht aber vielleicht war er es nicht, April neunzehnhundertvierundvierzig, das heißt Osterwoche.

Publizität, so hören wir sie sagen Publizität, und ist das nicht der eigentliche Sinn von Verfolgung, Publizität, sie ist nicht annähernd so kompliziert wie es scheint. Immer hat es eine große Leidenschaft für Publizität in der Welt gegeben die allergrößte Leidenschaft für Publizität, und die am erfolgreichsten sind, die den besten Instinkt für Publizität haben, die neigen auch dazu verfolgt zu werden das ist nur zu natürlich, und hier glaube ich liegt der wahre Grund für die Verfolgung des auserwählten Volkes und gerade jetzt mehr denn je weil nämlich Publizität mehr und mehr ein bewußter Prozeß ist so daß diejenigen die den größten Instinkt für Publizität haben natürlich die sind auf die die andern welche selbst Meister der Publizität sein möchten eifersüchtig sind, wenigstens glaube ich das, und vielleicht ja.

Es ist sehr interessant aber das Ende des neunzehnten Jahrhunderts und das zwanzigste Jahrhundert haben sich die Schönheit der Publizität um ihrer selbst willen als einen Endzweck vorgestellt, das ist sehr interessant.

Wir haben jetzt den elften April den Dienstag nach Ostermontag und jeder hoffte daß etwas geschehen würde und in gewisser Hinsicht geschah es, Bombardements haben bombardiert und die Russen sind in Bewegung gekommen und alle erwarten daß alles geschieht und wir unterhalten uns alle während wir ausgehen um Eier zu finden und Spinat und Kuchen und alles, man findet alles und ich traf einen meiner Nachbarn und er hatte einen kleinen Jungen auf seinem Fahrrad und ich sagte was machen Sie mit ihm, ich bringe ihn hinauf in die Berge er soll Schafe hüten, wie alt ist er sagte ich er ist neun, und er hat zwei Brüder und sie sind geflohen und dort oben wird man ihn gut ernähren, und sagte ich macht es ihm nichts aus seine Familie zu verlassen auch wo sie sind, und er sagte er hat sich damit abgefunden, er war ein rundgesichtiger blonder kleiner Elsässer mit einem kleinen Handköfferchen bei sich und er war dabei neun Meilen bergauf zu gehen. Heute es war Ostermontag das heißt es war gestern und wir hatten viele Leute zu Besuch und sie fragten uns über die Amerikaner aus, da Eisenhower Frankreich für eine Weile regieren wird wollen sie natürlich alles über sie wissen, und ich erzählte von den Landsern im letzten Krieg, und einer unserer Besucher sagte ja ich erinnere mich im letzten Krieg, ich war neun Jahre alt und mein Vater war Arzt und wir wohnten gegenüber von seinem Krankenhaus in Vichy und da waren Amerikaner da und einer nahm mich immer zum Fischen mit, er holte mich jeden zweiten Tag ab und wir gingen immer fischen, er sprach kein Wort Französisch und ich sprach kein Wort Amerikanisch, deshalb sagten wir nie ein Wort zueinander aber zwei Monate lang holte er mich immer jeden zweiten Tag ab um mich zum Fischen mitzunehmen, er fischte auf eine merkwürdige Art, er hatte immer eine kleine Flasche Rahm in der Tasche und wenn wir an die Stelle kamen wo wir fischten zog er ein Stück Watte hervor und wickelte es um den Haken und dann tröpfelte er etwas Rahm aus der Flasche darauf und dann hängte er ihn ins Wasser und fügte unser Besucher hinzu damit kann man Fische fangen und nach zwei Monaten ging er fort und wir hatten nie ein Wort miteinander gesprochen weil ich nicht Amerikanisch konnte und er kein Wort Französisch. Der gleiche Besucher hatte eine kleine Tochter bei sich ein kleines siebenjähriges rothaariges Mädchen und als man ihr Kuchen auf einem mit Früchten bemalten Teller gab, sagte das kleine Mädchen oh, das ist eine Banane, ich erinnere mich an Bananen, aber meine jüngeren Brüder und meine Schwester erinnern sich nicht, sie haben nie welche gesehen aber ich erinnere mich eine Banane gehabt zu haben, ich erinnere mich sehr gut.

Und nun nachdem die Osterwoche vorüber ist wird sich ziemlich bald etwas ereignen, nahezu jeder hier hat die Deutschen vergessen jeder vergißt sehr rasch aber niemand vergißt so rasch wie die Franzosen, und obgleich die Deutschen noch hier sind haben sie sie schon fast ganz vergessen und sie denken nur an die Amerikaner, ja sagt unsere Köchin, ich will für sie kochen für die Amerikaner, nicht wahr Madame sagt sie zu mir und ich sage ja und ich hoffe es bestimmt, ja sagt sie wir wollen alles mit Fahnen bedecken um sie zu begrüßen sogar den

Boden und ich will ein Essen für sie kochen, und wir alle hoffen es ganz bestimmt wir hoffen es ganz offen.
Jeden Tag kommt es etwas näher, und wir alle hoffen es ganz bestimmt und ganz offen, wir alle hoffen es ganz ganz entschieden.
Ich erinnere mich daß ich mich immer für die emigrés die nach der französischen Revolution nach England gegangen waren interessiert habe, und die trotz allem den völligen Wechsel in ihrem Leben ungeheuer genossen haben, alles ist besser als immer und immer das gleiche vom selben nur weiß das niemand, und das ist es was Pioniere hervorbringt aber das sind abenteuerliche Leute die auf jeden Fall irgend etwas tun würden, aber ein Krieg der einem Jahrhundert ein Ende setzt der ein Jahrhundert in ein anderes Jahrhundert verwandelt solch ein Krieg setzt immer einen beträchtlichen Teil der Bevölkerung in Bewegung und in gewisser Hinsicht genießt man es, die Russen jedenfalls nach der russischen Revolution, aber jetzt geschieht es in einem viel größeren Ausmaß, jeder ist in Bewegung, man ist auf den Straßen man ist überall und nichts ist wie es war, in Amerika und England und den wenigen neutralen Staaten aber alle anderen sind in Bewegung in Bewegung. Und jetzt kommen Ungarn und Rumänien dazu und es geht weiter und weiter, das führt zum Ende eines Jahrhunderts, nichts ist wie es war, überhaupt nichts, und das führt zum Ende eines Jahrhunderts. Ich ging heute nachmittag nach Ceyzerieu hinauf, das ist ein ziemlich großer Marsch vierzehn Kilometer hinauf und zurück und ich werde ein wenig müde von allem da ich ein wenig Rheumatismus in einem Knie habe, man muß irgendwo Rheumatismus haben in einer Welt der Umwälzungen, aber immerhin, wir bekamen dort sehr guten Kuchen und Kuchen ist ein Trost, Kuchen ist bestimmt ein Trost. Gewöhnlich spreche ich unterwegs mit jemandem, manchmal steigt man sogar vom Fahrrad um ein Stück Wegs mit mir zu gehen und sie tat es, sie war eine ältliche Frau und wir tauschten Familiengeschichten aus sie war verheiratet und

hatte keine Kinder, aber ein Großneffe wohnte bei ihr und sie wollte alles über mich wissen und sie erzählte mir alles über sich selbst und dann sagte sie ihre Nichte aus Bourg hätte sie gerade besucht, sie war die Mutter des Großneffen der bei ihr wohnte und sie hatte ein kleines Baby und sie brachte das Baby mit und sie erzählte ihr eine Frau in der Frauenklinik von Bourg sei gerade zu Bett gebracht worden sie sei gerade von sechs Hundebabies entbunden worden, nicht möglich sagte ich, aber ja sagte sie, in Zeiten wie diesen trösten Frauen sich mit Hunden und das kommt tatsächlich vor, natürlich überleben die Hunde nicht sie werden in Museen bewahrt, aber es kommt vor, nicht wirklich sagte ich, o doch, sagte sie, in Bourg ist es einmal einer Nonne passiert, und als der Doktor zu ihr ging wollte der Hund ihn nicht an sie heranlassen. Ist das wirklich passiert o ja, sagte sie es passiert und es ist passiert.
Nun das Leben geht weiter, wir hatten gerade Shakespeare gelesen Richard den Dritten, und was da gesagt wird klingt genauso also warum nicht, alles ist so wenn das Land es so macht, und ein Jahrhundert macht es so wenn es so ist, einfach so.
Man hat uns immer wieder erzählt man werde alle Bahnhöfe bombardieren und wir sind ganz nahe bei einem ziemlich wichtigen, müssen wir Angst haben oder nicht wir sind uns noch nicht ganz klar darüber, heute nachmittag gab es Alarm aber niemand hat ihm besondere Aufmerksamkeit geschenkt aber das war leicht genug weil nichts geschah aber jedenfalls gingen die Unterhaltungen weiter.
Unsere Köchin erzählte uns gerade daß man Dysenterie heilt indem man das Weiße vom Ei nimmt und es in einer Tasse Wasser schlägt der Durchfall hört sofort auf, ihre Schwester und es ist wahr daß ihre Schwester eine schlimme Kolik gehabt hatte und sie wurde sie sofort los und Clothilde sagte man habe es so gemacht. Sie hatte es abgeschrieben aus einem alten Medizinbuch von Raspail, nach dem der Boulevard in Paris benannt ist und ich sagte aber ich würde dieses Buch gerne

sehen, ach sagte sie das ist nicht möglich, weil es in einer Kiste verpackt war und es sind Kisten und sie sind alt in einer kleinen Wohnung die ich immer in meiner Geburtsstadt behalten habe und all dieses Wegpacken geschah 1918 und das ist die Geschichte meines Lebens, sie schien noch etwas mehr erzählen zu wollen aber ihre Schwester Olympe wäre bestimmt ärgerlich geworden daher ermutigten wir Clothilde nicht die Geschichte weiterzuerzählen. Heute ging der Bäcker der gerade seinen Laden für drei Monate geschlossen hatte weil seine älteste Tochter Brotmarken verkauft hatte statt sie dem Müller zu geben, nun um sich abzulenken ging er fort Morcheln suchen die besten aller Frühlingspilze und er kam mit nur sechs zurück und wir sagten was ist mit den anderen hat Ihre Frau die mit einer Rahmsauce gekocht, und er sagte nein er sei in den Wäldern gewesen um sie zu suchen und er hat seinen Hund dabei gehabt, und plötzlich hat sein Hund zu knurren begonnen und zu bellen und sich merkwürdig zu benehmen also sagte sich Bonaz bestimmt ist da ein toter Bursche aus den Bergen, es gab welche die im Schnee erfroren sind es gab welche die dort umgebracht worden sind und deshalb näherte er sich langsam ungern hinschauend aber sein Hund machte ein derartiges Theater daß er weiterging und dort fand er ein Wildschwein das sich in einer Falle erwürgt hatte, und noch nicht sehr lange tot war also hörte er natürlich auf nach Pilzen zu suchen und holte den Metzger und zusammen brachten sie es zum Metzger, das heißt geschlachtet haben sie es dort wo sie es gefunden haben und ob wir etwas von dem Fleisch haben wollten. Nun wir mögen Wildschwein aber ich weiß nicht, ich meine wir sollten lieber nichts nehmen und wir nahmen nichts, aber wir wollten gern ein paar Pilze und ob er wohl wieder fortgehen und welche holen werde und er sagte er werde es tun aber bis jetzt hat er es nicht getan.

Alle sind so aufgeregt über alles aber niemand ist ganz sicher ob es etwas gibt worüber man sich aufregen muß. Wir waren in Belley heute am neunzehnten April neunzehnhundertvier-

undvierzig und es waren sehr viele deutsche Soldaten da und jeder schien sie plötzlich zu hassen mehr als man sie je vorher gehaßt hatte, jeder begann sie plötzlich zu hassen ein gut Teil mehr als man sie je vorher gehaßt hatte. So ist es. Es geschieht ganz plötzlich einfach so.
Wenn man schwach und brutal ist wird man sehr viel mehr gehaßt als wenn man stark und brutal ist, das ist nur zu natürlich und eben das geschieht jetzt, niemand sagt jetzt von ihnen immerhin sie sind noch stark, und so macht ihr Nicht-mehr-stark-Sein und Ebenso-brutal-Sein, ich bin nicht sicher daß sie brutaler sind als vorher, sie verhaßter denn je.
Jeden Tag nun jeden Tag hören wir den Berichten über die Bombardements nicht oft zu, ganz natürlich wenn man unter den Objekten ist die bombardiert werden ist es nicht so interessant wie wenn man es nicht ist, da gab es die amüsante Geschichte vom Erdbeben in San Franzisko, und ein junger Bursche einer aus der Gruppe die zum Sprengen bestimmt war um dem Feuer entgegenzutreten und ihm auf diese Weise Einhalt zu gebieten und der sehr eifrig und sehr lebhaft dabei und ganz vorne dran bei der Gruppe war begriff plötzlich daß es sein eigenes Heim war das sie gerade in die Luft sprengen wollten und das war ein Schock. Ja so empfinden wir jetzt gegen Ende April da man beginnt Tausende von Bomben auf uns herunterzuwerfen. Es war ganz erfreulich als man Deutschland bombardierte aber jetzt nicht, ich muß sagen wir waren auch nicht wirklich begeistert als man Italien bombardierte, aber damals schließlich aber damals.
Es gibt so viele Geschichten so viele Geschichten und so viel Verwirrung. Ich habe gerade The Spy von Cooper wiedergelesen, und dort wie später in Kansas konnte jeder ein Feind sein und jeder nicht. Sind wirklich viele Burschen in den Bergen, niemand scheint es wirklich zu wissen, Folgendes ist unserem Freund dem Hauptmann der Gendarmerie der immer so nett zu uns ist passiert und er sagt trotz allem was passierte wisse er nicht ob viele Burschen in den Bergen sind oder nicht.

Es war noch Winter und viel Schnee und einige Gebirgsburschen auf einem Lastwagen gingen irgendwohin und sie begegneten einigen deutschen Soldaten auf Wagen und sie begannen aufeinander zu schießen und auf jeder Seite wurden einige getötet und verwundet und die Leute im Dorf waren so verängstigt daß sie aus den Kellern wo sie Zuflucht gesucht hatten nicht herauskommen wollten, und als der Hauptmann davon hörte kam er in seinem Wagen um sie zu trösten und als er den Bürgermeister und den Pfarrer aus den Kellern herausgeholt hatte und sie begonnen hatten an den Lebenden und Toten ihre Pflicht zu tun ging er auf die Post um seinem Vorgesetzten in Bourg alles telefonisch zu melden und gerade da waren an der Tür vier Gebirgsburschen mit Maschinengewehren, alle haben sie welche und sie nahmen den Hauptmann mit sich fort direkt in den Schnee den Berg hinauf, und in der ersten Nacht ging alles noch sacht aber in der zweiten wurde es kälter und kälter und sie stiegen höher und höher und dann schließlich nahmen die Gebirgsburschen von ihrem Gefangenen keine Notiz mehr, also lief er im Schnee stolpernd fort bis er endlich nach sehr vielen Stunden endlich zu einem Dorf kam das er kannte und so kam er nach Hause nach Belley, und dort hatte er Lungenentzündung und war im Bett und die Deutschen kamen um ihn nach Deutschland zu holen aber er war zu krank und er kam in ein Spital und jetzt scheinen die Deutschen ihn vergessen zu haben, jedenfalls ist er befördert worden und im Augenblick ist er nicht ganz wohl aber nicht zu beunruhigt. Er sagt die Gebirgsburschen wissen nicht was sie tun sollen und wenn sie nur fortbleiben könnten aber wie leben, es ist kalt im Winter in den Bergen sehr kalt. Und jetzt ist es Ende April und heute hörte ich die erste Nachtigall schlagen zuerst am Tag bevor sie in der Nacht singen. Und natürlich gibt es Bombenangriffe, ein junger Bursche den wir gerade trafen sagte die Fabrik seines Vaters in Lille sei gerade zerstört worden und er sagte ich habe soeben gehört daß meine Mutter und mein Vater in Sicherheit sind, ich bin gerade noch

einmal davongekommen Waise zu werden sagte er. Jeder ist so unsicher was er hoffen und weswegen er verzweifeln soll, so verwirrt daß es nicht nötig ist zu wissen was man denkt, man denkt so vieles, so sehr vieles und alles gleichzeitig, eins ist bestimmt sicher, und zwar daß die Franzosen keinen eingleisigen Verstand haben, das ist absolut sicher. Wie sie eine solche Vielfalt von Gefühlen und Überzeugungen und so viele vollkommen entgegengesetzte gleichzeitig haben können das ist ganz wunderbar, aber ein Widerspruch ist in ihnen allen, sie wollen daß die Amerikaner kommen und die Deutschen fortjagen und sie wollen daß die Amerikaner nicht kommen weil sie bei der Vernichtung der Deutschen Frankreich vernichten werden. Das ist alles nur zu verständlich. Jemand ist gerade hereingekommen und sagte er habe in einer Stadt in der die Deutschen Leute erschossen haben gesehen wie ein Plakat unterzeichnet vom befehlshabenden deutschen Offizier angebracht wurde des Inhalts daß er alle diese Schreckenstaten bedaure aber sie seien notwendig weil die Zivilbevölkerung die Gewohnheit angenommen hätte sich über die Deutschen lustig zu machen und das ginge selbstverständlich nicht die Franzosen würden das schon verstehen denn was bleibe der Besatzungsmacht anderes übrig als das zu tun was sie getan hat.
Immer weniger Züge fahren und doch reist jeder weiter, gewiß sie sagen alle es ist sicherer zu Fuß zu gehen und sehr viele gehen zu Fuß, Franzosen sind gute Fußgänger, sie müssen es sein weil sie wenn Kriege kommen, gehen müssen, ja sagten sie die Deutschen mit ihrer ganzen motorisierten Armee haben Moskau nicht eingenommen, ja aber die Franzosen unter Napoleon kamen hin und zu Fuß, und sie wiederholten immer und zu Fuß. Es ist sicherer sagen sie und sie haben recht wenn man nicht aufhört zu gehen muß man hinkommen aber mit anderen Dingen ist es so denken die Franzosen nicht so sicher. Sie haben wirklich mehr Vertrauen in ihre Beine als zu irgendeiner anderen Fortbewegungsform, ja wirklich.

O Himmel von Zeit zu Zeit müssen wir doch einen Zug nehmen irgendwohin nur zwecks Tapetenwechsel, das heißt auch um zum Zahnarzt zu gehen und um irgendwelche englischen Bücher zu kaufen deshalb fahren wir von Zeit zu Zeit nach Chambery für einen Tag oder nach Aix-les-Bains für einen Tag und das machten wir gestern, nur wenn man das macht hat man wenn man zurückkommt etwas gesehen und es ist eine Abwechslung aber auch irgendwie einfach deprimierend. Als wir zum Bahnhof kamen standen dort ungefähr dreißig junge Burschen herum jeder mit seinem Handkoffer und einem Mantel und man sieht das nicht so oft, es sind Italiener die man geholt hat um sie zur Arbeit zu verschicken oder Franzosen die man geholt hat um sie zur Arbeit nach Deutschland zu verschicken, aber im allgemeinen fahren sie in gewöhnlichen Personenzügen aber diese fuhren in Lastwagen und das wird im allgemeinen nur mit Soldaten gemacht, mit allen Soldaten den deutschen Soldaten ebenso wie früher mit den französischen Soldaten und den amerikanischen Soldaten im letzten Krieg, und daher sah es ziemlich traurig aus, und man erzählte uns in Annecy habe man junge Männer und Mädchen zusammengetrieben und werde sie nun irgendwohin verschicken, gab es einen Grund sie fortzubringen, nun wahrscheinlich und wohin wollte man sie bringen das weiß niemand und jeder Tag ist ein anderer Tag und Pope sagte Hoffnung sprießt ewiglich in der menschlichen Brust, und das sollte sie bestimmt gerade jetzt und sie sprießt bestimmt gerade jetzt. Und auch in Aix nun da waren mindestens zehntausend deutsche Soldaten im Lazarett dort und jedermann war so deprimiert, sie sind nicht wirklich sagte eine Frau zu uns sie sind Phantome sagte eine Frau zu uns und sie hatte recht sie waren sie waren einfach Phantome deprimierende Phantome die wenn sie herummarschierten sangen wie automatische Phantome, es ist sehr merkwürdig und wenn es nicht wahr wäre daß sie Phantome sind wäre es so deprimierend daß es der Hoffnung schwer fiele zum Sprießen zu kommen aber sie sind

Phantome und wirklicher Leben kann genauso weiter gehen und tut es.
Heute nacht das heißt heute abend machte ich einen großen Spaziergang den Berg hinauf und natürlich war helles Tageslicht und als ich herunterkam weit entfernt von den Häusern, begann Basket einen Mann anzubellen und ich rief ihn und als ich näherkam sah ich es war kein Mann aus dieser Gegend, er trug einen grauen Anzug aus Tuch und einen Spazierstock und einen steifen Hut mit Krempe und einen Regenmantel über dem Arm, und er hatte helle blaue Augen und eine große Nase und war sehr sonnenverbrannt und hatte das Abzeichen der Ehrenlegion und einen anderen Orden den ich nicht erkennen konnte und er trug einen Ehering, und Basket bellte weiter er tut es nicht bei Leuten aus der Gegend weil er weiß wer sie sind und ich sagte auf Französisch er ist nicht gefährlich er bellt nur, und er sagte ist es eine Hündin und ich sagte ja und er sagte auf Englisch er ist ein guter doggie und ich sagte auf Französisch nein er ist nicht gefährlich, und mir schien daß er das e am Ende von doggie betonte und was war er also demnach und man ist immer ein wenig nervös man weiß nie und wir gingen weiter herunter Basket und ich und er ging weiter hinauf und nach einer Weile schaute ich hinauf und er schaute herunter und ich kam nach Hause und ich fragte Alice Toklas was sie davon hielte aber natürlich kann man nichts davon halten, man kann es nie, nein man kann es nie.
Wie der Wind bläst aber er bläst immer im Rhônetal und wir sind im Rhônetal, und wir sind noch in der Periode des roten Monats in dem es obwohl es sehr heiß gewesen ist frieren kann und der Frost alles zerstören kann und es gibt in diesem Lunarmonat drei Tage der drei Eisheiligen oder sind es nur zwei Heilige voller Schnee und Eis und ehe diese Tage vorüber sind kann niemand sicher sein aber trotz allem gibt es Nachtigallen und Schwalben und Schlüsselblümchen und sogar einige Fledermäuse und sie sollten es wissen aber wissen sie es, ja und sie alle sagen auch daß dies ein Monat ist in dem eine

Landung stattfinden soll, es scheint irgendeinen Grund dafür zu geben im Zusammenhang mit dem Meer, aber werden sie landen weder du noch ich noch irgend jemand weiß es und das ist sicher nur zu wahr.

Heute ist es fast Ende April und die Bomben fielen auf Paris und Petain stieg hinauf und hißte die französische Fahne auf der Spitze des Rathauses von Paris und hatte einen triumphalen Einzug in seine Hauptstadt, und, man sieht daß die Frau in Aix recht hat, sie die Besetzer sind Phantome wie hätte das sonst geschehen können. Die Deutschen haben recht Petain einen schlauen Opa zu nennen, er ist es ganz gewiß, das Land hatte ihn vergessen, so viele andere Dinge schienen soviel wichtiger zu sein und er schien seit die jungen Männer fortgebracht worden waren so erschreckend hilflos und nicht interessiert irgend etwas zu tun und nun ist nach und nach das Interesse wieder zurückgekehrt und als er so einfach seiner Fahne folgend in Paris einzog alle in den Straßen vorfand und sagte ich komme zurück war er natürlich wirklich und die anderen waren die Phantome. Es war Virgil Thomson der sagte daß die Franzosen alles akzeptieren können was das vitale Prinzip der Langlebigkeit in sich hat, mit anderen Worten man liebt es nicht etwas mit sterben zu tun zu haben, der Tod soll dauerhaft sein wie alles andere, wie ihre großen Männer, wie Jules Ferry, Clemenceau und jetzt Petain sie alle haben diese Qualität von Langlebigkeit, sie sind in gewisser Hinsicht wie Chinesen, sie sind nicht in Eile, andere Leute werden von der Zeit getötet nicht sie, sie sind die einzigen die fortdauern ähnlich wie die Chinesen, sie machen einfach weiter, sie erheben sich aus der Asche, sie machen einfach weiter, daß Petain nach Paris ging war wirklich wundervoll so einfach so natürlich so vollkommen und außerordentlich, all das war es. Zuweilen beklagen wir uns über die Franzosen was nur zu natürlich ist viele merkwürdige Dinge geschehen in diesen Tagen aber wenn sie tun was sie gerade getan haben, ist es wieder wie Verdun es ist vollkommen und unvergleichlich.

Heute hatten wir die ersten Maiglöckchen und das ist eine Freude, das Zimmer duftet süß selbst wenn der Wind zum Orkan wird, und wir alle warten auf alles.

Und dann am nächsten Tag waren wir alle enttäuscht weil Petain weiter über die Partisanen und alles übrige sprechen mußte aber ich nehme an er mußte es tun um die Deutschen zu beruhigen nach allem was er getan hat was immer es auch für jeden bedeutet es ist ein Zeichen daß die Deutschen schwächer werden. Hier in Culoz haben die Deutschen aus der ganzen Umgebung sich zusammengetan und sich mit Stacheldrahtverhauen am Bahnhof eingeschlossen und Minen gelegt um zu sprengen und sie schmeicheln der Bevölkerung oder versuchen es und sagen sie hätten niemals etwas Böses hier in Culoz getan sie wären immer sehr nett gewesen und die Bevölkerung sagt vielleicht aber seht was andere Deutsche getan haben und sie sagen das war nur Hitler hängt ihn nicht uns, aber diesmal wirklich diesmal ist es nicht dasselbe, wie der Bauer einmal zu mir sagte, die Deutschen sind so nicht ihren Führern muß man die Schuld geben, sie sind ein Volk das immer jemanden wählt der sie in eine Richtung führen wird in die sie nicht gehen wollen, das ist ihr Instinkt für Selbstmord, die Götterdämmerung, sie scheitern immer und wenn es passiert haben sie weder Stolz noch Mut, und das ist der Grund wie ein Bauer mir einmal erklärte daß es ihm lieber wäre wenn die Deutschen gewännen nicht die Engländer, sehen Sie sagte er mit den Deutschen können wir schließlich fertig werden selbst wenn sie gewinnen, aber wenn die Engländer gewinnen nun da sind wir nicht so sicher und eigentlich möchte man den Sieg der Amerikaner und Russen weil diese beiden andere Dinge zu tun haben und sie einen nicht sehr lange belästigen werden, so empfindet man das und von diesem Gesichtspunkt aus hat es schon ziemlich viel Sinn.

Vor der Morgendämmerung ist es am dunkelsten wenigstens hoffen wir es alle, wir alle sind zur Zeit schrecklich besorgt, Alarm und Flugzeuge und jeder fragt sich ob in Paris und

Lyon alle hungern und in der Tat ist das nicht unmöglich bei dem ganzen Transportausfall was kann ihnen alles zustoßen. Selbstverständlich sind wir hier auf dem Land mit Nahrung besser dran als wir es je waren, wir haben so viel Nahrung und so vielerlei wie wir nur essen können, weil jetzt da es keinen Transport gibt alle Nahrung die das Land hervorbringt eben hier bleibt, und die Menge Nahrung die die Felder Frankreichs die von ältlichen Männern und Frauen und kleinen Kindern bearbeitet werden hervorbringen können ist absolut außergewöhnlich. Es ist ein Wunder das nie aufhört mich aufs höchste zu verwundern, ein nicht sehr kräftiges Elternpaar mit einem sehr alten Vater und einem oder zwei kleinen Kindern, und die Menge an Nahrung, Weizen, Wein, Schnaps, Kartoffeln Gemüse an Kühen und Ziegen Butter und Milch an Schweinen und Hühnern und Enten und Gänsen und Ochsen und Nahrung für all diese Tiere und für sich selbst, die Menge Nahrung die diese fünf oder sechs Leute in einem Jahr produzieren können und ohne sehr hart, zwar dauernd aber nicht schrecklich hart zu arbeiten, diese Menge an Nahrung die sie produzieren ist ein ewiges Wunder, und auch wir selbst nach diesem vierten Jahr der Besetzung durch einen Feind der den größten Teil wegnimmt es ist außergewöhnlich wieviel es hier noch zu essen gibt, es ist außergewöhnlich es bleibt außergewöhnlich. Natürlich hat jeder Arbeiter einen Garten und dieser Garten produziert sehr viel Nahrung für ihn selbst und seine Familie, natürlich und ich vergaß die Kaninchen, jeder hält Kaninchen und ißt sie, es ist außergewöhnlich. Wir staunen und wir warten und wir alle sagen zueinander aber selbstverständlich kann es nicht heute oder morgen sein, und ein alter Mann sagte zu mir als ich das sagte nun Sie meinen daß es jetzt noch zwei Jahre dauern wird das nicht sagte ich und er lachte, jedenfalls haben wir den ersten Mai neunzehnhundertvierundvierzig und bestimmt wird es nicht noch zwei Jahre dauern bestimmt nicht, bestimmt nicht. Ich frage mich nun ja lieber nicht fragen, lieber warten als fragen und wir alle warten.

Wir haben zwei Hennen gehabt und es ist sehr nett weil entweder die eine oder die andere jeden Tag ein Ei gelegt hat und manchmal beide und in diesen Monaten jetzt haben sie uns zusammen zehn Eier in der Woche gegeben und jetzt brütet eine und ich habe seit frühester Jugend nichts mehr mit einer brütenden Henne zu tun gehabt, und zuerst mußte ich einen Nachbarn holen um sie von ihren Eiern wegzunehmen damit sie fressen konnte, aber jetzt bin ich mutig genug es selbst zu tun sie wegzunehmen und wieder zurückzusetzen, anscheinend sollen sie immer auf dreizehn Eiern sitzen, das ist der glücklichste Fall aber wir hatten nur elf aber jedenfalls muß es eine ungerade Zahl sein und jetzt sind es nur zehn weil sie eins zerbrach als sie sich wieder draufsetzte aber niemand macht eine Andeutung wir sollten eins wegnehmen damit es neun sind niemand schlägt das vor also hoffen wir daß sie glaubt es seien elf obwohl es nur zehn sind und sie werden alle ausschlüpfen und durcheinanderhüpfen und später werden wir sie essen, inzwischen haben wir ringsum sehr viele Eier gefunden, wie ich sage jetzt da der Transport aufgehört hat, bleibt die ganze Nahrung in der Gegend wo sie produziert wird und während wir Eierkuchen essen sorgen wir uns um unsere Pariser Freunde die keine haben. Es ist komisch mit Hühnern, sie sind so natürlich sie selbst zu sich selbst und zu uns und zu den andern Hühnern, sogar mehr als Hunde. Hunde haben viel mehr sozialen als individuellen Sinn, und das Entscheidendste ist der Unterschied zwischen ihrem Gefühl zu einem Hund dessen Bekanntschaft sie gemacht haben bei einem Hausbesuch und ihren Gefühlen zu der intimsten Straßenbekanntschaft, der Unterschied ist komplett und wenn sie den auf der Straße treffen den sie im Haus kennengelernt haben, ist die Begrüßung völlig anders als die die sie auch einer sehr dauerhaften Bekanntschaft der Straße entgegenbringen. Alles an einem Hund ist vielmehr sozial als individuell, bei einem Huhn aber ganz und gar nicht, Gott segne die Hühner Eier sind so hübsch, ich hatte heute ein frisches Ei, natürlich außerdem

Fleisch und Kartoffeln und Karotten und Äpfel, wir leiden also nicht unter Nahrungsmangel, aber die armen Leute ja sogar die reichen in den großen Städten, es ist sehr schlimm.
Jeder ist vergnügt weil Frühling ist, und dabei ist heute der erste Mai und sie waren alle draußen kleine Kinder sehr kleine das neue Frankreich wie die Eltern sagen mit Stöcken und an den Stockenden Fahnen das heißt einen Lappen und das vorderste hat natürlich einen roten Lappen, es ist komisch und jeder so vergnügt, gewiß die Vögel singen, und jede Nacht und jeden Tag haben wir Flugzeuge über den Köpfen aber man gewöhnt sich an alles. Wenn nur nicht so viele junge Männer fortgeholt würden daran gewöhnt man sich nicht, und immerzu hört man von einem andern es ist schrecklich, eine Frau erzählte mir gerade heute man habe ihren Bruder geholt, sie sagten er sei auf einem Lastwagen bei den Gebirgsburschen gewesen aber er war es nicht aber es genügt daß jemand sagt er sei es gewesen und sie holen ihn, und stecken ihn ins Gefängnis und ich sagte immer wenn die Frauen in Bilignin sich beklagten aber schließlich habt ihr immer noch eure Söhne und eure Männer aber jetzt haben sie sie nicht mehr nein in der Tat sie haben sie nicht und es ist sehr traurig, nichts macht ein Land so traurig wie wenn alle Männer weggeholt werden, wenn sie fortgehen um Soldaten zu sein ist es nicht so schlimm, sie kommen und gehen sie haben Urlaub oder sie sind verwundet oder irgend etwas aber wenn sie so weggeholt werden, gewiß wird eine große Mehrheit wieder nach Hause kommen aber du meine Güte es ist schrecklich.
Dabei ist heute immer noch der erste Mai und nach und nach erwarten die Leute jeden Tag daß etwas geschieht was man sieht.
Es ist sicher daß sich in dieser Gebirgsgegend der Winter plötzlich vollkommen in Sommer verwandelt, jeder freut sich darüber, es ist solch ein Vergnügen daß Sommer Sommer ist selbst im Monat Mai aber, und dann seufzen alle wenn wir es nur genießen könnten aber es ist schwierig zu wissen daß

Sommer Sommer ist mit all den Boches die rings um uns herum sind. Ich muß sagen daß ihre Einstellung den Bombenangriffen gegenüber im ganzen enorm anständig ist selbst zu dem in Rouen der durch irgendeinen Irrtum die Kathedrale zerstörte und das Rathaus im Zentrum der Stadt wo es keine Fabriken oder Bahnhöfe gab und die Lieblingsnichte unserer Exbürgermeisterin beinahe traf und selbst sie verhielt sich als sie uns davon erzählte sehr anständig, es gibt einige die sehr verbittert sind aber die meisten sagen immer man kann eben kein Omelett machen ohne Eier zu zerschlagen und sie geben zu daß wenn das Omelett gut gemacht ist, und in der Tat ein Omelett ist gut, auch die omelette surprise die unsere Köchin mit ganzen Eiern innen im Omelett macht, nun jedenfalls heute als ich meine vierzehn Kilometer ging um die Torten zu holen die ein netter Landbäcker uns macht und es sind mächtig gute Schichttorten, er machte für jeden unserer Geburtstage eine schöne, mit Glückwünschen aus Zucker darauf, nun jedenfalls er drückte mir warm die Hand und sagte es wird bald vorüber sein, was, sagte ich, der Krieg sagte er, ach sagte ich, ja sagte er die Landung in Frankreich wird am fünfzehnten Mai stattfinden am vierzehnten Juli wird die Sache ganz vorüber sein, es wird eine nationale Feier und eine internationale Feier geben und sagte er, wie viele Sterne sind auf Ihrer Fahne, nun sagte ich ich weiß nicht genau wie viele jetzt aber bestimmt eine Menge, warum, sagte ich, nun sagte er ich bin dabei Ihnen für den glücklichen Tag so etwas wie eine wundervolle Hochzeitstorte zu machen und ich will meine Torten mit amerikanischen und französischen Fahnen verzieren, und ich fand es höchst erfreulich, wie sicher er war sich schon jetzt über die Anzahl der Sterne auf unserer Fahne Gedanken machen zu müssen, und ich kam nach Hause und erzählte es Alice Toklas und auch sie war sehr erfreut. Auf dem Heimweg traf ich einen Mann einen Flüchtling aus Lothringen, er hatte dort einen Laden gehabt und war sehr erfolgreich gewesen und jetzt arbeitete er als Taglöhner aber seine Brüder halfen ihm und er

schickte zwei Töchter in gute Schulen weil schließlich und endlich, und er hatte einen Bruder der Zeichner in einem Eisenbahnwerk in Noisy-le-Sec ist und er ist gerade ausgebombt und der ganze Ort vollständig zerstört worden, und es gibt noch einen Bruder in Algerien aber er hört nichts von ihm, und nun ja wir sagten auf Wiedersehen und jeder ging seines Weges. Inzwischen sind Deutsche hier auf dem Bahnhof als Stationsvorsteher und einer derjenige der immer hofft daß nach der deutschen Niederlage alle nett zu ihm sein werden weil er immer sehr nett gewesen ist, kommt jetzt hierher in den Park der Besitzung um sich auszuruhen, es ist lästig wir wissen nicht wie wir ihn loswerden sollen, er möchte freundlich sein aber wir wollen es natürlich nicht, wir wollen es natürlich nicht, gewiß wir wollen es natürlich nicht. Und deshalb vergessen wir nicht daran zu denken daß sie hier sind, sehr wenig gerade hier aber doch immer noch immer hier.
Wir haben sehr angenehme Nachbarinnen und eine hat gerade ein kleines Mädchen bekommen und sie mußten es Madeleine nennen weil auf der einzigen Sicherheitsnadel natürlich goldenen die sie hatten der Name Madeleine stand, man kann heutzutage keine zum Namen des Babies passende Nadel kaufen man gibt dem Baby den Namen der sich mit dem der goldenen Sicherheitsnadel deckt. Es freute uns alle.
Auf den Eisenbahngleisen ziehen natürlich sehr viele Güterwagen vorbei weil die Züge hier den ganzen Tag lang durchgehen und die Güterwagen scheinen von weither zu kommen das heißt sie haben den Namen der Stadt in die sie gehören aufgedruckt, neulich sah ich einen ganzen Zug mit Breslau und Königsberg und Luxemburg und all den polnischen und ostpreußischen Städten über die man gerade jetzt spricht, es war merkwürdig diese Güterwagen hier in der Gegend zu sehen von so weit her so schrecklich weit her, und wie kommen sie hierher und warum, nun das weiß weder ich noch irgendein anderer hier, aber hier sind sie, Krieg ist merkwürdig weil sie hier sind. Krieg ist merkwürdig.

Jetzt hört man ständig noch schlimmere Geschichten über deutsche an der Zivilbevölkerung begangene Greueltaten vor allem in den Ackerbauregionen der höheren Berge sind die Deutschen jetzt noch schlimmer als vorher weil sie wie in eine Falle geratene Ratten sind oder sind sie gar nicht schlimmer und man glaubt nur schlimmere Dinge von ihnen weil man hofft sie loszuwerden, man weiß es nie oder ist es so daß man als man mehr Angst vor ihnen hatte die Dinge die geschahen nicht erzählte, was in solch einer Zeit in den Köpfen der Leute vorgeht ist so einfach und natürlich daß es einen immer wieder völlig überrascht, man weiß nicht wer von ihnen so oder so denkt, man hat außer durch Zufall einfach keine Möglichkeit zu wissen oder zu erfahren was einer glaubt, alles ist gerade jetzt sehr ruhig und sehr verworren in diesen Tagen hat jeder Tag etwas zu sagen, kleine Dinge wenn man so mag aber sie machen eben einen Tag. Jeder der hilfreich ist ist sehr hilfreich. Das ist so.

Es ist jetzt fast der fünfzehnte Mai und wir sind alle an einem richtigen Tiefpunkt angelangt, die Meldungen der Russen waren nicht so fröhlich daß sie nach einer Feier aus Moskauer Kanonen gerufen hätten und wir sind alle ziemlich entmutigt wegen der Landung, es ist jetzt so lange her daß sie versprochen wurde, gerade heute macht sich die Schwester unserer Köchin die sich hier von ihrer Arbeit erholt wegen der kommenden Landung wieder Gedanken über das Reisen und plötzlich erinnerten wir uns daß sich gerade vor einem Jahr dasselbe ereignet hatte, sie fürchtete sich vor einer langen Zugreise wegen einer unmittelbar bevorstehenden Landung, es bedrückte uns in gewisser Weise daß wir vor einem Jahr auch dachten sie stünde bevor wie wir es jetzt denken, es bedrückt uns in gewisser Weise aber heute abend haben die Russen wieder einmal fröhlich gemeldet daß die deutschen Linien bei Sebastopol durchbrochen worden sind, also ist vielleicht der Wolf doch endlich gekommen nachdem er so oft angekündigt worden war, also vielleicht nun ja vielleicht.

Wir bekommen einen neuen Schub Besatzung das heißt Deutsche in unser Dorf, der Bürgermeister erzählte mir heute nachmittag alles darüber, er sagte es mache ihn müde, ganz schlapp und matt, und natürlich gibt es immer Komplikationen, Flüchtlinge kommen und er muß einen Platz finden wo er sie unterbringt und manchmal ist es sehr komisch und dann wieder nicht, er erzählte mir heute nachmittag eine lange Geschichte von einem Fall, eine Familie für die man eine Wohnung gefunden hatte bot der Vermieterin doppelt soviel an wie die Wohnung für einen Einheimischen gekostet hätte und bezahlte außerdem im voraus was nie gemacht wird, und die Vermieterin war durcheinander, sie war erfreut, sie nahm das Geld aber sie war verwirrt, aber natürlich sagte sie man soll nie in die Gewohnheit anderer Leute eingreifen, und alle ließen es sich gutgehen. O Himmel nun ja so geht es o Himmel.
Wir haben also viel über die Nachkriegszeit und die zukünftige Organisation der Welt gesprochen. Wir haben einen Freund der eine Menge Überzeugungen hat, er ist ein großer Fabrikant in Lyon, und er schlug vor Gold durch elektrische Kraft zu ersetzen und dies und das und plötzlich wurde mir gestern nacht plötzlich und vollkommen klar, daß Gold wirklich eine fast religiöse Eigenschaft hat es hat sie wirklich und daß Gold aus diesem Grund der Maßstab des Geldes ist, es muß so sein. Der Grund dafür ist dieser, es ist das einzige Metall in der Welt das nutzlos ist, es ist reiner Luxus, man kann es in der Industrie nicht benutzen, die Zahnheilkunde die es benutzte, gab es auf weil es nicht wirklich nützlich war, und bedenkt doch, selbst die Deutschen, die alles in irgend etwas Nützliches womit man Krieg macht verwandeln können, finden Gold nutzlos für die Kriegsindustrie. Es ist wirklich wunderbar daß das einzige absolut ganz und gar und vollständig nutzlose Metall in unserer ganzen Welt das Gold ist, und daher muß es die mystische Eigenschaft von Distanziertheit haben die es zum Maßstab des Geldes macht und es immer dazu machen wird. Und zudem gibt es das außergewöhnliche Zusammentreffen daß gerade

wenn man zu wenig davon hat genug neues gefunden wird um die für die Fortdauer seines Wertes notwendige Menge zu haben. Wie kann es also jemals keinen Goldstandard geben. Es muß ihn geben. Das einzige Metall das keine Möglichkeit hat nutzbar gemacht zu werden, muß der Maßstab aller Dinge sein, kurz es ist nicht die Nützlichkeit die mystisch ist es ist die Sache die keine Möglichkeit hat nützlich zu sein die mystisch ist. Es ist wirklich sehr außergewöhnlich und sehr tröstlich, vollkommen tröstlich und vollkommen außergewöhnlich.
Eines unserer Hühner brütet gerade seine Jungen aus, eine Eierschale war doppelt, niemand hatte je zuvor eine doppelte Eierschale gesehen und doch, die Außenschale war gebrochen die Innenschale intakt aber wir konnten hören wie das Kücken sich bewegte, es ist hübsch ein Huhn zu haben das Kücken hat, sehr hübsch in Kriegszeiten während wir alle auf die Landung warten. Es gibt jetzt eine Anzahl Deutscher hier und sie sagen wir können nicht den Berg hinaufgehen weil es wenn Fliegeralarm kommt vielleicht Fallschirmjäger geben wird und deshalb wird jeder der von zu Hause fort ist auf der Stelle erschossen, die Deutschen scheinen sehr nervös zu sein wegen der Fallschirmjäger und jeder ist gerade jetzt sehr höflich zu uns, sie sind zwar immer höflich und sagen guten Tag aber jetzt ziehen sie alle den Hut und sagen außerdem noch guten Tag, und so viele Geschichten und so viele Gerüchte und so viele Daten für eine Landung und so viele Daten für das Ende des Krieges, und zum Abscheu und zum Vergnügen der Bevölkerung haben die deutschen Soldaten hier zwei Kühe und Ziegen und sie führen sie zum Grasen und sitzen ein Gewehr auf dem Rücken dabei, die Franzosen können nie über die Tatsache hinwegkommen daß die Deutschen sich so zu fürchten scheinen, so vollständig zu fürchten vor der Bevölkerung obwohl die Bevölkerung unbewaffnet und friedlich ist, aber so ist es und so ist es immer. Unten in einem Feld war eine Frau mit einer Ziege und sie ließ sie nicht einfach am Straßenrand fressen wie jeder das tut sondern sie brachte sie auf eine Wiese

und man hörte sie sagen friß kleine Ziege friß tüchtig kleine Ziege friß ohne Karten friß einfach kleine Ziege, schließlich sind es reiche Leute denen dieses Feld gehört also friß tüchtig kleine Ziege. Sie war eine sehr fromme Frau und tut sehr viel Gutes.
Und so viele Leute fürchten sich und einige weinen die ganze Zeit aber die meisten Franzosen fahren einfach weiter mit der Bahn und reisen herum und hören wirklich nicht auf sich um nichts anderes Sorgen zu machen als darüber wie sie etwas extra zu essen bekommen. Wir alle tun das, wir alle tun es immer weiter, und jeder tut es und niemand kümmert sich eigentlich darum. Aber was jetzt alle wirklich brauchen ist ein wenig Regen, ziemlich viel Regen, der Boden ist trocken und der Wind bläst trocken, und das im jetzigen Augenblick, das und die Landung und die Bombenangriffe scheinen so ziemlich alles zu sein was vor sich geht. Es ist komisch mit Daten, das letzte Mal hatte man uns allen gesagt und die Information kommt wie ich mir vorstelle im allgemeinen von den Deutschen, daß es eine Landung geben werde und die Deutschen erwarteten sie in Frankreich so wie wir alle und dann ganz und gar nicht, die Landung war in Nettuno in Italien und an dem angekündigten Tag an dem wir sie erwarten sollten. Und jetzt wurde uns wieder einmal endgültig gesagt am zehnten oder elften Mai würde eine Landung stattfinden und stattdessen gab es die Generaloffensive in Italien, es ist komisch daß man uns immer das richtige Datum angibt aber das falsche Ereignis. Es gibt nichts Merkwürdigeres als daß jeder alles weiß, jeder weiß es, aber es hat immer einen Haken, so war es von Anfang an und so wird es nehme ich an weitergehen.
Heute sah ich als ich das Eisenbahngleis überquerte einen langen Zug voller Soldaten und jeder Güterwagen hatte eine Fahne die aus der Entfernung wie die Trikolore Frankreichs aussah, und ich hatte ein komisches Gefühl, natürlich, aber als ich näher kam sah ich daß sie statt rot weiß und blau, schwarz weiß und rot war, und ich verstand es nicht denn die deutschen

Truppen haben nie Fahnen, es ist komisch, es wurde mir gerade jetzt klar, aber alle deutschen Soldaten die wir gesehen haben und lieber Himmel wir haben schrecklich viele gesehen zu Fuß in Wagen und in diesen letzten Jahren auf der Eisenbahn, aber nie nie zu keiner Zeit hatte einer eine Fahne, es ist ziemlich merkwürdig das und merkwürdig daß ich mir dessen nie bewußt war bis heute am fünfzehnten Mai neunzehnhundertvierundvierzig, als ich aus jedem Güterwagen voller Soldaten eine Fahne heraushängen sah, der Zug hatte gehalten und ich fragte die Frau am Bahnübergang was für eine Fahne das sei, oh sagte sie das sind Italiener und diese Fahne benutzen sie für die Soldaten die für Hitler kämpfen, also war das die Fahne der neuen faschistischen Republik. Wenigstens die haben eine Fahne, wenn die deutschen Soldaten schon keine haben.
Ich nehme an diese italienischen Soldaten werden zum Kämpfen nach Frankreich gebracht, aber nun ja sie waren nie kein einziger italienischer Soldat den wir gesehen haben und wir haben eine Menge gesehen war jemals sehr begeistert vom Kämpfen selbst wenn es aussah als würden sie gewinnen und jetzt, nun es ist gewiß und jetzt. Wir sind alle ungeduldig aber hoffnungsvoll, und die drei Eisheiligen haben das kalte Wetter in diese Gebirgsgegend zurückgebracht, und jeder sagt was ist der Sinn eines Krieges wenn der Krieg vorüber ist, warum weiß nicht jeder daß er vorüber ist wenn er vorüber ist und er ist vorüber.
Gerade jetzt vergißt jeder hier den Krieg wegen des roten Mondes. Der Aprilmond das heißt der Mond nach Ostern ist für die Landwirtschaft immer gefährlich weil dann die Tage der drei Eisheiligen sind, und Himmelfahrt das ist immer gefährlich für die Ernte weil es mitten in den Heiligen den drei Eisheiligen ist und außerdem die weitere Schwierigkeit hat daß wenn es an Himmelfahrt regnet es auch regnen wird wenn Heu und Weizen geschnitten werden. Zuerst hörten wir von dieser schrecklichen lune rouge oder dem roten Mond durch Mildred

Aldrich die während des letzten Krieges auf dem Land lebte und landwirtschaftlich dachte und in diesem Krieg leben wir auf dem Land und denken landwirtschaftlich und ach heute am zweiten Tag der Eisheiligen ist alles gefroren und da Ostern spät war wodurch der rote Mond spät kam es ist jetzt Mitte Mai waren ach alle Trauben schon weit voran und die Kartoffeln schön hoch und sie sind alle wie die Franzosen sagen, verbrannt, für den Vorgang des Erfrierens gebrauchen sie auch das Wort gekocht, und in der Tat sehen die erfrorenen Reben und die erfrorenen Kartoffelstauden unten in der Ebene aus als wäre ein Feuer über sie hinweggegangen. Und selbstverständlich macht das gewöhnlich etwas aus wie sie alle sagen aber nicht so viel wie jetzt da man nur das zu essen hat was man anbaut, an den Hängen kann der Frost nichts so stark zum Gefrieren bringen wie in der fruchtbaren Ebene o Himmel. Es ist immerhin außergewöhnlich wie philosophisch alle das hinnehmen, sie sind traurig und sie haben so schwer gearbeitet, aber da alle Franzosen terrien sind wie sie sich selber nennen Leute deren Denken und Handeln und Arbeiten mit der Erde verbunden ist, aus diesem Grund können sie so gut den Schrecken des Krieges standhalten, sie sind so daran gewöhnt in landwirtschaftlichen Begriffen zu denken, und die Ernte ist bis sie eingeholt ist in ständiger Gefahr und genauso ist der Krieg er ist in ständiger Gefahr und ihr alle seid in ständiger Gefahr bis er zu Ende ist und so ist es wie eine Ernte und es ist alles nur zu natürlich, und so nehmen die Franzosen es hin wie es kommt und erholen sich wieder so schnell und gehen über zur nächsten Ernte ganz natürlich.

Heute traf ich auf der Straße eine Frau aus Modane eine Flüchtlingsfrau, und sie sagte obwohl ihr Haus noch stehe wenn es auch keine Dächer und keine Fenster habe, wäre es nutzlos zurückzugehen weil es da es gerade am Eisenbahntunnel liegt der nach Italien führt bestimmt immer wieder bombardiert würde. Sie hatten zwei Ziegen und drei schwarzköpfige Schafe und sie sagte ihr Vater sei Regierungsangestellter, und sie sagte wie alle Flüchtlinge, ach dort ja dort gibt es etwas nicht wie hier in diesem öden Land wo nichts wächst. Alle Flüchtlinge haben die feste Überzeugung daß ihre Heimat in jenem bevorzugten Teil Frankreichs liegt wo sich die Landwirtschaft bewundernswert entwickelt und hier wohin sie geflüchtet sind ist der Boden schlecht sind die Leute unwissend und die Tiere am Verhungern. Zweifellos stimmte das im letzten Krieg und es stimmt jetzt, und ebenso zweifellos bringt die Überzeugung daß da wo man lebt der wirklich richtige Ort ist den Lebenswillen hervor, ohne diese Überzeugung könnte jeder den Kampf aufgeben aber so lange jeder überzeugt ist daß da wo er lebt Gottes Land sei wird es den Lebenswillen geben. Ein wenig später folgten zwei Zicklein meinem Hund Basket und es war sehr schwierig sie zurückzuschicken weil sie da ihre Mutter gestorben war von einem Schaf bemuttert worden waren und Basket für ein Schaf und ihre Mutter hielten. Basket fühlte sich nicht geschmeichelt, er war sehr ärgerlich.

Es ist seltsam, der französischen Bevölkerung gelang es die ganze Zeit über die Deutschen rings um sie herum zu ignorieren, die junge Generation machte sogar einen Kult daraus nicht zu wissen daß irgendwelche Deutschen existierten, weder in Frankreich noch daheim, aber jetzt da die Deutschen besiegt werden und zwar durch französische Truppen ist jedermann gewillt sie bewußt wahrzunehmen. Sagte eine Frau zu mir, alle sagen die deutschen Soldaten sagen sie seien keine Deutschen sie seien Polen oder Serben oder Tschechen oder so etwas aber das ist zu einfach, natürlich tun sie das um verschont zu werden aber schließlich muß es auch einige Deutsche in der deutschen Armee geben sagte die Frau. Es ist wahr sie blicken sehnsüchtig drein, wenn Leute miteinander sprechen. Basket der Hund und ich standen vor einem Schaufenster im Gespräch mit einem kleinen Jungen und seiner Tante, und wir lachten zusammen und drei Deutsche kamen vorbei und sie wollten freundlich dreinschauen und niemand nahm Notiz davon, natürlich nahm niemand Notiz davon aber wir wußten sie waren da und wollten freundlich sein und die ganze lange Zeit über wollten wir es nicht gewußt haben daß sie da waren und sie wollten nicht freundlich sein. Alles ändert sich sogar ein Deutscher und nichts ändert sich nicht einmal ein Deutscher. Wir sind alle ein bißchen nervös in diesen Tagen ein bißchen entmutigt denn wird es jemals enden und ein bißchen glücklich denn die Nachrichten aus Italien sind sehr gut und ein bißchen beunruhigt denn unsere Freunde in Paris haben eine ganze Menge Schwierigkeiten am Leben zu bleiben, wir schicken ihnen von Zeit zu Zeit einen großen Käse aber es ist nur von Zeit zu Zeit und sie haben kein Gas und keine Elektrizität und kein Holz und keine Kohle. Hier auf dem Land haben wir alles zu essen was wir wollen mehr zu essen als wir brauchen, es geschehen so komische Dinge neulich verkaufte uns jemand ein Pfund Reis. Man hat keine Ahnung was für ein Vergnügen es ist ein bißchen Reis in der Suppe zu haben, ich legte nie großen Wert auf Reis, aber Reis ist so selten geworden daß er jetzt wirklich eine Engelsspeise ist, eine Götterspeise, wundervoller Reis. Als die italienischen Soldaten hier waren hatten sie immer Reis in ihrer Suppe und wir beneideten sie immer aber gerade in diesem Augenblick haben wir gerade selbst Reis in unserer Suppe. Und das nicht weil wir reichlich zu essen haben, Butter und Käse, und Brot, weißes Brot und Fisch und Fleisch und Gemüse und Kuchen und Honig und viel von all dem sondern wie ich immer sage aus Transportmangel, alles was auf dem Land produziert wird bleibt dort und das ist hier der Fall. Man soll bestimmt nicht in Städten leben wollen wenn Krieg ist, das Land ist der Ort, aber die zwei Dinge an die wir außerdem am meisten denken sind Reis und Orangenmarmelade. Nun so ist das Leben und so ist der Appetit.

Kann man sich vorstellen daß nach einem Krieg aus zwei drei wird, das heißt was Nationen und Essen betrifft, ich frage mich.

Bestimmt niemand nein nicht einer, nein nein bestimmt denkt niemand daran, man denkt nur daran diesen Krieg zu beenden. Die Zukunft kann man sich nicht vorstellen, nein wirklich nicht, bestimmt nicht als eine krieglose bestimmt nicht als eine Zukunft. Besser erst mit diesem Krieg fertig werden.
Heute nacht habe ich Radio aus Amerika gehört und man gab uns auf englisch Anweisungen was wir alles wissen müssen über Straßen und Orte zum Landen und Wälder zum Verstecken und die Tiefe von Flüssen und es war als sei man im Theater bei einem romantischen Drama, Dinge die wir hörten als wir jung waren, Secret Service und Alabama und The Girl I Left Behind Me und Curfew Shall Not Ring To-Night und Shenandoah, es waren echte amerikanische Stimmen die amerikanisch sprachen und aus Hauptquartieren und hier sind wir im Herzen Frankreichs auf dem Lande mit fast hundert deutschen Soldaten gerade in diesem Dorf und Drahtverhauen und kleinen Blockhäusern um den ganzen Bahnhof herum und es ist genau wie ein Roman oder ein Theater mehr Theater als Roman, und sehr aufregend, und werden sie je kommen nun jedenfalls ich war immer ganz sicher daß es keine Landung geben würde ehe Rom eingenommen ist, ich bin dessen sicher gewesen seit mehr als einem Jahr sicherer und sicherer, sicher weil es vernünftig ist und dann ist da die Heilige Odile, und eine Heilige die Visionen hat muß vernünftig sein und es wäre vernünftig auf die Landung in Nordeuropa zu warten bis Rom eingenommen ist, und die Heilige Odile sagte wenn Rom eingenommen ist bedeutet das nicht das Ende dieses Krieges aber es ist der Anfang vom Ende und auch das ist vernünftig. Es ist sehr vernünftig ein Prophet zu sein wenn man eine Sache vollkommen und vernünftig sieht und selbst wenn es fünfhundert Jahre zurückliegt hindert das nicht vernünftig und vollkommen zu sein und eine vollkommene Vision zu haben ist in Ordnung und natürlich, und jeder ist mehr oder weniger ein Prophet mehr oder weniger mehr oder weniger, aber die Heilige Odile ist ganz und gar ein Prophet und Rom wird

eingenommen werden und dann eine Woche oder zwei danach wird es eine Landung geben und wir hören schon jetzt in amerikanischem Englisch was von jedem erwartet wird.
Jeder hat genug davon alles zu flicken, das heißt selbstverständlich Alice Toklas die alles flickt und Flicken flickt, und dann die geflickten Flicken flickt jeder hat allmählich genug davon alles zu flicken, jeder hat genug davon.
Gerade jetzt wird bald der erste Juni sein und auch noch Mondschein, nur die Bombenangriffe die schlimmsten werden am Tag geführt. Es war ziemlich schrecklich, wenn andere Orte bombardiert werden Orte die man nur ein wenig kennt bombardiert werden hat man nicht soviel Mitgefühl aber Chambery, wir kennen Chambery so gut wir gehen so oft dorthin alle dort sind so freundlich und nett und gefällig und gerade als es geschah aß René Reulos mit uns und da gab es Alarm, und wir achteten nicht darauf wie man das eben nicht tut, und dann gingen wir fort um ein Taxi nach Belley zu nehmen und er ging fort um nach Chambery zurückzukehren und als wir nach Belley kamen hörten wir Chambery sei nicht nur bombardiert worden sondern alle Läden in die wir immer gehen und die hübsche Elefantenstatue und die Arkaden alles sei zerstört in Grund und Boden gebombt und brannte und dann dachten wir an René auf seinem Weg und seine Mutter dort allein mit ihrem invaliden Mann es war alles so schrecklich, gewiß es ist nötig weil nun weil es nötig ist aber o Himmel, es ist so nah und vertraut, ich meine die Orte die man alle paar Tage so angenehm sieht und wo nun das geschieht. Dabei ist man mutig, man klagt aber wer würde das nicht tun und ich habe gerade heute nachmittag einen Bahnangestellten getroffen und der war in Amberieu gewesen als der Bahnhof bombardiert wurde und ich sagte das ist gefährlich und er sagte nein Bomben gehen immer in die Erde und wir sind nicht im Gedärm der Erde wir sind oben drauf warum also sich fürchten. Wir haben einen Luftschutzraum hier im Garten und die Kinder und die Frauen sollen hineingehen aber natürlich

tun sie es nicht, sie pflücken statt dessen Gänseblümchen auf der Wiese und die Frauen stehen herum und es dauert so lange bis die Sirene das zweitemal ertönt und der kleinste Junge sagte aber warum drücken sie nicht auf den Knopf. Natürlich kannte er das. Und dann kam gestern ein deutscher Soldat um zu fragen ob die deutschen Soldaten in den Kelller oder in den Luftschutzraum kommen könnten und Alice Toklas sagte nein der sei für Frauen und Kinder er solle gehen und den Bürgermeister fragen, und dann beschlossen sie Schützengräben für sich zu machen aber als sie zu graben begannen fanden sie heraus daß unter der Erde dieser Gegend Granit ist deshalb kamen sie heute zurück und sagten sie würden einfach kommen und im Park sitzen wenn es Alarm gäbe und Alice Toklas sagte wenn sie es täten sollten sie keinen Lärm machen und sie sagten sie würden es nicht tun.

Vorgestern als ich spaziergenging, hörte ich hinter mir jemanden die Madelon pfeifen das Marschlied der jungen Rekruten aus dem vorigen Krieg, und ich sagte zu ihm, ich erkannte ihn als einen Eisenbahnangestellten aus Lyon mit dem ich letztes Jahr gesprochen hatte, als er kam um in seinem Gemüsegarten zu arbeiten, und ich sagte Sie singen die Madelon und er sagte in einem Monat werden wir sie alle singen, in einem Monat wird alles vorüber sein und ich sagte glauben Sie das und er sagte ich glaube es nicht ich weiß es. Nun jedenfalls erzählte er mir wie er im letzten Krieg mit siebzehn im Anschluß an Verdun geholt worden war und wie die arabischen Soldaten als er und seine Babykameraden zur Front gingen riefen, seht euch diese Siebzehnjährigen an das sind keine Männer das sind Kinder wenn die Kanonen dröhnen werden sie nach Papa und Mama schreien. Das war kein Spaß sagte er und dann wurde ich Krankenträger und ich wurde gefangengenommen und dann wurde ich dem spanischen Gesandten sei Dank nach Hause geschickt und dann ging ich zurück zur Armee und ich war mit den Amerikanern bei Saint-Mihiel, und es waren tolle Burschen, sie rückten Pfeife rauchend im Sturmschritt vor und mit geschultertem Gewehr, in Schußweite nicht mehr im Sturmschritt und die Deutschen schossen aber sie nicht bis sie auf der Höhe waren, es waren tolle Burschen sagte er, und wie wir uns besoffen haben beim Waffenstillstand und bei anderen Gelegenheiten und wie wir französisch deutsch englisch gesprochen haben aber wir haben uns immer verstanden. Ich kann sie mir jetzt in Italien genau vorstellen, und ich fragte was ist mit den Deutschen am Bahnhof los, er hatte mir letzten Herbst immer komische Geschichten von ihnen erzählt, wie sind sie, wie sie sind sagte er, nun sagte er wenn wir ihnen jetzt auf die Füße treten sagen sie entschuldigen Sie.

Gerade heute sprach man bei uns über das Datum des Kriegsendes. Eine Frau war im Krankenhaus, und sie sagte eines Tages zum Arzt, es ist nutzlos sich um die Frau im Bett neben mir zu bemühen, sie wird heute nacht sterben, und der Arzt sagte Unsinn es geht ihr sehr gut, ich sage es Ihnen sagte die Frau, und die andere Frau starb in dieser Nacht, sie tat noch ähnliche Dinge und schließlich sagte der Arzt zu ihr nun da Sie eine besonders Hellsichtige sind, das heißt Sie haben das zweite Gesicht, erzählen Sie uns wann der Krieg zu Ende ist. Ach, sagte sie das kann ich Ihnen erst einen Tag vor meinem Tod sagen, und eines Tages rief sie den Arzt und sie sagte ich werde morgen sterben, deshalb kann ich Ihnen heute den Tag sagen an dem der Krieg vorüber sein wird, am Freitag dem dreizehnten, das ist im Juli, und am dreizehnten Juli wird der Krieg vorüber sein, und am nächsten Tag starb sie. Nun wir werden sehen. Jedenfalls sagte die Heilige Odile die Einnahme von Rom sei noch nicht das Ende sondern der Anfang vom Ende, und bestimmt hatte und hat sie recht.

Einer unserer Freunde ein Lyoner Fabrikant früher Seide jetzt Kunstseide und Glas zur Herstellung von Textilien sagte eine Sache ist bestimmt und sicher und zwar daß nach dem Krieg die Baumwolle Königin wird, jeder sagte er hat jetzt den leidenschaftlichen Wunsch nach echten Dingen, keinen Ersatz mehr, jeder will echte Baumwolle wir trinken echten Kaffee echte Schokolade. Man will echten Senf echtes Öl echte Butter echten Zucker man will von der Natur gemachte Dinge und keinen vom Menschen hergestellten Ersatz und man wird sie bekommen sicherlich wird man sie bekommen.

Eines fällt bei der jungen Generation besonders auf nämlich daß sie nie über ihre eigene Zukunft spricht, es gibt keine Zukunft für diese Generation, für keinen von ihnen und deshalb denken sie natürlich nie daran. Es ist sehr auffallend, sie leben nicht in der Gegenwart sie leben einfach, so gut wie jeder kann, und sie haben keinen Plan. Es ist außergewöhnlich daß ganze Völkerschaften keine Projekte für die Zukunft haben, überhaupt keine. Es ist bestimmt außergewöhnlich aber es ist bestimmt wahr.

Von Krieg zu Krieg. Im letzten Krieg lernte ich Auto fahren und ich fuhr und fuhr in diesen jetzigen Krieg hinein und jetzt seit zwei Jahren bin ich nicht mehr gefahren und jetzt gerade heute habe ich meinen Wagen verkauft und während ich mich einstimmte ihn aufzugeben betrachtete ich ihn ich scheine vergessen zu haben wozu eine Anzahl der Vorrichtungen und Knöpfe dient und so geht es von Krieg zu Krieg, man beginnt etwas in einem Krieg und man verliert es im nächsten Krieg. Von Krieg zu Krieg.

Ja genauso kann man fast sagen danke daß Sie mich vor und während und nach einem Krieg nicht belästigt haben.

Die vor Bombenangriffen warnende Sirene funktioniert nicht mehr, ich nehme an sie ist ausgeleiert wie man hier sagt man hat es geschafft sie außer Betrieb zu setzen, aber wer dieser man ist weiß niemand und jetzt müssen uns die Deutschen durch Trompeten warnen aber eigentlich weckt einen das nicht wirklich auf wenn man wirklich schläft also tat jeder es lieber so, das heißt alles worüber alle reden sind die Bombenangriffe und natürlich ist niemand entzückt und ob die Absicht gut ist oder nicht wird heiß diskutiert, man sagt sie sollten nicht so hoch fliegen, obwohl man zugibt daß die Treffsicherheit sehr groß ist, nichtsdestoweniger sagt man wenn sie niedriger fliegen

gibt es weniger Zerstörung ringsum und da die Abwehr praktisch nicht existiert warum nicht niedriger fliegen, andere sagen man sollte überhaupt nicht bombardieren und jeder haßt sie und sie haben die Amerikaner geliebt aber ich sagte ihr wißt wie sie hier sind die Franzosen vergessen die Vergangenheit und genießen die Gegenwart ja antworten sie aber unsere Städte und all die Toten, o Himmel sagen sie zu mir können Sie sie nicht daran hindern, ach sage ich ich hasse es wenn schöne Orte zerstört werden und Franzosen umkommen aber was kann ich tun, nun sagen sie, jedenfalls dauert es so lange so lange, und zuweilen werden die Optimistischsten irgendwie pessimistisch es dauert so lange.
Eine Frau erzählte mir heute ihr Schwager ein pensionierter Regierungsbeamter wolle selbst jetzt nicht sein Geld sein ganzes Geld für Essen ausgeben, er sagt er habe immer sein Geld für den Notfall aufgehoben damit es ihm über schlechte Zeiten hinweghelfe, nun sagte seine Schwägerin ärgerlich was erwartest du noch, kannst du Schlimmeres als das hier erwarten, und er antwortete nicht.
Immerhin wurden in dieser kleinen Stadt heute hundertsechzig Kinder eingesegnet aber der Bischof blieb nicht lange, schließlich gibt es Bombenangriffe und es ist nur richtig nirgendwo zu lange zu bleiben. Wir haben eine Menge zu essen außer Brot, aber das ist so weil es keinen Transport gibt, o lieber Himmel sagen alle Franzosen o lieber Himmel wenn sie nur landen und auf dem Land kämpfen würden, das hätten wir lieber. Nun sage ich ich bin sicher daß sie eine Woche nach dem Fall von Rom landen werden. O lieber Himmel sagt jeder, jedenfalls sagt die Heilige Odile Roms Fall sei nicht das Ende aber der Anfang vom Ende und heute abend sind die Alliierten in Sichtweite von Rom. Ich habe gerade mein Automobil einem Freund verkauft dessen eigenes vorige Woche in Lyon bei einem Bombenangriff kurz und klein geschlagen wurde, und da er beim Roten Kreuz ist muß er ein anderes haben, und ich war traurig es wegfahren zu sehen aber immerhin wird es

irgendwann viele andere geben, es ist heißer und wir alle warten ja wir warten.
Heute nacht ist Rom eingenommen worden, und jetzt da sich die Prophezeiung der Heiligen Odile erfüllt ist es eine Freude und was für eine Freude daß es nicht das Ende sondern der Anfang vom Ende ist und es hat jedermanns Gedanken ein bißchen abgelenkt von seiner Einstellung zu den Bombenangriffen in Frankreich zu den getöteten Zivilisten, es ist wirklich seltsam diese Einstellung zu den Zivilisten, nun nicht eigentlich seltsam weil es aus der Zeit stammt da die Armee nicht nur aus Berufssoldaten bestand sondern sehr oft aus Söldnern, und daher war der Unterschied zwischen Soldaten und den Einwohnern eines Landes, den Zivilisten wichtig, aber faktisch begann man zuerst im amerikanischen Bürgerkrieg diesen Unterschied nicht mehr zu machen, die Armee war eine Zivilarmee und als Sherman seinen Marsch durch Georgia machte und sagte Krieg sei die Hölle, sagte er man müsse den Kornspeicher zerstören von dem der Feind abhängt, und das sei der schnellste Weg einen Krieg zu beenden, aber hier in Europa sind alle Armeen Zivilarmeen das heißt sie bestehen aus der Gesamtbevölkerung der gesamten männlichen Bevölkerung, und wo ist da ein Unterschied zwischen Zivilisten und Armee. Unser kleines Dienstmädchen in Bilignin sagte wenn jemand über die Bombenangriffe in Deutschland die Frauen und Kinder töteten sprach nie sagte aber jede deutsche Frau bedeutet schließlich sieben deutsche Soldaten, mit anderen Worten, vernichte die Schlange im Ei, aber tatsächlich empfindet es kaum einer so, nicht hier, man denkt noch an die Zivilbevölkerung als etwas vom Militär gänzlich Getrenntes, und da sie sehr unglücklich darüber sind erkläre ich ihnen natürlich nicht daß wir jetzt dasselbe haben was wir im Bürgerkrieg hatten, wir sind der Kornspeicher was jetzt die Munition ist wir liefern dem Feind Material und Eisenbahnverbindungen und man zerstört sie genauso wie man es bei Shermans Marsch zum Meer tat, durch Aufreißen der Eisen-

bahnschienen überall, nur daß es jetzt mit Hilfe der Bombenangriffe geschieht, gleichzeitig macht sich natürlich jeder über die Deutschen lustig die immer die ersten sind sich auf den Feldern und in den Bergen in Sicherheit zu bringen, sie sind nicht mutig nein sie sind es nicht sagen alle, die komischen Vögel wie sie sie nennen, nein sagen sie das sind Sadisten die sich in die Hosen machen, sie sind nicht mutig. Es ist komisch und doch ist es wahr, sie sind nicht mutig wie andere Männer mutig sind absolut nicht, das ist wahr. Aber heute nacht ist Rom eingenommen worden und jeder hat darüber die Bombenangriffe vergessen, und für die Franzosen ist vergeben und vergessen und vergessen und vergeben sehr leicht so leicht wie nur irgendwas. Rom ist eingenommen und die Heilige Odile sagt es ist nicht das Ende aber der Anfang vom Ende.
Als ich heute mit einer Frau spazierenging und wir ein paar deutsche Soldaten trafen sagten sie höchst jämmerlich guten Tag, wir sagten natürlich nichts, später als ich mit der Frau des Bürgermeisters vor ihrem Haus saß kam ein deutscher Soldat auf der Straße vorbei und er verbeugte sich höflich vor uns und sagte guten Tag, was bedeutet das sagte ich das haben sie bisher nie getan, glauben Sie daß sie jetzt Befehl bekommen haben es zu tun, nein sagte sie nein, es ist nur Rom.
Sie erzählte mir eine Geschichte. Ihr Mann muß den Deutschen natürlich immer alles verschaffen was sie verlangen und sie verlangen immer etwas, aber sehr oft wollen sie es nachher nicht wenn man es für sie bekommen hat. Eines Tages wollten sie etwas und der Bürgermeister sollte mit ihnen gehen um es zu beschaffen, er sagte ja natürlich höflich wie immer, und sie holten ihn in einem geschlossenen Wagen ab, und sie stand am Tor um ihm nachzuschauen, der Offizier der mit ihm ging sagte zu ihr, Madame weinen Sie weil wir Ihren Mann wegholen. Nein sagte sie mit mutig funkelnden Augen nein ich weine nicht, nein, aber sagte er Sie sollten weinen weil wir Ihren Mann wegholen. Nein sagte sie nein. Ich weine nicht. Und dann fuhr der Wagen weg, sie sagte zu mir auch wenn ich hätte

weinen müssen vor denen hätte ich nicht geweint. Aber sagte ich, haben Sie geweint, nein sagte sie weil ich es nicht glaubte aber mein Mann blieb ungefähr drei Stunden fort und die letzte Stunde war schwer zu ertragen aber schließlich als ich am Tor stand sah ich meinen Mann um die Ecke kommen. Es war eine Erlösung. Er sagte nichts zu mir über das was gesagt worden war also nahm ich an er habe nichts gehört deshalb sagte ich natürlich nichts. Aber sagte ich warum tat der Offizier das, um zu sehen ob er mich zum Weinen bringen kann. Sadismus sagte ich, ja damit er sich als Gebieter fühlen kann.

Nun das war gestern und heute ist die Landung und wir hörten Eisenhower sagen er sei da sie seien da und gerade gestern verkaufte uns ein Mann zehn Päckchen Camel Zigaretten, Gloria, und wir singen Gloria Halleluja, und fühlen uns sehr gut, und seitdem ruft jeder uns an um uns Glückwünsche zu meinem Geburtstag zu übermitteln heute habe ich keinen aber wir wissen was sie damit meinen. Und ich sagte als Antwort ich hoffe daß ihnen die Haare hübsch zu Berg stehen und wir alle hoffen das, und heute ist der Tag.

Während ich heute spazierenging sprach ich mit einem kleinen Mädchen das wie neun aussah in Wirklichkeit aber vierzehn war, ihre Leute kamen aus der Umgebung von Rom aber seit einiger Zeit waren sie Franzosen und alle Kinder waren in Frankreich geboren, sie sagte sie seien alle klein, sie war es jedenfalls und wir sprachen über Essen, und sie sagte sie hätte gerne eine Orange, und ich sagte wie wär's mit einer Banane weißt du was eine Banane ist o ja sagte sie früher habe ich welche gegessen, aber meine jüngeren Brüder und Schwestern haben nie eine Banane gesehen, und einige können sich auch nicht an eine Orange erinnern, nun sagte sie seufzend die Zeit wird kommen ja sie wird kommen natürlich braucht man Brot aber man braucht auch Orangen und Zitronen und Bananen.

Heute ist erst der dritte Tag der Landung und was für ein Wandel, jeder macht sich offen über die Deutschen lustig, die Mädchen lehnen sich aus den Fenstern und singen die Marseil-

laise, und all die Leute im Dorf sind so froh weil es hieß dieses Departement das Departement Ain sei das erste das frei wird und dann Savoyen und Hoch-Savoyen, und tatsächlich sind die Gebirgsburschen daran, Bourg die größte Stadt des Departements war durch sie vollständig abgeschnitten gewesen vom Kontakt mit allen, sie haben die Eisenbahnen abgeschnitten, sie bewachen die Eisenbahnen und sie haben das Telefon unterbrochen, und sie haben ziemlich viele wichtige Städte ringsum besetzt, und die wenigen Deutschen die geblieben sind fühlten sich höchst unbehaglich, die fünfzig die hier sind wurden abberufen um die Gebirgsburschen zu bekämpfen und sie sagten sie wollten nicht und ihr Offizier nahm sie ins Gebet und dann mußten sie gehen, aber es gab keine Züge und darum requirierten sie die französischen Lastwagen und einige Autocars und los ging es, ich saß bei der Frau des Bürgermeisters und wir sahen sie fortfahren um zu kämpfen und es war ein sehr großer Unterschied zu der deutschen Armee von 1940, meine Güte ja. Sie haben uns gerade erzählt die Gebirgsburschen seien als die Deutschen begannen die Gebirgsburschen anzugreifen einfach etwas höher gestiegen, und manchmal machen sie sich gar nicht die Mühe zu kämpfen, sie werfen einfach Steine hinunter und rufen Kuckuck, Kuckuck, denn für die Franzosen ist ein Kuckuck einer der das Nest eines anderen gestohlen hat. Die Deutschen ließen sich nicht gern Kuckuck nennen diese Herr'n aber was können sie schon tun. Die jungen Leute sind alle sehr vergnügt, die älteren sind natürlich beunruhigt aber die jungen sind sehr vergnügt.
Die Bürgermeister müssen jetzt die ganze Verantwortung für ihre Städte tragen es gibt keine Verbindungen, deshalb können sie keinen Kontakt mit einer höheren Instanz aufnehmen, und daher sind sie die letzte Instanz, und sie sind sehr fähig die französischen Bürgermeister, selbst in den kleinsten Orten. Der unsrige sorgt sehr gut für uns, es ist ihm gelungen Mehl für Brot zu bekommen und das ist wichtig weil Franzosen nicht gern vom Brot allein leben aber ohne Brot können sie

überhaupt nicht leben, Kartoffeln sagen sie füllen aber eine Stunde danach ist man so hungrig wie zuvor während Brot wirklich vorhält deshalb müssen sie Brot haben und bis jetzt hat unser Bürgermeister es uns immer beschafft. Es wäre schön wenn unser Departement das erste wäre das vollkommen frei von Deutschen ist, vielleicht, die Gebirgsburschen hier in der Gegend sind sehr aktiv, und es wäre schön.

Ein Bussard hat nacheinander drei von unseren Kücken weggeholt, das ist natürlich die Jäger schießen jedes Jahr gewöhnlich genügend Bussarde ab so daß sie keine Kücken stehlen, aber nach drei Jahren ohne Jagd ist die Luft voll von Bussarden voll von Bussarden.

Und voll von allem gerade jetzt aber meistens von Gerüchten. Immerhin gibt es auch einige komische wahre Geschichten, die Gebirgsburschen kamen neulich nach Amberieu und einer gelangte ins Postamt und löste den Alarm aus, die ganze Bevölkerung und die Deutschen liefen fort in der Annahme es sei ein Bombenangriff und die Gebirgsburschen gingen in den Lokomotivschuppen und sprengten eine Anzahl Lokomotiven und verschwanden bevor die Deutschen zurückkamen. Das letzte Gerücht lautet Belley wird von den Gebirgsburschen gehalten aber eine Sache ist sicher auf dem Bahnhof hier verkehren keine Züge, ich war heute nachmittag in der Nähe des Bahnhofs und ich habe noch nie einen so toten Bahnhof gesehen nicht seit ich in meiner Jugend während des Pullmanstreiks den Kontinent durchquerte und was bleibt uns anderes übrig es ist das drittemal daß wir kein Telefon haben und dieses Mal hat man uns glücklicherweise Elektrizität und Radio gelassen, was ein Vergnügen ist. Aber für wie lange das wissen wir nicht, immerhin geht die Landung weiter und wenn wir die offizielle französische Verlautbarung hören die Deutschen seien vollkommen ruhig, dann wissen wir es besser, sie sind nicht ruhig, wovor wir uns jetzt fürchten ist daß deutsche Deserteure versuchen werden ins Haus zu gelangen, heute versuchte es einer, er sagte er suche eine deutsche Dame, aber da wir ziemlich hoch auf dem Berg wohnen und nicht in der Stadt klang es verdächtig. Basket bellt und bellt als sei er ein wilder Hund und kein Lamm was genausogut ist. Alles geht weiter das heißt nichts geht weiter keine Züge keine Post kein Telefon, nichts kommt und geht außer einigen Unglücklichen, ich sah heute einen der ein bißchen komisch schien, und es liegt eine mittägliche Stille den ganzen Tag lang über dem Ort, die Deutschen requirieren immer mehr riesige Baumstämme um sich vor den Gebirgsburschen zu verbarrikadieren, und jeder kichert sie sagen das wird ihnen viel nützen, es gibt laut Berechnungen ungefähr dreitausend von ihnen im ganzen Departement und da die Gebirgsburschen jedesmal immer nur ein paar abschießen kann es eine Weile dauern aber andererseits stecken sie fest sie können die Straße hinauf und heruntergehen in einem Umkreis von ungefähr fünfzig Kilometern und dann müssen sie wieder zurückkommen, die ganze Jugend vereinigt sich mit ihren Freunden, auch die Polizei, unser Freund aus Belley besuchte uns gestern Sonntag und alles ist friedlich außer daß die Gebirgsburschen überall die Straßen überwachen aber sie sind sehr höflich und helfen die Wagen schieben wenn sie steckenbleiben, jeder ist im Augenblick sehr höflich, der Bürgermeister fährt auf dem Rad über Land und sucht in der Umgebung Nahrung um seine Bevölkerung zu ernähren und bis jetzt ist es ihm sehr gut gelungen, das einzige was große Schwierigkeiten macht ist wenn chirurgische Eingriffe notwendig werden und es sehr schwierig ist einen Transport zu bekommen, die Männer mit den Taxis sorgen immer dafür daß ihre Wagen nicht in Bereitschaft sind um zu vermeiden mit den Deutschen herumfahren zu müssen und sie fürchten sie zweckbereit zu machen zu dem Zweck Franzosen wegzuholen aber bis zum Ende der Woche heute ist der erste Sonntag seit der Landung erwartet jeder den Wegzug der Deutschen. Und sie werden wegziehen, ja sicher. Meine Güte alle sind glücklich nicht die Deutschen sondern die Bevölkerung, selbst diejenigen die collabo waren wie man sie nennt sind glücklich warum nicht sie waren collabo weil sie Angst hatten Angst vor dem Kommunismus und Angst vor den Deutschen und außerdem hielten einige Franzosen die Deutschen für sehr stark aber jetzt nun sie sind schwach niemand benutzt mehr die Phrase die uns immer so ärgerte sie sind noch immer stark, und deshalb gibt es keine collabos weil sie jetzt da die Anglo-Amerikaner sich als so stark erwiesen haben weniger Angst vor dem Kommunismus haben und sie haben überhaupt keine Angst vor den Deutschen überhaupt keine so daß die Freude praktisch allgemein ist, noch etwas verschüchtert aber vollkommen. Jemand hat mir gerade erzählt wie die Gebirgsburschen in Bellegarde deutsche Gefangene geholt haben und ihnen die Arbeit aufgehalst haben Kartoffelkäfer von den Kartoffelpflanzen abzulesen, die einzige landwirtschaftliche Tätigkeit die jeder Franzose Mann Frau und Kind haßt, man erwartet durch die deutschen Gefangenen vollkommen von den Schädlingen befreit zu werden. Alle sind entzückt sie sagen die Kartoffeln sind aus Amerika gekommen und die Kartoffelpest scheint in diesen letzten Jahren aus Amerika gekommen zu sein und jetzt ist man durch Amerika imstande zwar sehr fern von den Amerikanern deutsche Gefangene zu machen und diese Gefangenen können ihre Tage damit verbringen die Kartoffelkäfer auf den Kartoffelpflanzen zu vernichten.

Sind wir aufgeregt ja sicher sind wir aufgeregt überall um uns herum wird gekämpft, die Unterhaltung im Dorf klingt genau wie die communiqués der Jugoslawen in den frühen Tagen der Guerillakämpfe nur haben wir das hoffen wir einen großen Vorteil, die Deutschen können keine Verstärkungen bekommen weil alle Eisenbahnen abgeschnitten sind und alle Straßen von den Gebirgsburschen überwacht werden und ohnehin haben die Deutschen in diesen Tagen andere Verwendung für ihre Männer selbst wenn sie sie hersenden könnten was sie nicht können. Den ganzen Tag lang rasen die Deutschen durch die Stadt hin und her sie requirieren alle Lastwagen und ach mit ihren französischen Fahrern und dann gehen sie erst in eine Richtung und dann kommen sie in sehr kurzer Zeit zurück mit Kanonen die in alle Richtungen herausragen, neulich stellten sie solch eine Kanone wie sie sie überall hatten im Dorf auf und wir alle gingen ein wenig ängstlich hinunter um sie anzusehen und dann später am Tag nahmen sie alles weg, es hatte keinen Kampf gegeben, man hatte ihnen erzählt als sie woanders waren die Gebirgsburschen seien hier aber das stimmt nicht natürlich nicht, das reibt die Deutschen auf dauernd irgendwo hinzurasen wo niemand ist und dann wird plötzlich ein Lastwagen mit deutschem Inhalt wenn man es nicht erwartet auf der Landstraße in die Luft gesprengt, wir sind hoch in den Bergen und natürlich geschieht so etwas leicht da jeder gegen sie ist und dem andern hilft, es muß sehr schrecklich sein umringt vollständig umringt zu sein von Haß, es muß sehr schrecklich sein wirklich sehr schrecklich. Ein Deutscher sagte zu dem Bäcker der im vorigen Krieg Gefangener gewesen war und daher etwas Deutsch gelernt hatte daß die Bevölkerung besser ein wenig vorsichtig sein sollte, ihm persönlich mache es nicht sehr viel aus wenn die Kinder ihn Schwein nennen aber es gebe andere denen es etwas ausmachen könnte und es könnte Schwierigkeiten geben. Zuweilen sind sehr viele im Dorf und zuweilen sehr wenige aber ob wenige oder viele bestimmt sehen sie erschöpft aus, und Gebirgsburschen vernichten und verwunden sehr viele fünf Ambulanzen kamen herüber von Aix, deutsche natürlich und große, um die Verwundeten der gestrigen Kämpfe fortzubringen, und der deutsche Hauptmann der hier war ist gerade in Amberieu gefangengenommen worden. Die Gebirgsburschen bleiben nicht in den Städten, sie halten sich in den Bergen auf kommen in die Stadt herunter um alle Landstraßen zu verbarrikadieren und dann gehen sie zurück in die Berge, sie sind immer überall, sie haben alle Telefon- und Telegrafenleitungen durchschnitten, und dadurch können die Deutschen nicht miteinander in Verbindung treten und sie müssen auf die Landstraße gehen, neulich brachte nur etwas weiter weg ein Italiener im Graben an der Landstraße zwei Motorradfahrer um als sie daherkamen, und dann stieg er ruhig aus dem Graben und ging weiter, wie können die Deutschen wissen wer wer ist, unmöglich, es ist höchst aufregend, keiner arbeitet außer in seinem Garten weil die Eisenbahn und die wenigen Betriebe die es hier gibt aufgehört haben zu arbeiten kein Material ist da und keine Möglichkeit Dinge ein- oder auszuführen, es ist eine höchst wirksame Blockade und die Deutschen die nach und nach umgebracht werden können wirklich sehr wenig tun außer sich vor- und rückwärts bewegen sie hätten sogleich fortgehen sollen als die Verbindung mit Italien abgeschnitten war, weil es danach für sie keinen Grund zum Hierbleiben gab, aber sie sind langsam, sie bringen es immer fertig alles etwas zu spät zu tun, etwas zu spät, Gott sei Dank bringen sie es fertig. Ich nehme an sie sind menschlich aber sie sehen ziemlich schrecklich aus, und selbst in ihren hochnäsigsten Tagen waren sie schrecklich tot und lebendig mehr tot als lebendig. Das ist kein Vorurteil es ist Tatsache.

Wir sind aufgeregt.

Vielleicht wird das Departement Ain das erste Departement sein das vollständig von den Deutschen gesäubert ist. Das wäre schön.

Heute nachmittag wird überall um uns herum gekämpft ich habe gerade Heu geharkt mit einer Nachbarin und wir hörten den Kanonendonner ziemlich nah, niemand scheint viel zu wissen von dem was geschieht, der Bürgermeister der im allgemeinen sehr gut informiert ist hat keine Zeit über solche Dinge nachzudenken, er muß Kälber zum Schlachten finden um uns allen etwas zu essen zu geben, uns persönlich geht es sehr gut weil man uns Fisch gebracht hat und schöne Seefische sind es, die Brotfrage nicht so wichtig für uns weil wir nicht viel Brot essen aber schrecklich wichtig für die französische Bevölkerung, ganz gleich wieviel Kartoffeln sie essen nach ein bis zwei Stunden sind sie wieder hungrig, aber weil entweder die Gebirgsburschen oder die Deutschen Bäume fällen um die Straßen zu blockieren die zu den Mühlen führen die das Korn mahlen wie kann da selbst wenn der Bürgermeister etwas Weizen zusammenbekommen kann dieser sich in Brot verwandeln, aber da ist immer noch Savoyen, rätselhafterweise hat Savoyen immer alles, jemand hat uns gerade ein Kilo herrlich frischer Butter aus Savoyen gebracht und der Bürgermeister hofft er hofft wirklich Mehl aus Savoyen zu bekommen, Savoyen ist immer reich an Nahrung ganz gleich was geschieht man kann immer Fleisch und Fisch bekommen und Geflügel und Butter und Käse und Honig aus Savoyen und nochmal Fleisch, ich weiß nicht warum das so ist aber es ist so und da uns nur die Rhône von Savoyen trennt geht es uns nicht zu schlecht, selbst wenn wir vollständig vom Rest der Welt abgeschnitten sind was wir bestimmt sind. Heute hatten wir zum ersten Mal seit der Landung einige Briefe aus Lyon sie kamen vom Schweizer Konsul der die amerikanischen Interessen vertritt und man bittet uns feierlich ein Schreiben aufzusetzen mit der Angabe ob wir repatriiert werden wollen oder nicht. Es ist ein reizender Gedanke, zehn Tage nach der Landung in Frankreich scheinen die amerikanischen Behörden ganz sicher zu sein daß sie sobald sie wollen alle Amerikaner die noch in Frankreich sind repatriieren können. Wir kicherten wir sagten das ist Optimismus. Natürlich verlangen die amerikanischen Behörden die nicht wirklich begreifen was es bedeutet in einem besetzten Land zu leben von einem seine Religion seinen Besitz und dessen Wert anzugeben, als ob irgend jemand das täte solange die Deutschen im Lande und in der Lage sind Briefe abzufangen und sie wenn sie wollen zu lesen. Die amerikanischen Behörden sagen sie wollen diese Angaben rasch haben aber ich stelle mir vor daß alle Amerikaner das gleiche denken besser sich ruhig verhalten bis die Deutschen gegangen sind ganz natürlich sich dumm stellen solange man kann. Sonst nichts.

Es ist ein komischer Zustand so zu leben wie wir alle, man

erhält keine Nachrichten außer über das Radio weil es keine Zeitungen mehr gibt und keine Züge und keine Post kein Telefon und selbst nach Belley zu fahren ist unmöglich es gibt dreiundzwanzig Barrikaden zwischen hier und dort in einer Entfernung von siebzehn Kilometern. Wie ich sage leben wir innerhalb des Dorfes mittendrin, die Deutschen rasen hin und her man hört entfernten Kanonenlärm, einige Dörfer sind niedergebrannt und das ist alles was jeder weiß. Die Deutschen haben Ausgehverbot ab sechs Uhr angedroht und verlangten alle Fahrzeuge einschließlich Fahrräder von der Straße fernzuhalten, aber der Bürgermeister sagte den Deutschen es sei da es zu heiß ist unmöglich das Vieh vor halb sechs auf die Weide zu treiben es ist zu heiß und niemand kann vor vier auf den Feldern arbeiten weil es zu heiß ist, und da in Frankreich die Felder in beträchtlicher Entfernung vom Haus liegen und jetzt Heu-Zeit ist müssen Wagen herumfahren deshalb stimmten die Deutschen zu und jetzt ist Ausgehverbot ab neun Uhr.
Ist Leben wirklich ist Leben ernst, nein ich glaube nicht, bestimmt ist es nicht wirklich.
Diese Art Krieg ist seltsam sie ist schrecklich aber sie macht alles unwirklich, wirlich unwirklich.
Im Mittelalter muß man einsam gewesen sein und das war nur zu natürlich weil man beschäftigt wie man war um genug zu essen zu bekommen gründlich abgeschnitten war von jeder Verbindung, und in diesem gegenwärtigen Krieg der so sehr wie damals ist ist man irgendwie einsam mit all den für die Straßenbarrikaden gefällten Baumstämmen und was sonst noch aber trotzdem konnten unsere Freunde in einem Ponywagen aus Belley herüberkommen und uns besuchen und es war eine Freude und außerdem brachten sie uns ein wenig Geld mit was auch eine Freude war weil der umherrreisende Bankier der sonst einmal pro Woche in diesen Ort kommt nicht gekommen ist und Geld in diesen Tagen wirklich eine dringende Notwendigkeit ist.
Gerade heute nacht haben die Amerikaner einen Sieg errungen

und sind jetzt dabei Cherbourg zu besetzen und das ist eine Freude. Gewiß im Mittelalter hatte man kein Radio und obwohl man gedroht hatte es uns wegzunehmen tat man es nicht und jetzt wäre es fast zu spät dafür und ich freue mich ihre amerikanischen Stimmen zu hören. Alles ist jetzt rings um uns ruhig, niemand scheint zu wissen was gerade geschehen ist aber es ist jetzt ganz ruhig rings um uns und wir hatten heute sogar Briefe aus Lyon.

Brot und Kuchen Kuchen und Brot was ist besser, ich meinerseits denke Brot ist wenn es gute Butter gibt besser als Kuchen, Brot und Butter aber wenn es weder Brot noch Butter gibt dann gibt es Kuchen Marie Antoinette hatte ganz recht damit.

Gerade sind einige Flüchtlinge aus der Normandie hierhergekommen, es sind Freunde der Bürgermeistersfrau, sie haben die Normandie genau vor sieben Tagen verlassen und sie kamen teils mit dem Fahrrad voran teils zu Fuß und teils mit dem Zug, sie brauchten sieben Tage um hierherzukommen, sie waren eine Gesellschaft von sieben mit drei Kindern und die Mutter erwartete gerade wieder ein Baby, sie machten nachts Pause und gruben sich einen Graben um darin zu schlafen wegen der Bombenangriffe sie erzählen die Eisenbahnen im ganzen Norden seien blockiert und das deutsche Material liege überall verstreut herum, und die Deutschen benutzten die kleinen Straßen weil die großen Straßen dauernd bombardiert werden, es ist wie nun wie nichts, obwohl Wells es in gewisser Weise beschrieben hat, und niemand sagt irgend etwas außer es dauert lang c'est longue, was wie ich annehme der unvermeidliche menschliche Schrei ist, inzwischen tragen die Adler alle Hühner- und Entenkücken fort weil man sie da niemand Gewehre hat nicht abschießen kann, wir hatten sieben Hühnerkücken und jetzt haben wir nur noch zwei, und die arme Henne schreit und wird bleich aber wozu, es hat keinen Sinn zu schreien oder bleich zu werden wenn es niemandem erlaubt ist die Adler in der Luft abzuschießen. Andererseits gedeihen

Weizen Wein Kartoffeln gut, und falls also jemand da ist um es zu essen wenn alles vorüber ist wird es für ihn zu essen geben, die Flüchtlinge aus der Normandie sagten man könne in diesem Teil der Normandie ein Kilo Butter für zehn Franken kaufen aber es sei niemand da zum Kaufen, zum Verkaufen schienen Leute dazusein, aber keine zum Kaufen, wir alle mußten unwillkürlich seufzen nur zu natürlich obwohl wir selbst nicht hätten dort sein wollen um zu kaufen.

Jetzt hat man das Ausgehverbot auf sechs Uhr nachmittags verlegt gerade heute und alle Fenster die auf die Straße gehen müssen von nun an bis sieben Uhr morgens geschlossen bleiben, und jeder ist ziemlich unglücklich weil die Haustiere in der Tageshitze nicht fressen wollen und die Bauernarbeit im Sommer von Sonnenaufgang bis Sonnenuntergang dauert und jeder ist beunruhigt, nur zu natürlich und niemand weiß warum aber ich stelle mir vor deswegen weil die Deutschen Angst vor den Gebirgsburschen oder den Fallschirmjägern haben, aber warum legt man es auf sechs Uhr fest wenn es bis zehn Uhr hell ist. Natürlich nimmt die französische Bevölkerung ganz einfach an daß man es tut um sie zu ärgern. Sie nehmen das selbstverständlich bei allen deutschen Vorschriften an, die tun es nur um zu ärgern weil sie glauben es quäle uns. O Himmel die Franzosen sagen die ganze Zeit wenn die Alliierten sich nur beeilen würden. Das ist ihr einziger Schrei beeilt euch. Die Deutschen sind überzeugt von der Wirksamkeit der neuen Bombe, aber kein einziger Franzose, ein Deutscher erzählte einigen Franzosen davon und einer der Franzosen sagte aber Sie sind dumm wenn Sie das glauben, jeder Soldat sollte das besser wissen sagen sie alle, aber der Deutsche war nicht beleidigt, er glaubte einfach weiter oder war er es doch. Schließlich ist für einen Sterbenden jede Hoffnung eine Hoffnung. Alles was die französische Bevölkerung von den Alliierten sagen kann ist wenn sie sich nur beeilen würden, obwohl sie schon zugeben daß in den zwei Wochen nach der Landung eine ganze Menge erreicht worden ist. Von einem

Dorf zum andern gehen die Gerüchte. In Belley glaubt man überall um uns herum seien Kanonen, hier hat man uns erzählt daß sich alles mögliche in Belley ereignet hat, aber bis jetzt ist das alles Gerücht, das letzte Gerücht ist daß das Maquis, die Gebirgsburschen, einen Oberst einen Hauptmann und zwei Damen die mit ihnen spazierengingen gefangen hielten, und das sei der Grund weshalb man das Ausgehverbot auf sechs Uhr festgesetzt hat. Das Verstecken eines Deutschen kommt hoch, sagte unsere Köchin warum schickt man sie nicht zurück, sie nutzen niemandem und wir könnten dann gehen und die Kartoffelkäfer von unseren Kartoffelpflanzen ablesen. Nun das Leben in einem besetzten Land ist so.

Ich reinige die Terrasse weiter vom Unkraut so daß die amerikanische Armee wenn sie herkommt bequem darauf sitzen kann, Alice Toklas glaubt das Unkraut könne womöglich wieder wachsen aber ich hoffe nicht, jedenfalls mache ich es hübsch und sauber, und da die Terrasse nicht auf der Straßenseite des Hauses ist, kann ich weiter darauf arbeiten während wir drinnen bleiben müssen, das heißt daß wir nicht vor die Tür auf die Straße gehen können.

In all diesen Jahren hatte ich nie eine Armbanduhr, Uhren zum Tragen haben mich nie besonders interessiert, alle andern Uhren habe ich gern und ich kaufe sie immer jede Art Uhr jede Art Füllfederhalter, aber Armbanduhren kommen mir irgendwie langweilig vor, im Haus weiß ich gern wie spät es ist aber draußen ist es weniger interessant etwas über das Vergehen der Zeit zu wissen und in einer Stadt vor allem in Frankreich sieht man so viele Uhren hört man so viele Uhren gewiß sie zeigen nicht die gleiche Zeit an aber immerhin zeigen sie irgendeine Zeit an und wenn man zu einer Verabredung geht geht man manchmal schnell weil man nach einer Uhr spät dran ist und dann geht man langsam weil man nach einer anderen Uhr früh dran ist, aber jetzt da das Ausgehverbot auf sechs Uhr gelegt ist, und ich sicherlich irgendwo draußen auf der Straße bin und sie einen erschießen wenn man draußen ist dachte ich es sei besser eine Armbanduhr zu haben und deshalb ging ich aus in unser kleines Dorf und fragte die Besitzerin des hiesigen Schmuckladens ob sie eine Armbanduhr hätte, ja und eine Schweizer und eine nagelneue und eine Sportuhr für Frauen und Männer und ich fand sie einfach entzückend und ich kam stolz nach Hause und jetzt trage ich sie mit ungeheurem Stolz und Vergnügen und sie scheint richtig zu gehen und ich komme rechtzeitig nach Hause und werde nicht von den Deutschen erschossen.

Das Maquis fängt wieder zu kämpfen an, für eine kurze Zeit war Ruhe und jetzt hat es wieder angefangen und die Deutschen nehmen alle Automobile mit Holzkohlenvergaser und sie drohen ein paar Leuten ein paar Radios wegzunehmen nicht um die Leute vom Hören abzuhalten daran scheint ihnen nicht sehr viel zu liegen sondern vermutlich um sich darauf einzustellen ihre Befehle zu erhalten die über das Radio kommen können wenn alle Telefon- und Telegrafenverbindungen unterbrochen sind was sie bestimmt bald sein werden. Alles scheint als ob etwas geschehen wird das ist was jeder immerzu sagt. Inzwischen hat unser Bürgermeister höchst geschickt Fleisch bekommen und Brot und Wein und Maismehl und Butter und jeder ist sehr froh weil man stundenlang ansteht aber schließlich bekommt man etwas und das ist ein Vergnügen. Wie man ein Stück Brot liebt. Ja das tut man. Und ich fahre fort Unkraut auf der Terrasse abzukratzen um bereit zu sein für die amerikanische Armee wenn sie kommt, ein Junge der heute kam und uns Fisch brachte sagte er habe mit eigenen Augen einen englischen Soldaten gesehen keiner glaubte ihm natürlich aber es war ein Vergnügen es zu hören und er glaubte es.

Die Deutschen sind jetzt sehr unsicher in ihren Überlegungen, sie haben heute beschlossen das Ausgehverbot auf zehn zu verlegen statt auf sechs am Abend, es war an der mairie angeschlagen und jedermann war glücklich und dann schickten sie um halb sechs den hiesigen Polizisten herum um anzukündigen daß sie es sich anders überlegt hätten und es wieder auf sechs Uhr zurückverlegt sei, dann eine halbe Stunde später schickten sie ihn wieder herum um anzukündigen es sei zurückverlegt auf zehn und so ist es jetzt wenigstens, hoffen wir es. Aber das ist die Art wie sie mit allem sind, sie kommen und gehen und sie fürchten sich ihren Schatten zu sehen, es ist sehr schwer zu glauben aber es ist wahr, und jetzt weiß es jeder, der Partisanenkrieg geht ihnen auf die Nerven er ist so verflixt individuell und individuell sein ist genau das was sie nicht leiden können das heißt was sie nicht sein können.

Es ist aufregend für mich am Radio über den Trasimenischen See zu hören, als mein Bruder und ich noch auf dem College waren verbrachten wir in einem Sommer einige Wochen in Perugia in einer Pension und es waren viele von uns da und eines Tages machten sich einige auf um den Trasimenischen See zu sehen weil man annahm daß eine ganze Armee auf dem Grunde sei nun eine Armee aus alten Zeiten natürlich mit goldenen Triumphwagen, und wir dachten wir wollten gerne im See schwimmen, und die jungen Männer nahmen den Bootsmann am einen Ende einer kleinen Insel in der Mitte des Sees mit sich und wir Mädchen gingen zum andern Ende um zu schwimmen, und wir schwammen ohne Kleider bei Sonnenuntergang im Trasimenischen See, und ich bin in vielen Seen und Meeren geschwommen aber dort war es etwas Besonderes und jetzt wird er jeden Tag erwähnt. Und Cherbourg, als mein ältester Bruder mit seiner Familie nach Paris kam, mein Bruder und ich hatten bereits mehrere Jahre dort gelebt, war mein ältester Bruder ein wenig nervös wegen der Reise und er hatte nicht viel Vertrauen in die Fähigkeit meines Bruders und in meine rechtzeitig zum Bahnhof zu kommen an seinen Zug aus Cherbourg, und so schrieb mein ältester Bruder mehrere Monate lang Briefe und jeder von ihnen endete mit einem Nachsatz es sind sechs und eine halbe Stunde von Cherbourg nach Paris, sechs Stunden und eine halbe. Wir lachten immer darüber, es war ein Familienwitz sechs Stunden und eine halbe von Cherbourg nach Paris. Nun vielleicht, jedenfalls ist es Cherbourg, ja sicher.

Jeder ist aufgeregt sehr aufgeregt und überall um uns herum gibt es Explosionen, wir wissen nicht was für welche es sind ob es Kanonen sind oder gesprengte Brücken oder Flugzeuge oder einfach Donner aber es gibt sehr viele Arten und jeder hört und erzählt von einer anderen Art, weil sie keine eigenen haben rasen die Deutschen in französischen lokalen Lastwagen hin und her, und niemand scheint recht zu wissen warum oder wohin. Als ich gestern draußen war, begegnete ich fünf Deutschen auf Rädern mit Gewehren und ihnen folgte ein Lastwagen aus Grenoble mit Soldaten deren Maschinengewehre in alle Richtungen zeigten und dann folgte ein hiesiges Taxi mit zwei Offizieren höheren Ranges als wir gewöhnt sind hier in der Gegend zu sehen, und wohin sie gingen weiß niemand, ob sie es wissen, und dann war da ein Privatwagen der nach Aix fuhr und darin war ein Offizier der hier gewesen und nicht beliebt war und er war in einem Wagen mit zwei Soldaten die jeder ein Gewehr trugen und der Offizier chauffierte und der Wagen schleuderte und einer der Soldaten ließ sein Gewehr fallen das losging und den Offizier tötete. Und dann war seine Beerdigung in Gegenwart aller Offiziere. Dann habe ich neulich einen deutschen Soldaten im hiesigen Schreinerladen arbeiten sehen, und ich fragte den Schreiner warum, nun sagte er er hat mir erzählt daß er in seinem eigenen Land einen Schreinerladen besaß und sechs Männer hätten unter ihm gearbeitet und er sagte da er nichts zu tun habe würde er gern mit Werkzeug hantieren und da ich knapp an Arbeitern bin ließ ich ihn, er sagte der Krieg habe ihm alles verpfuscht, wenn und falls er nach Hause zurückkommt wird er bestimmt dort nichts mehr für sich vorfinden.

Es ist nun mal ein merkwürdiges Leben, bis jetzt haben wir selbst keinen Maquis gesehen, ich machte gestern einen langen Spaziergang und ging über eine Straße die verbarrikadiert gewesen war, man hatte einfach Bäume an den Straßenrand

geschoben, alle Telegrafen- und Telefondrähte lagen unten, man hatte dort nicht gekämpft aber es war wirklich wie ein Schlachtfeld, es ist schwer zu sagen wer Maquis ist und wer nicht, sie haben eine Armbinde aber wenn sie nach Hause kommen um ihre Leute zu sehen und sie tun es alle behalten sie sie natürlich in der Tasche und dann gibt es noch einige stramme Reaktionäre die überzeugt sind daß alle Maquis Terroristen sind, wir haben einige reizende Nachbarn die so sind und es beunruhigt mich weil die Leute schließlich wütend werden und ihnen etwas zustoßen könnte und wir mögen sie sehr, es erinnert mich in gewisser Weise an die Beschreibung der marodierenden Banden in Coopers Spy, aber das ist natürlich das Außergewöhnliche an diesem Krieg er ist so historisch nicht jüngste Geschichte sondern ziemlich alte Geschichte, ich nehme an nicht wo die Armeen tatsächlich kämpfen sondern hier wo wir sind. Der Bürgermeister sorgt weiter dafür daß wir gut ernährt werden, es gibt keine Karten mehr weil es keinen Kontakt mit den Behörden gibt, es gibt nur den Bürgermeister, es gibt keine Polizei aber wir sind alle friedlich und wir sind sehr gut ernährt, wir scheinen alles zu haben außer Zucker. Wir hatten sogar eine Zitrone und eine Orange die nach der Schweiz hätten gehen sollen aber nicht gingen, die Brücken werden weiter gesprengt und niemand will hingehen um sie zu reparieren es ist zu gefährlich, die Deutschen versuchten neulich einen Panzerzug durchzubringen, aber kam er an, niemand scheint es zu wissen.
Sie haben gerade die elektrische Leitung zwischen hier und Chambery gesprengt und jetzt geht jeder zu Fuß, man geht nach Grenoble man geht nach Lyon, selbst Kinder von drei und fünf gehen einher mit ihren Angehörigen und zuweilen leiht ihnen jemand ein Fahrrad und zuweilen fallen die Kinder herunter aber nicht oft sie bleiben darauf sich an alles festklammernd was vor ihnen ist und somit bewegen sie sich doch herum, jeder muß irgendwo hingehen und Franzosen finden immer einen Weg, sie sind ein wahres Wunder im immer einen

Weg finden. Der Tod von Henriot der von der Miliz oder jemandem in deren Uniform umgebracht wurde hat eine ungeheure Aufregung hervorgerufen, es ist schwer jemandem der nicht mit ihr gelebt hat klarzumachen wie sehr die Bevölkerung in ihren Meinungen hin und her gerissen ist und Henriot tat vielleicht mehr als irgendein anderer um Franzosen gegen Franzosen aufzuwiegeln, er war ein sehr fähiger Propagandist, er benutzte nicht die Methode eines Politikers sondern die eines Kirchenmannes, er hatte diese Erziehung, und er wußte wie Wirkung zu erzielen ist wie ein Erweckungsprediger und er machte es außerordentlich gut, und er hielt die Mittelklasse in seinem Bann sie konnte nicht loskommen von ihm, was sagte ich zu einem Freund dessen Mutter immer auf ihn hörte, was wird Ihre Mutter jetzt tun, oh sie trauert aber wenigstens eine Woche lang wird sie beschäftigt sein mit all den Begräbnisreden, aber danach, meine Güte danach was wird sie tun. Ein großer Teil der Mittelklasse fühlt so, natürlich die riesige Mehrheit der Franzosen ist entzückt von seinem Abgang, man atmet freier, es gab sonst keinen in der Regierung der so viel Macht hatte wie er, keiner sonst. Ich glaube nicht daß das außerhalb Frankreichs begriffen wurde, ich glaube es nicht.

Und jetzt ist er tot und außer einigen wenigen Hartnäckigen ist jeder glücklich und erleichtert und jeder kann sich jetzt auf das Ende des Krieges das heißt auf das Freiwerden Frankreichs von den Deutschen vorbereiten.

Eine unserer Freundinnen möchte lernen zu einem Fallschirmjäger der an ihre Tür kommt, und vor dem sie die Tür geschlossen hat, auf englisch durchs Schlüsselloch zu sagen bitte brechen Sie die Tür auf und kommen Sie mit Gewalt herein und nehmen Sie alles was Sie wollen mit Gewalt, auf diese Weise werden Sie alles haben was Sie brauchen und die Deutschen und die Regierung können mir nichts vorwerfen und und jetzt sagte sie wie kann ich das nur dem Fallschirmjäger durchs Schlüsselloch sagen. Der Rest der Bevölkerung möchte

nur lernen zu sagen wir freuen uns Sie zu sehen, und einige von ihnen lernen es sehr hübsch, jeder ist sicher daß eine große Gruppe kanadischer Fallschirmjäger in unserer Nachbarschaft abgesetzt worden ist und daß sie nur auf die Ankunft eines englischen Generals warten der täglich eintreffen soll um mit dem Vormarsch zu beginnen heute ist der erste Juli.
Tatsächlich werden die etwa vierzig Deutschen die hier sind und die ihren Sold nicht mehr bekommen immer friedlicher, sie fragen nach Arbeit sie streifen unbewaffnet umher und sie hatten sich nie ohne Gewehr auf dem Rücken vom Fleck gerührt und nie weniger als drei zusammen, jetzt streifen sie durch die ganze Gegend allein und unbewaffnet. Das ist bestimmt eine Verwandlung diese erobernde Armee diese Besatzungsarmee die jetzt umherstreift in der Hoffnung irgend jemand werde mit ihr reden und irgend jemand werde ihr Arbeit geben. Es sieht wirklich aus wie der Anfang vom Ende. Das Atemberaubende der Situation geht jedem ein bißchen auf die Nerven aber die selbstsüchtigste aller Frauen hier verkündete heute in einem großen Ausbruch daß es ganz recht wäre wenn es kein Brot gäbe, kein Geld überhaupt nichts und dann würden die Deutschen weggehen, genauso werde es sein. Es gibt hier überhaupt keine Züge mehr, und dieses Culoz wo wir sind war ein sehr wichtiger Eisenbahnknotenpunkt für Italien, die Schweiz Savoyen und Lyon, aber nicht ein Zug kein einziger überhaupt kein Zug nicht einer. Kein Wunder daß die Deutschen lammfromm sind, hier sind sie und hier müssen sie bleiben bis es gelingt daß das Maquis kommt und sie wegbringt.
Sie gehen weg von hier, der letzte Haufen der in Artemarre war verschwindet und sie versuchen die Wagen zu verkaufen vor die sie ihre Pferde gespannt hatten und alle die in der Gegend geblieben sind sind gerade hier in Culoz, wir haben noch etwa vierzig und wann werden sie verschwinden sehr bald hoffen wir, sie tun nichts sehr Unangenehmes hier aber o Himmel was für eine Erleichterung wird es sein wenn sie fort

sind, jeder sagt es selbst wenn sie nichts tun sind sie eine bedrückende Last, ja wirklich.
Die Deutschen essen noch Würste, genau wie in den alten Witzen, das Hitlerregime hat daran nichts geändert, sie borgen sich eine Wurstmaschine von einer alten Frau hier die man alte Maria nennt, und sie erzählen ihr alle ihre Nöte und wie sie alle jetzt sehr bald nach Hause gehen werden, und der Soldat der versehentlich seinen Adjutanten niedergeschossen hatte und der in ein Zimmer eingesperrt seitdem immer weint und er wollte sich umbringen aber die Offiziere beschlossen ihn an die russische Front zu senden statt ihn zu erschießen und wir alle lachten und sagten bis er dahin kommt gibt es keine russische Front mehr.
Und jetzt ist die Köchin gerade heraufgekommen und sagt das Maquis sei unterwegs und könne hierher nach Culoz kommen und nicht an irgendeinem Tag sondern heute jeden Augenblick. Ich bin neugierig. Wir haben jetzt den vierten Juli und die Dinge sind tatsächlich in Bewegung.
Es ist der vierte Juli und jedermann grinst von einem Ohr zum andern. Die französischen schwarzen Truppen mit regulären französischen Offizieren sind jetzt nicht weiter als acht Kilometer von uns entfernt, sie sind mit Fallschirmen in der Gegend abgesetzt worden und die Deutschen packen zu Tode erschrocken ihre Tornister und machen sich fort und alle stehen herum und lachen und mit Grund. Es ist ein glücklicher Tag.
Heute unternahm ich einen längeren Marsch und überall gab es Gruppen von Leuten die einander alles mögliche erzählten, einige hatten Kanadier gesehen und einige hatten Engländer gesehen und einige hatten am Radio gehört unser Departement Ain werde bis zum vierzehnten Juli ganz von Deutschen geräumt sein und andere hatten die schwarzen Truppen gesehen und jedenfalls war Kanonendonner zu vernehmen und jedermann hatte einen deutschen Soldaten sagen hören, das einzige was man tun muß um diesen Krieg abzukürzen ist unsere Vorgesetzten umzubringen, und zuweilen wenn man

bedenkt daß in den letzten drei Wochen vierundzwanzig deutsche Generale umgebracht oder gefangen worden sind, tun sie das auch oder etwa nicht.
Eine Sache ist gewiß es ist jetzt sehr schlechter Stil das Maquis oder die Gebirgsburschen zu erwähnen, man spricht respektvoll von der französischen Armee, seit zwei Tagen existiert das Wort Maquis nicht mehr es wurde mit großem Stolz zur französischen Armee. Es gibt so komische Dinge der neue Präfekt erzählte wie er selbst vom Maquis zum Tode verurteilt worden sei und die Bürgermeistersfrau sagte ja er wird darüber in seinen Memoiren schreiben und dann fügte sie nachdenklich hinzu zum Tode verurteilt wir sind alle zum Tode verurteilt.
Es ist sehr erfreulich eine neue Armee mit einem alten Namen zu haben oder eine alte Armee mit einem neuen Namen, sehr erfreulich.
Wir waren gestern in Belley und dort war jeder aufgeregt in der Nacht zuvor war das Maquis in die Stadt gekommen und mit dem sous-prefet mit dem Polizeikommandanten und mit tausend Kilo Zucker die eine Konditorei hatte und vielen anderen Sachen war es wieder verschwunden und jeder war natürlich aufgeregt und aufgebracht, sechs von uns mitsamt unserem Bürgermeister waren in einem Taxi hingefahren, und es war sehr aufregend und dann kamen wir nach Hause und dann kam am gleichen Abend das Maquis sehr nahe an Culoz heran und die Deutschen stellten Geschütze auf um auf sie zu schießen und den ganzen Tagen feuerten sie um das Gebirge herum und wir alle standen herum und redeten und jeder sagte wenn das Maquis kommt und keinen Erfolg hat dann werden die Deutschen Geiseln nehmen und die Höfe abbrennen, o meine Güte will man das Maquis oder will man das Maquis nicht, alles ist sehr aufregend wir haben jetzt hundertsechzig Deutsche in der Stadt und sie gehen nicht fort, wir alle hofften sie würden gehen und das wäre sehr erfreulich für jeden und sie würden gern fortgehen aber Hitler will daß jeder bleibt wo er ist bis alle umgekommen sind, er will das es gefällt ihm so,

daher nehme ich an selbst diese wenigen werden bleiben bis sie umgekommen sind obgleich es jetzt da die Eisenbahn nicht mehr funktioniert keinen Sinn hat zu bleiben aber sie haben Befehl auf jeden Fall zu bleiben. Viele werden umgebracht wenn viele da sind und wenige werden umgebracht wenn wenige da sind aber die Grundidee ist immer bleiben und umkommen. So wird das letzte Bataillon geschaffen das dann umgebracht wird und wir werden alle glücklich sein, ja ganz und gar glücklich.

Ich habe in diesem Krieg viele Dinge gesehen sehr viele aber ich hatte nie einen Panzerzug gesehen und heute als ich am Eisenbahngeleise vorüberging sah ich einen, mit der Lokomotive unter einer Art Teehaube aus Metall und dahinter Wagen mit Sandsäcken und Deutschen und wir waren erstaunt weil es da die Eisenbahn völlig zusammengebrochen war keine Möglichkeit gab wegzukommen außer nach Chambery und ich kam nach Hause um davon zu erzählen und es war fast neun Uhr an einem Sommerabend nur ein bißchen später und Basket bellte und ich schaute hinaus und da waren ein deutscher Offizier und ein Soldat und sie sagten auf französisch sie wollten schlafen und ich sagte haben Sie einen Schein vom Bürgermeister weil sie das immer haben sollen und er sagte wie ein deutscher Offizier in alten Zeiten ich muß das Haus sehen, gewiß sagte ich, gehen sie herum nach hinten und man wird Ihnen öffnen, und ich rief die Dienstmädchen und trug ihnen auf ihnen behilflich zu sein, ich dachte bei solch einem Deutschen sei es wohl besser unseren amerikanischen Akzent wegzulassen, und dann machten sie sich daran, der Deutsche sagte er brauche zwei Zimmer für Offiziere und Matratzen für sechs Mann und er wolle keine Widerrede und es sei ihm gleich wie sehr er die Damen des Hauses aufrege, und die Dienstmädchen sagten sehr wohl mein Herr und er ging fort und kaum war er fort wurden die Soldaten freundlich und schleppten Matratzen herum und sie hatten drei Hunde und wir schlossen ab soviel wir konnten und nahmen Basket hinauf und gingen zu Bett, schließlich waren es fünfzehn Mann die auf den sechs Matratzen schliefen und zwei Hunde der dritte wollte nicht hereinkommen und am Morgen nachdem sie alle gegangen waren konnten wir meinen Schirm nicht finden es stellte sich heraus daß er von einem armen italienischen Teufel den sie die ganze Nacht draußen im Regen bei den Pferden hatten sitzen lassen benutzt worden war, und sie nahmen die neuen Hausschuhe eines Dienstmädchens mit und sie brachen das Schloß auf und stahlen unsere sämtlichen Pfirsiche und sie nahmen warum weiß niemand es sei denn um unangenehm zu sein die beiden Schlüssel der Vorder- und Hintertür mit, und dann gingen sie aber der dritte Hund wollte nicht mit ihnen gehen und jetzt ist er hier, sechshundert waren im Dorf und sie sollten eigentlich unterwegs sein um das Maquis zu bekämpfen, aber sie selber dachten tatsächlich sie würden nach Hause gehen, sie waren sechzehn und siebzehn Jahre alt und wenn sie allein waren erzählten sie den Dienstmädchen wie schwer ihr Leben sei und was für ein unglückliches Land das sei wo es ein Maquis gibt, und einer sagte, jetzt da die Russen in unser Land kommen müssen wir in unser Land wir müssen zurück nach Berlin um es zu verteidigen und wir müssen euch Franzosen verlassen und ihr müßt euch so gut ihr könnt gegen die Engländer verteidigen. Die Dienstmädchen hörten nur zu und dann als ein anderer Deutscher hereinkam zeigte der weinende denselben brutalen Gesichtsausdruck wie die andern, oh sagten die Dienstmädchen diese jämmerlichen Mörder. Wir hörten den ganzen Nachmittag schießen und das Gerücht geht um das Maquis habe die Straße über die sie gingen unterminiert und sie erwischt, jedenfalls ist das das letzte was wir von ihnen sahen und das war erst gestern. Gleichviel sagte der Bürgermeister sie sind nicht mehr ganz das was sie waren, sie drohten den Bürgermeister vom nächsten Dorf zu erschießen weil er die Deutschen nicht verständigt hatte daß das Maquis da sei, aber wie konnte ich sagte der arme Bürgermeister man hatte mich eingesperrt und, sagte unser Bürgermeister, vor vier

Monaten hätten sie nicht auf ihn gehört aber jetzt taten sie es und ließen ihn laufen. Heute nacht geht das Gerücht um daß alle das Land verlassen und sie sollten auch gehen Unglücksvögel die sie sind, sagt die Landbevölkerung. Bis jetzt hat keiner von uns irgend etwas vom Maquis gesehen, noch von den Kanadiern die dabei sein sollten, aber wir werden sagen alle wir werden sie sehen. Jeder ist besorgt und ein wenig verwirrt außer darüber daß die Deutschen gehen werden, wenn sie nur gehen, wohin interessiert keinen.

Und jetzt die unselige Beschreibung dessen was ein sehr kleiner Prozentsatz der französischen Bevölkerung denkt, ich hatte gerade einen heftigen Streit mit unseren nächsten Nachbarn und ich will nur versuchen zu erzählen was sie denken.

Ich habe vergessen zu sagen daß die Deutschen als sie kamen in Lastwagen kamen in großen von Pferden gezogenen Lastwagen, Benzin haben sie nicht.

Über den Krieg den amerikanischen Bürgerkrieg ist eine Geschichte namens The Crisis von Winston Churchill geschrieben worden und sie handelt von Saint Louis und es gab den Norden und da war ein Südstaatler und da war ein Nordstaatler und sie waren jahrelang Freunde gewesen aber als der Bürgerkrieg drohte sagten sie können wir uns treffen und das Thema beiseite lassen und natürlich konnten sie es nicht. Die Franzosen sind jetzt so sie sind leidenschaftlich entzweit und sie können das Thema nicht beiseitelassen. Dann gab es im letzten Krieg eine komische Geschichte. Eine Freundin von uns Louise Hayden hatte den ganzen Krieg in der einen oder andern Art mitgemacht und später als sie nach Seattle nach Hause kam sagte eine Freundin zu ihr, meine liebe Louise du weißt überhaupt nichts von den wirklichen Härten des Krieges, dort drüben warst du drin du warst beschäftigt jede Minute mittendrin aber hier hatten wir die wirkliche Nervosität und Kriegsangst wir waren nicht drin wir konnten nur darunter leiden. Nun dieses Mal sind die Franzosen so gewesen, sie konnten nur unter der Nervosität und Kriegsangst

leiden, sie waren nicht drin, das heißt natürlich jetzt sind sie drin aber von '40 bis '43 ja wirklich bis zum Beginn von '44 waren sie nicht drin, sie hatten die ganze Nervosität die Angst und das Leiden und die Entbehrungen des Krieges aber sie waren nicht drin, und als ich diese Geschichte hörte dachte ich zuerst sie sei nur komisch aber jetzt da ich bei einer Nation gewesen bin die auf die gleiche Art leidet verstehe ich den Standpunkt der Frau in Seattle.
Die nicht kämpfenden Franzosen hatten reichlich Zeit sich Sorgen zu machen und zu reden und der Propaganda zuzuhören, und sie sind so geworden daß sie nicht wissen woran sie glauben aber sie wissen sehr wohl woran sie nicht glauben, ich lachte neulich als ich Doktor Lenormant begegnete weil er die meisten Franzosen übertraf, er war anti-russisch er war anti-englisch-amerikanisch er war anti-deutsch, er war anti-De Gaulle er war anti-Vichy er war anti-Petain er war anti-Maquis, er war anti-Verfolgungen er war anti-Kollaboration, er war anti-Bombenangriffe er war anti-Militär er war anti-Monarchie er war anti-Kommunist er war anti-alles. Es ist sehr kompliziert, die Mehrheit des Mittelstandes ist anti-russisch das heißt anti-kommunistisch deshalb ist sie anti-englisch-amerikanisch weil diese Alliierte von Rußland sind, sie hassen die Deutschen aber sie bewundern sie weil sie so diszipliniert sind und die Franzosen sind es nicht, niemand in Frankreich will diszipliniert sein aber sie können nicht anders als jeden zu bewundern der es ist und die Deutschen sind es bestimmt, und dann ist da immer das deutliche Gefühl daß man die Deutschen so diszipliniert und so mächtig sie sind doch einmal loswerden könnte aber kann man Russen und Anglo-Amerikaner loswerden. In einem so kleinen Ort wie da wo wir leben ist der gegenseitige Haß natürlich viel stärker als in den großen Städten wo man einander nicht jeden Tag sieht, und sie werden so bitter das heißt die Anti-Deutschen daß sie zu den Pro-Deutschen sagen ich möchte nichts dringender als daß Ihr Sohn oder Ihr Mann oder Ihr Bruder in dieses Deutschland das

Sie so lieben verschwände, aber ich hasse die Deutschen antwortet der andere und ich hasse Sie und dann hassen sie das Maquis weil durch die Anwesenheit des Maquis die Deutschen kommen und sie schießen und verbrennen und zerstören und jeder haßt jeden und jeder denunziert jeden und dann kommt das Maquis und verschleppt allen Besitz und manchmal selbst die Männer die beim Militär gewesen sind und dann regt sich jeder auf und manchmal werden sie noch fanatischer und immerhin gibt es jetzt da Henriot der sie die ganze Zeit aufhetzte einander zu hassen tot ist und da die Alliierten so zweifellos gewinnen sehr viele die ihre Meinung ändern, es gibt ziemlich viele die sich still verhalten und es gibt ziemlich viele die amerikanische und englische und französische Fahnen herstellen für den Tag des Sieges und das ist der vierzehnte Juli, und alle Bauern machen sich bereit in die französische Armee zu gehen und in Bälde werden sie so beschäftigt sein mit Essen und Trinken und Politisieren daß sie alle zusammen wieder Franzosen sein werden. Aber es hat Augenblicke gegeben ja es hat solche gegeben.
Heute ist der vierzehnte Juli, in Belley hat man aus Blumen ein schönes V für victory gemacht und man hat amerikanische und englische und französische Fahnen gemacht und man war den ganzen Tag draußen, und auch in Cezerieux sechs Kilometer von hier hat man es so gemacht aber hier konnte man nichts tun weil wir noch über hundert deutsche Soldaten haben, aber wir alle besuchten und erzählten einander daß wir erwarteten bald sehr bald frei zu sein, und das erwarten wir wirklich.
Heute war es ein Schock als berichtet wurde daß die gefangenen amerikanischen Flieger von den Japanern hingerichtet worden sind, man hört so viele schreckliche Dinge daß ich nicht weiß warum das so schockierend wirkte aber so war es und es gibt keinen Zweifel darüber das eigene Land ist das eigene Land und diese Art Übel scheint so weit fort von unserem Land zu sein. Es ist sonderbar die Welt ist so klein und so ramponiert. Heute nacht fürchteten wir es könnten wieder

Deutsche ins Haus kommen aber sie kamen nicht, sie waren innen und außen und drinnen und draußen und es ist genau wie in einem Ameisenhaufen in den man einen Fremdkörper steckt, genau so rennen die Deutschen herum. Das einzig Menschliche an ihnen ist ihre Vorliebe für Schweinefleisch, das ist das einzig Menschliche an ihnen.

Das war gestern.

Ich saß mit der Frau des Bürgermeisters zusammen und vor uns lag die Hauptstraße die von überall her nach Culoz führt. Ziemlich viele Motorräder mit deutschen Soldaten rasten hin und her und dann war plötzlich eine Stille und dann zogen Hunderte von deutschen Soldaten zu Fuß vorbei, es war ein schrecklich heißer Tag und im Gebirge ist die Hitze noch heißer als unten, und diese Soldaten waren Kinder keiner sah älter aus als sechzehn wie sie so daherkamen und einige nicht älter als vierzehn, und ich habe seit der letzten Runde des Marathonlaufes in Chikago nichts Ähnliches gesehen. Unsere Freundin Elena Genin die in der Nähe von Belley wohnt und Mexikanerin ist, erzählte uns sie habe die deutschen Truppen nach Belley einrücken sehen und sie sagte ich sagte zu Joan, das ist ihre Tochter, das ist keine deutsche Armee das ist eine mexikanische Armee wie damals als ich ein kleines Mädchen war, und ich verstand nicht ganz aber jetzt verstehe ich, diese kindlichen Gesichter und die erschöpften Gestalten und die müden Füße und die Greisenschultern und gelegentlich ein Maulesel beladen mit einer Kanone die mehr wog als die Burschen hätten tragen können und dann solche Planwagen die früher die Prärie überquerten nur kleiner und Bauernwagen mit einer Plane darüber und später wurde uns erzählt darin seien Kranke und Verwundete, und sie wurden von Mauleseln gezogen, es war unglaublich, und etwa hundert kamen sogar auf Frauenfahrrädern daher die sie offenbar im Vorbeiziehen mitgenommen hatten, es war unglaublich, die motorisierte deutsche Armee von 1940 nun reduziert auf eine altmodische mexikanische Armee, wirkte älter als die Bilder von der vorrückenden Armee des mexikanischen Bürgerkriegs. Ich nehme an sagte Madame Ray die Bürgermeistersfrau man hat so junge ausgewählt, weil Kinder Feuer legen und Häuser niederbrennen und zerstören können ohne zu wissen was sie tun, während Erwachsene selbst die schlechtesten irgendwo einen Strich ziehen. Es war in jeder Hinsicht ein trauriger Anblick sie waren im Gebirge gewesen um die Gebirgsburschen zu bekämpfen die ihnen natürlich entkommen waren und ziemlich viele niedergeschossen und verwundet hatten und deshalb rächten sie sich an der unbewaffneten Zivilbevölkerung erschossen sie und brannten ihre Häuser nieder und trieben ihr Vieh weg, sie hatten Kühe und Kälber bei sich schleiften sie an einem Strick nach, es war absolut unglaublich daß die deutsche Armee im Juli 1944 so aussehen konnte, es war unglaublich, man konnte seinen Augen nicht trauen, und dann kam ich nach Hause meinen Hund an der Leine und als ich nach Hause kam waren ungefähr hundert von diesen Deutschen im Garten, im Haus überall, armer Basket der Hund war so entsetzt daß er nicht einmal bellen konnte, ich nahm ihn hinauf in mein Schlafzimmer und er saß einfach da und zitterte er glaubte das könne nicht wahr sein. Sie gingen am nächsten Morgen fort und Basket hat seitdem kaum mehr gebellt und heute hörte ich man habe im Dorf einen Hund im Haus erschossen weil er, wie man sagte gebellt hatte, einen großen schwarzen Hund den sein Besitzer angebetet hatte, vielleicht wird Basket nie wieder bellen, ich versuche ihn wieder zum Bellen zu bringen, es stimmt nicht daß ein Hund ruhig sein soll.

Die deutschen Truppen sind so gut wie raus aus der ganzen Gegend, die Züge werden von Franzosen angehalten die Straßen von Franzosen verteidigt weil sie immer irgendwo der Länge nach durch Schluchten gehen und jetzt sind die letzten Deutschen die noch in dieser Gegend sind die ungefähr sechzig hier in dem Ort Culoz wo wir leben, die Eisenbahn war noch in Betrieb zwischen hier und Chambery aber gestern wurde sie unterbrochen, und heute schlachteten die Deutschen ihre letzten drei Schweine und ihre Kuh deshalb denkt jeder auch sie werden fortgehen, sie werden so höflich, eine Frau erzählte mir ein deutscher Soldat sei zu ihr gekommen um ein Huhn zu kaufen, sie sagte sie könne nicht verkaufen weil ihr Mann nicht zu Hause sei, aber sagte er Sie wissen deutsche Soldaten lieben die Franzosen, o ja sagte die Frau, und sagte er alle Franzosen mögen deutsche Soldaten, o ja sagte die Frau und dann ging er fort, sie wissen sie sitzen in einer Falle und können nicht weg, deshalb sind sie wenn sie nicht gerade etwas verlangen sehr schmeichlerisch, die französische Bevölkerung ist natürlich degoutiert, die Franzosen haben ihre Niederlage mit erhobenem Kopf hingenommen, und sie dachten die Deutschen seien stark aber jetzt da sie sich in der Niederlage so benehmen, sind sie degoutiert. Im letzten Krieg waren sie fort aus dem Land bevor sie besiegt waren deshalb haben die Franzosen sie nie kriecherisch in der Niederlage gesehen wie jetzt, und die Franzosen die wenigen Franzosen die sie wirklich bewunderten als sie stark waren haben jetzt nichts zu ihren Gunsten zu sagen, Franzosen mögen keinen der in der Niederlage kriecherisch ist, nein das mögen sie nicht.

Was Nahrung anbetrifft sind wir recht gut dran, da leider keine Nahrung in die großen Städte geht und die Deutschen nicht hier sind und sie wegnehmen, und deshalb bleibt alles was da ist hier, und deshalb haben wir reichlich von allem außer Obst, dies ist keine Obstgegend, und ein oder zweimal sind Lastwagen nach Lyon gefahren um Obst zu holen und jetzt ist der letzte Lastwagen von den Gebirgsburschen geschnappt worden und die Deutschen haben die andern genommen also haben wir kein Obst, aber da wir sehr viel Butter Käse Fleisch Fisch Gemüse und Kartoffeln und jetzt Brot haben kann man von uns nicht sagen daß wir leiden, nicht viel Zucker aber reichlich Honig.

Vorgestern erzählte man uns daß alle Deutschen von hier fortgingen, dann erzählte man uns jedenfalls wußten wir es daß sie ihre drei übriggebliebenen Schweine geschlachtet hatten und ihre Kuh und ihre Ziegen. Das stimmte, und dann erzählte man uns sie gingen schon fort und tatsächlich sah ich sie auf der Straße mit ihren sämtlichen Wagen und einer auf die Straße ausgerichteten Mitrailleuse, alle kleinen Jungen in den Dörfern spielen das, sie machen ihre Kanonen aus Holz und sehr naturgetreu und sie stellen sie in der Straße auf, ich nehme an einige Kanonen die ich sehe sind das was man in Gangstergeschichten Tommywaffen nennt, es scheint eine große Vielfalt davon zu geben, jedenfalls verließen uns heute die ungefähr hundert Soldaten die im Dorf waren und ließen einige deutsche Eisenbahnarbeiter und Stationsvorsteher zurück. Sie gingen zum Bürgermeister um sich von ihm und seiner Frau zu verabschieden, der Bürgermeister und seine Frau erzählten mir heute, der Dolmetscher und der Hauptmann hätten einige höfliche Bemerkungen gemacht, und beide der Dolmetscher und der Hauptmann hätten gesagt sie hofften einige Monate nach Kriegsende nach Culoz zurückzukommen, seltsame Leute die glauben obwohl besiegt nach Belieben als Touristen zurückkommen zu können, der Dolmetscher fuhr fort er vermute der Krieg werde so um den ersten September herum vorbei sein, das einzige sagte er was jetzt zu tun notwendig sei sei zwei Männer umzubringen. Wir wußten nicht welche zwei er meinte, meinte er Hitler und Mussolini, oder meinte er Churchill und Roosevelt, natürlich fragten wir ihn nicht, in der Zwischenzeit war das Dorf in Aufregung weil die Soldaten erzählt hatten sie gingen zwar fort aber an ihrer Stelle kämen wirklich schlechte Männer Totschläger, und die hier gewesen waren waren ja wirklich ganz ruhig und friedlich gewesen, und für dieses Dorf an der Schwelle des Maquislandes war das schrecklich aufregend jeder fühlte sich dadurch irgendwie elend. Nur zu natürlich. Dieser Feind der neue Schub ist bisher noch nicht gekommen aber es gab ein Gerücht der letzte Schub sei umgebracht worden bevor er weit gekommen sei, aber das stimmt sehr wahrscheinlich nicht. Jedenfalls fand ich nach dem Wegzug der anderen Soldaten als ich die Straße hinaufging wo

sie gewesen waren, Papierhüllen, sie hatten also Hüllen von deutschem Tabak und französischen Kerzen gehabt und dann zeigte sich Folgendes. Halbpfundschwere Swifts, gelber amerikanischer Käse, vertrieben von Bright and Company Chicago Ill. und darunter stand kauft regelmäßig Kriegsanleihen und Marken und dann stand da, eine natürliche Quelle von Vitaminen und Riboflavin, nun was das ist wissen wir natürlich nicht, es scheint herausgekommen zu sein seit wir nicht mehr wissen was man in Amerika braucht, aber woher oh woher bekam die deutsche Armee diesen Käse, und es ist ein Jammer für sie daß sie ihn hier in unserem Garten hat liegen lassen müssen, ich vermute sie hatte ihn aus Rot-Kreuz-Beständen gestohlen, was sonst nun ja wie dem auch sei.
Und jetzt nähern wir uns dem Juli-Ende und die Dinge sind sehr verwickelt, gerade jetzt gibt es keine Deutschen mehr in Culoz außer einigen am Bahnhof aber man sagt es gibt tausend gleich jenseits des Flusses, stimmt das, wir wissen es nicht aber es ist ein Gerücht und es ist ein wenig undurchsichtig nur ein wenig, und in der Zwischenzeit zieht das Maquis in der Gegend herum beschlagnahmt Wagen Fahrräder und Lastwagen und zwischen den Deutschen und dem Maquis ängstigt sich jeder, drüben in Belley haben sie es ganz munter getrieben es gibt keine Deutschen dort aber es gibt dort richtiges und falsches Maquis und jeder fürchtet sich, ziemlich stark sogar, und das Schlimmste ist natürlich daß das Maquis in ein Dorf kommt einen Zusammenstoß mit den Deutschen hat und dann zurück in seine Berge geht und die Deutschen das Dorf niederbrennen und jeden umbringen und deshalb fürchtet sich jeder wenn er das Maquis sieht und man fürchtet sich wenn man die Deutschen sieht, im Hinterland fürchtet sich gerade jetzt jeder, und mit Grund, sie fürchten sich nicht mehr vor Bombenangriffen, weil es da keine Züge gehen keinen Sinn hat zu bombardieren, darüber besteht kein Zweifel, es gibt immer genug um sich zu ängstigen, um jeden zu ängstigen. In der Zwischenzeit versucht der Bürgermeister Mehl für Brot zu

finden, aber natürlich kommen die Lastwagen die es bringen sollen nie hierher, das ist nur zu natürlich und in der Zwischenzeit ist jedermann auf dem Land bereit einem Mehl zu verkaufen, es ist sehr verwirrend, sehr.
Und gerade jetzt hat uns der Bankier erzählt daß das Departement Ain das ist unseres und die beiden Savoyen fast sofort von den Deutschen evakuiert werden sollen, und gewöhnlich weiß er Bescheid, in der Tat scheint es jetzt da die Verbindungen nach Italien nach Lyon nach dem Norden und nach Grenoble abgeschnitten sind wirklich keinen Grund mehr zu geben einen Haufen deutscher Truppen hierzubehalten da sie sie anscheinend so dringend anderswo benötigen, abgesehen davon daß es natürlich der französischen Armee im Innern eine Chance gibt sich selbst zu organisieren. Nun wir müssen geduldig sein. Das sagen wir einander alle.
Unsere zwei Hühner legen jeden Tag zwei Eier, was ein Vergnügen ist für alle die es betrifft, die beiden Küken vor allem das Hähnchen wachsen schnell, es wird jeden Tag gewogen und die Köchin sagt es ist vorbestimmt zum ersten Abendessen für den ersten amerikanischen General der hier vorbeikommt. Heute machte ich einen langen Spaziergang und im Dorf bat mich eine Frau hereinzukommen da sie mich etwas fragen wollte. Als ich hereinkam zeigt sie mir ein Paket, sie sagte ihr Mann habe es gerade auf einem Feld gefunden was sei es. Es war ein Paket Malzmilch-Tabletten und ich erklärte es ihr und sie sagte ist es gut und ich sagte ja für Kinder haben Sie welche und sie sagte ja sie habe zwei, nun sagte ich essen Sie eine selber und wenn sie gut ist geben Sie sie ihnen es wird ihnen gut tun, ich schlug vor daß sie es zuerst versuchen solle, weil ich dachte es könnte etwas Schlechtes von den Deutschen Hingelegtes sein um die Leute vor Geschenken aus Amerika zu warnen, aber sie sagte, wissen Sie es geschehen jetzt so viele merkwürdige Dinge, ja ich will es versuchen. Es war merkwürdig ich ging stundenlang durch all die Straßen wo man immer Deutsche getroffen hatte und es waren keine da, über-

haupt keine, nicht einer, sie sind jenseits des Flusses und gerade jetzt zehn Uhr abends sprangen wir und der Hund Basket II hoch weil es zwei große Explosionen gab wahrscheinlich wurden noch mehr Brücken gesprengt. Es gibt noch etwas anderes Seltsames. Die Deutschen zahlen nicht mehr. Sie engagierten immer Männer in der Stadt zur Bewachung der Eisenbahnwagen, der leeren Eisenbahnwagen und sie bezahlten die Männer immer dafür, und jetzt in den letzten paar Monaten haben sie nicht gezahlt, sie zahlen nicht mehr, sie waren immer sehr pünktlich mit Bezahlen, für Unterkünfte für Schäden für alles und jetzt tun sie es nicht mehr. Wollen sie, die deutschen Behörden, das französische Geld das sie haben behalten, bezahlt die französische Regierung sie nicht länger, oder wissen sie jetzt daß sie Frankreich nicht weiterhin besitzen werden und warum also bezahlen wo man doch fortgeht.

Es ist anders, gestern nacht, da fiel es uns am meisten auf, wir ließen die Fensterläden offen so lange wir wollten und dann später ging ich mit Basket hinaus und ich rief ihn während all dieser Tage konnte ich nicht nach zehn Uhr nachts in den Garten und ich konnte Basket nicht rufen weil man natürlich keine Aufmerksamkeit auf sich ziehen wollte, und dann später ungefähr um Mitternacht hörte ich einen Mann die Straße pfeifend hinuntergehen, was für ein Gefühl von Freiheit jemanden um Mitternacht pfeifend die Straße hinunter gehen hören. Eine Last ist einem genommen, die Last ist nicht ganz genommen weil sie noch da sind jenseits des Flusses und sie könnten zurückkommen die Deutschen könnten zurückkommen aber mit den fortschreitenden Siegen der Alliierten ist es nicht sehr wahrscheinlich, nein nicht sehr wahrscheinlich, ungefähr um elf Uhr letzte Nacht gab es eine laute Explosion und heute nachmittag gab es Kanonendonner, überall jenseits des Flusses, wo noch einige hundert Deutsche sind.

Heute gab mir der Bankier aus Belley der einmal in der Woche geschäftlich herkommt eine kopierte Fotografie des Denkmals

für die 1914-1918 gefallenen Soldaten die amerikanischen und englischen Fahnen waren von den jungen Mädchen der Stadt gemacht worden und am 14. Juli 1944 schmückte man es und die Leute pilgerten den ganzen Tag lang hin und trotz der Deutschen und der Polizei blieb es so bis mittags.
Jeder ist jetzt sehr aufgeregt was ist nur los mit den Deutschen und dem Maquis, oder den maquisans wie man das falsche Maquis nennt. Es gibt natürlich ein gewisses Ausmaß von Gesetzlosigkeit es gibt Banden die unter dem Namen Maquis stehlen und jetzt beginnen die Streitkräfte des Innern das heißt das reguläre Maquis das Land zu überwachen um Ordnung zu halten aber selbst sie beschlagnahmen was sie brauchen, Wagen, Fahrräder, Motorräder, Reifen, und es gibt natürlich übertriebene Geschichten, gewiß jedem der mit der Miliz in Verbindung ist geht es schlecht, und den Mädchen die sich mit den Deutschen eingelassen hatten geht es schlecht, ob so schlecht wie man sagt das wissen wir nicht, und dann sprengen die deutschen Soldaten die Militärdisziplin und sie kommen daher um Brot und Proviant zu holen was ihnen zusteht, aber da wie der Bürgermeister sagt jede Gruppe eine Maschinenpistole auf einen richtet gibt man ihnen natürlich was sie wollen, unterdessen kommen jeden Tag Flugzeuge nicht um zu bombardieren sondern um die Streitkräfte im Innern zu verproviantieren und wir alle erwarten jetzt eine regelrechte Schlacht in dieser Gegend, man sagt um den Flughafen bei Amberieu zu besetzen. Leute aus Paris tauchen auf die heruntergeradelt sind, sie sagen die Moral sei gut aber Lebensmittel fehlten vollkommen, wenn sie kein Fahrrad finden können gehen sie zu Fuß aber Franzosen müssen in Bewegung sein sie können einfach nicht stillstehen, die Straßen sind immer voll von jeder Art Fortbewegung.
Als ich heute nachmittag spazierenging sprach ich mit einem alten Mann und er sagte heute nachmittag seien viele Flugzeuge da und es seien lauter amerikanische die dem Maquis Material bringen, und man rät uns im Haus zu bleiben aber

keineswegs wir waren alle draußen mit Ferngläsern um nach dem Sternenbanner Ausschau zu halten, ja sagte er nachdenklich, er auf sein Bauernwerkzeug gestützt und ich auf meinen Stock gestützt, ja sagte er, wir hängen von Amerika ab es wird uns aus unseren Schwierigkeiten herausholen, wir sind immer Freunde gewesen wir halfen ihnen wenn sie uns brauchten und sie halfen uns wenn wir sie brauchten, die Engländer sind in Ordnung aber es ist Amerika auf das wir zählen daß es sich um uns kümmert zusieht daß wir unsere Kolonien behalten, gewiß werden sie Marinestützpunkte haben wollen und natürlich werden wir froh sein daß sie sie haben werden. Das einzige was uns beunruhigt sind unsere Städte die bombardiert worden sind wird man uns helfen sie aufzubauen, da ist Chambery es war eine hübsche Stadt und die Leute sind so gute Republikaner, ja sagte ich und so glühende Patrioten, ja sagte er, wir bewundern sie immer die Savoyarden sind so und Chambery war ihre Hauptstadt und jetzt ist sie zerstört oder zumindest ein Gutteil davon, man hätte den Bahnhof treffen sollen aber nicht die Stadt, ich weiß sagte ich aber es gibt eben unselige Zufälle im Krieg, ich weiß sagte er aber die Amerikaner sollten Chambery wieder aufbauen, und sagen daß sie es tun und in ein bis zwei Jahren wird es von ihnen wieder aufgebaut und dann wenn alles fertig ist und Mr. Roosevelt noch lebt wird er herüberkommen um es anzuschauen und das wäre schön. Vielleicht wird er das tun sagte ich und dann ging jeder seines Weges.

Heute waren wir drüben in Belley am dritten August neunzehnhundertvierundvierzig, und ich sah mich ängstlich nach einem Maquis um. Wir haben noch Deutsche hier deshalb haben wir bis jetzt noch kein Maquis gehabt. Aber Belley das Hauptquartier des Maquis war unglücklicherweise leer sie waren fortgegangen um zu kämpfen und ich sah nur einen von weitem in einem hübschen Khakianzug, das heißt Hemd und Hose, mit einer roten Kordel über der Schulter also kamen wir zufrieden nach Hause wir hatten einen vom Maquis gesehen,

in Belley fragte man uns einigermaßen erstaunt was ihr habt noch Deutsche, wir haben noch ungefähr vierzig Eisenbahner die den Bahnhof bewachen aber wir fühlen uns ihretwegen sehr schuldbewußt, wir sind hier in Culoz die einzigen in der Gegend die noch Deutsche haben, deshalb fühlen wir uns natürlich schuldbewußt, und fügen hinzu es sind Eisenbahner die nichts zu tun haben es sind keine Soldaten. Dinge geschehen rasch, vor drei Monaten war Belley eine Garnison mit Tausenden von deutschen Soldaten und jetzt sind keine da und die Leute von Belley reden als ob sie nie welche gehabt hätten als hätten sie nur ein Maquis gehabt, und wir in Culoz haben noch welche was eine Schande ist.
Die Deutschen sind komisch, jetzt da die Amerikaner über die Bretagne jagen und keine Luftabwehr da ist, fliegen sie mit ihren Flugzeugen über dieses Gebiet hinter dem Mond und bombardieren kleine Dörfer, ein Versuch zu verhindern daß das Maquis Proviant von den Fallschirmjägern bekommt aber natürlich treffen sie weder den Proviant noch das Maquis nur das arme kleine Dorf, das nichts damit zu tun hat, aber warum setzen sie diese Flugzeuge nicht dort ein wo man sie anscheinend dringender braucht. Ich vermute deshalb weil es anders gewesen war als die Befehle gegeben worden waren und man jetzt durch die unterbrochenen Verbindungen keine neuen Befehle erhalten konnte. Unsere Deutschen hier verlassen uns, jedesmal ein paar, jetzt sind weniger als hundert in der ganzen Gegend, aber die Flugzeuge gehen über unsere Köpfe hinweg und täglich hört man entfernten Kanonendonner oder Sprengungen der Verbindungswege und sehr bald werden sie fort sein. Und jetzt kommt eine Spionagegeschichte, es gibt keine Erklärung dafür, aber es ist eine Spionagegeschichte.
Als wir die paar hundert Deutschen hier hatten, war ein Dolmetscher bei ihnen ein großer dunkler Mann der eine Brille trug. Eines Tages kam er hierher um zu vereinbaren daß die deutschen Soldaten bei Fliegeralarm hierher kommen könnten. Ich war nicht hier und er hatte eine lange Unterhaltung mit

Alice Toklas. Er sprach sehr gut Französisch ohne einen bestimmten Akzent. Er sagte daß er da das untere Tor geschlossen war wie ein Räuber über die Mauer hereingekommen sei, und ob wir ihm einen Schlüssel für das Tor geben könnten. Alice Toklas sagte die mairie hätte einen er könnte ihn dort bekommen, nein sagte er er wolle einen in seiner eigenen Tasche haben deshalb gab sie ihm einen, und nach einer kurzen vergnügten Unterhaltung ging er fort. Er kam nie zurück. Wir sahen ihn immer in der Nähe der Stadt aber die Soldaten kamen nie hierher wenn es Fliegeralarm gab und wir bekamen den Schlüssel nie zurück. Als ich nach Hause kam erzählte mir Alice Toklas von der Unterhaltung und sagte sie sei verwundert, er war nicht wie ein Deutscher weder sein Benehmen, noch sein Französisch noch sein Aussehen, später erzählte man uns im Dorf er habe ein Hotel in Paris geführt und seine Frau führe es noch immer und das sei der Grund warum er als einfacher Soldat so gut Französisch spreche.

Von Zeit zu Zeit erwähnte die Frau des Bürgermeisters ihn weil er dies und das für die Deutschen verlangte und als deutsche Truppen durch die Stadt kamen hatten sie nie etwas mit denen zu tun die ständig hier waren. Die Frau Bürgermeister sagte daß er immer höflich und hilfreich sei der Dolmetscher und tue was er könne um es jedem angenehm zu machen, und daß er einem Taxi erlaubt habe einigen Freunden von ihnen zu helfen nach Hause zu kommen, diese Freunde waren gleich nach dem Beginn der dortigen Kämpfe aus der Normandie heruntergekommen. Und dann gingen die Deutschen fort von hier und der Dolmetscher und der Hauptmann kamen um sich vom Bürgermeister und seiner Frau zu verabschieden und der Hauptmann der nicht viel Französisch konnte sagte nur ein paar höfliche Worte und der Dolmetscher sagte, schließlich wird der Krieg bald vorbei sein es müßten nur zwei Männer umgebracht werden und dann wäre er zu Ende, und sagte er drei Monate nach dem Krieg werde ich hierher zurückkommen und Sie besuchen.

Dann gingen sie fort und ein paar Tage später erzählte mir Madame Bürgermeister diese Geschichte, das war erst gestern.
Sie sagte was war Ihr Eindruck von dem Dolmetscher und ich erzählte ihr was Alice Toklas von ihm gesagt hatte daß er nicht sehr deutsch gewesen sei und ein Herr zu sein scheine was merkwürdig sei da er ein gewöhnlicher Soldat war. Ja sagte sie es ist merkwürdig er war ein gewöhnlicher Soldat, und er tat seinen Wachtdienst wie jeder andere, ich weiß nicht ob er mit ihnen schlief und aß aber andererseits benahm er sich wie ein gewöhnlicher Soldat, außer wenn er mit dem Hauptmann zusammen war und dann war es ganz offensichtlich daß es der Dolmetscher war der das Kommando führte, er kam wenn der Hauptmann nach ihm schickte nur wenn es ihm paßte und jedenfalls gab es tausend kleine Hinweise die zeigten daß er der Ranghöhere war. Ich habe Ihnen ja erzählt sagte sie wie er ein Taxi für unsere Freunde organisierte die aus der Normandie kamen aber ich habe Ihnen nie erzählt was geschehen ist. Ich war mit dem Mann und der Frau und den Kindern und der Mutter in der mairie und wartete auf meinen Mann und er kam mit dem Dolmetscher, der Mann blickte überrascht als er den Dolmetscher sah und der Dolmetscher zögerte einen Augenblick und kam dann herein, ah sagte mein Freund ich irre mich nicht wir haben uns in der Normandie kennengelernt, o ja sagte der Dolmetscher und Sie waren Dr. Fisch und führten das Kommando, o ja sagte der Dolmetscher und ich, sagte mein Freund, mir gelang es Schokolade für Sie zu organisieren, von der Schokoladenfabrik dort, o ja sagte der Dolmetscher höflich und damit endete die Unterhaltung, und der Dolmetscher ging und holte ein Taxi für sie und ich habe sie nie wieder gesehen.
Der Dolmetscher kam sehr oft dienstlich zu uns und anschließend blieb er immer und redete, er kam nie auf die Gespräche zurück aber er wurde vertraulicher. Einmal sagte er daß er wisse wer die Mitglieder des Maquis in der Stadt seien und der

Hauptmann habe sie festnehmen wollen aber sagte der Dolmetscher er wolle das nicht erlauben sie sind die Art Männer die ich bewundere Patrioten und Familienväter. Dann fragte er eines Tages den Bürgermeister ob er ihm einen persönlichen Gefallen tun wolle, der Bürgermeister sagte ja natürlich, er sagte er würde ihn bitten in seiner Eigenschaft als Bürgermeister an zwei Städte in der Normandie zu schreiben und Auskunft über eine bestimmte Dame zu verlangen, er sagte sie ist meine Frau, sie ist Französin und sie ist meine Frau das heißt wir sind nicht verheiratet aber sie ist meine Frau. Der Bürgermeister tat es und hatte bis jetzt keine Antwort. Als der Dolmetscher mit den anderen Deutschen fortging sagte er zu dem Bürgermeister wenn Sie je eine Antwort bekommen sollten, geben Sie sie dem deutschen Stationsvorsteher und ich werde sie bekommen. Natürlich kam keine Antwort. Er erwähnte auch mehrere Male daß er Luxemburger sei, er sagte auch daß er Pferde für die Rennbahn in Paris gezüchtet und trainiert habe, nie sagte er irgend etwas über ein Hotel in Paris, und wie ich sagte als er fortging sagte er er werde drei Monate nach dem Krieg zurückkommen, und er sagte es müßten nur zwei umgebracht werden um dem Krieg ein Ende zu machen.

Nachdem die Frau des Bürgermeisters mir die Geschichte von Anfang bis Ende erzählt hatte, sagte sie wissen Sie ich glaube er war Engländer, zuweilen erinnerte mich sein Französisch an Ihres, es schien als sprächen Sie, aber natürlich werden wir es nie wissen, und das ist eine wahre Geschichte.

Es gab eine junge Frau in einem Dorf hier in der Nähe und natürlich waren wir alle sehr neidisch und sie hatte sich eine Bluse aus Fallschirmseide gemacht die mit Proviant abgeworfen worden war, jetzt wollen wir alle Fallschirmseide, ich hätte zu gern eine Hemdbluse aus Fallschirmseide von einem amerikanischen Flugzeug, ein Freund von uns erzählte uns er sei neulich mit dem Fahrrad unterwegs gewesen und vom Maquis angehalten worden das alle Straßen kontrolliert die die Deutschen nicht kontrollieren. Diese Burschen waren auf einem Lastwagen und sie hatten eine amerikanische Fahne daran, und sie sagten wir sind nicht wie das andere Maquis, wir sind amerikanisches Maquis, und unter dem direkten Befehl von General Eisenhower, man sieht selbst in diesen Tagen können die Franzosen noch Witze machen.

Es ist sehr komisch wirklich komisch, wenn der Bürgermeister nach Bourg geht und etwas Mehl für Brot zu bekommen versucht, muß man damit der Lastwagen mit Mehl passieren kann zuvor die Erlaubnis von den Deutschen erhalten und dann erst erhält man die Passier-Erlaubnis vom Maquis, wir alle lachten und sagten die einzigen Leute die keine Erlaubnis zu geben haben sind die Leute von Vichy, der Präfekt und Unterpräfekt sind alle geflohen, niemand ist zurückgeblieben außer den Bürgermeistern dem Maquis und den Deutschen, es ist wirklich sehr komisch, der Bürgermeister sah auf seinem Weg nach Bourg den Panzerzug den wir in Culoz gesehen hatten friedlich in einem Gebirgsfluß neben den Schienen liegen, natürlich ist er nie nach Lyon gekommen.

Es ist wundervoll wie die Amerikaner jetzt in Frankreich umherrasen, früher sagten alle, wenn sie sich nur beeilen würden, wenn sie sich nur beeilen würden, aber jetzt lachen alle und alle sagen aber sie beeilen sich ja ihr könnt Gift darauf nehmen sie beeilen sich. Und die Heilige Odile, sie sagte der Fall von Rom werde nicht das Ende sondern der Anfang vom Ende sein und dann sagte sie der mohammedanische Halbmond und das christliche Kreuz werden in Frieden zusammenscheinen und auf die Türkei blicken, gut gut, wie der Engländer der aus Berlin die Propaganda auf englisch macht immer sagt, well well.

Es ist nett daß die Streitkräfte des Innern, die Franzosen, der Sache so gut weiterhelfen, es macht alle Franzosen zufrieden daß sie Anteil daran haben und jeder ist glücklich und froh.

Wenn Brot das Nötigste im Leben ist dann essen wir Brot und Butter ja wir essen tatsächlich Brot und Butter.

Ich erinnere mich als ich jung war und in einem Buch mit Illustrationen eine sah, auf der die Goten und die Vandalen alle Kunstwerke in Italien umwarfen und zertrümmerten, und ich erinnere mich daß ich schrecklich aufgeregt war über all diese Vernichtung und dann eines Tages als ich sehr aufgeregt war über all das über die Vernichtung von sogar noch älteren Denkmälern in untergegangenen Städten sagte ich mir plötzlich nun schließlich gibt es noch meilenweit Kunstwerke die sogar Leute die wirklich an ihnen interessiert sind auch zu ihren Lebzeiten noch sehen können warum also sich aufregen. Aber jetzt da Florenz zerstört wird und die Normandie und die Amerikaner auf Paris zumarschieren sie sind heute dicht vor Chartres ist es ein komisches Gefühl wirklich ein komisches Gefühl sie schien endlos diese Besetzung von Frankreich und jetzt sind sie da die amerikanischen Tanks dicht vor Chartres, du meine Güte o du meine Güte das gibt einem ein komisches Gefühl.
Hier sind wir so aufgeregt und recht verdrossen durch das Warten abgesehen davon daß unsere Gedanken ziemlich abgelenkt werden von unseren Schwierigkeiten durch unsere eigenen lokalen Aufregungen, wir haben ungefähr noch fünfzig Deutsche in der Gegend aber sie haben Angst und sie bleiben wo sie sind sie waren in einem Dorf in der Nähe um Wein zu kaufen und das Maquis hörte sie seien da und sie kamen herüber und erschossen einen Offizier und zwei Soldaten und jetzt hat das Dorf natürlich Angst das Maquis geht fort aber die Deutschen nun sie fürchten sich zurückzukommen aber jetzt haben sie die üble Angewohnheit fünf oder sechs Flugzeuge von Amberieu bei Bourg herzuschicken und sie werfen Bomben auf ein Dorf, vor drei Tagen taten sie das radierten ein Dorf vollständig aus und töteten fast die ganze Bevölkerung und beinahe jeden Tag kommen diese ungefähr sechs deutschen Flugzeuge über unsere Köpfe, und was sie anrichten werden, das wissen wir nicht, aber etwas Schreckliches das ist gewiß.

Abgesehen von all dem sind die Robin-Hood-Aktivitäten des Maquis wirklich am aufregendsten. Vorletzte Nacht kamen sie in die Stadt, und sie statteten den drei wichtigsten Geschäften einen Besuch ab deren Besitzer den Deutschen geholfen und sie unterstützt hatten und von einem nahmen sie seinen Wagen und fünfzigtausend Franken von einem andern nahmen sie alle seine versteckten Vorräte Mengen von Makkaroni und Öl und fünfundzwanzigtausend Franken und jetzt sind alle anderen die entweder profitiert haben oder für die Deutschen gewesen sind natürlich höchst aufgeregt. Das Maquis benutzt dieses Geld um den Dorfbewohnern zu helfen deren Häuser von den Deutschen niedergebrannt worden sind. Sie sagen die Freunde der Deutschen sollen für die Opfer der Deutschen zahlen. Und dann sind da die Ladenbesitzer die im Grenzland zwischen Freund und Feind sind und sie haben Angst, und da ist der Typ der alten Nörgler die immer alles was die junge Generation tut schrecklich finden und natürlich haben sie zu viel gegen das Maquis gesagt und sie haben Angst und da sind die heruntergekommenen Aristokraten, die immer hoffen ein neues Regime werde ihnen eine Chance geben und sie sind die wütendsten von allen wegen der Niederlage der Deutschen sie und die heruntergekommene Bourgeoisie, die überzeugt ist daß jeder außer ihnen bestraft werden müsse, gestern abend hatte ich auf der Straße Streit mit einer die dazugehört und mein letztes Wort mit lauter Stimme war sie solle barmherziger sein, ich benutzte dieses Wort im amerikanischen Sinn nämlich barmherziger in ihren Ansichten, und die ganze Bevölkerung lachte weil sie es bekanntlich in ihrem Tun nicht ist, und jeder dachte natürlich ich hätte das gemeint aber selbstverständlich stimmte das nicht. Außerdem gibt es noch etwas sehr Komisches die bigotten Kirchenanhänger, sie sind alle für die Deutschen, der französische Klerus im allgemeinen nicht, entschieden nicht, aber sämtliche alten Männer und Frauen die man in Frankreich die Frösche im Weihwasser oder die Mäuse der Sakristei nennt, die sind höchst merkwürdigerweise in Anbetracht dessen was

die Deutschen den Katholiken in Deutschland angetan haben alle für die Deutschen. Es ist wie im letzten Krieg alle Pazifisten waren für Deutschland. Damals habe ich es nicht verstanden aber jetzt fange ich damit an. Man meint daß alles was Freiheit und Lebendigkeit fördert gegen jene ist die entweder durch Schwäche oder durch Stärke die andern unterdrücken wollen und so wollen die Deutschen eben die Deutschen die die Erzzuchtmeister sind sowohl aufgrund ihrer Schwäche als auch ihrer Stärke die Freiheit unterdrücken deshalb sind die andern die die Freiheit unterdrückt haben wollen weil Freiheit eine Kritik an ihnen selbst ist pro deutsch.
Es ist komisch wirklich komisch, das Maquis hat Culoz unter seine Obhut genommen, es hat im Namen der Vierten Republik Bekanntmachungen angeschlagen die der Bevölkerung mitteilen was zu tun ist und die ganze Zeit über waren fünfundzwanzig deutsche Soldaten am Bahnhof verängstigt wie Kaninchen, sie bleiben nur lange genug draußen um ihre Lebensmittel zu kaufen und ziehen sich in ihren Bahnhof zurück, jenseits des Flusses sind noch fünfzig bis zweihundert aber niemand scheint es zu beachten, das Maquis macht sich nicht einmal die Mühe sie zusammenzutreiben, aber das kommt noch sagt man und man wird sie arbeiten lassen. Ich habe es gern wenn man das die Vierte Republik nennt, den Franzosen ist eine neue Regierungsform sehr lieb, sie lieben den Wechsel, vielleicht haben sie gedacht die Dritte Republik gehe einfach weiter aber nein, das alles war eine Zwischenzeit, die Diktatur oder die Oligarchie von Vichy deshalb konnte man es einfach nicht die Dritte Republik nennen es muß eine Vierte Republik sein. Es hat so viele in den letzten hundertundvierzig Jahren gegeben, ich glaube ich habe sie in diesem Buch schon einmal aufgezählt, drei verschiedene Arten von Monarchie, zwei Kaiserreiche drei Republiken, eine Kommune eine Oligarchie und Diktatur, und jetzt sind wir hier bei einer Vierten Republik und jeder ist erfreut. Es macht sie froh und vergnügt. Der deutsche Hauptmann der mit den hundert-

fünfzig Soldaten fortging wurde von einem der Taxis aus Culoz nach Lyon gefahren, der Taximann kam zurück und er sagte der deutsche Hauptmann habe geweint als er auf Wiedersehen sagte, er sagte er sei in Culoz so glücklich gewesen und habe gehofft noch einmal seine Frau und Kinder zu sehen aber jetzt sei er in die Normandie abkommandiert worden und natürlich weinte er und erwartete daß der französische Chauffeur ihn bemitleidete. Sie sind wirklich ein komisches Volk sie sind es wirklich.

Alice Toklas hat gerade angefangen dieses Buch zu tippen, solange Deutsche in der Nähe waren ließen wir es im Manuskript da meine Handschrift so schlecht ist war nicht anzunehmen daß irgendein Deutscher imstande wäre sie zu lesen, aber jetzt nun wenn sie auch nicht gegangen sind sind sie sozusagen doch nicht hier, wir können unsere Fenster offen und das Licht brennen lassen, meine Güte so kleine Dinge aber sie machen sehr viel aus, und es ist so. Sie haben Florenz verlassen, das ist schon eine Wende zum Guten und jeder ist froh, man erwartet jetzt alles werde um den fünfzehnten August herum vorüber sein. Die Franzosen setzen gerne ein Datum fest es ermuntert sie, aber es scheint ziemlich bald zu sein, sie alle sagen auch daß in dieser Gegend ein englischer Oberst sei und fünfzehn kanadische Offiziere, aber sind sie da, zuweilen glauben wir es und zuweilen nicht. Wenn sie hier sind wäre es hübsch sie zu sehen.

Die Deutschen sind noch hier einige vierzig aber wir sehen sie nie im Dorf wie wir es gewohnt waren, warum nicht, ich fragte den Bürgermeister, er zwinkerte er sagte sie schlafen den ganzen Tag, weil sie die ganze Nacht Wache stehen, sie haben Angst sagte ich wie Kaninchen sagte er. Jeder freut sich so daß die anmaßenden Deutschen Angst haben wie Kaninchen, jeder freut sich.

Obwohl die Deutschen noch hier sind hat das Maquis die Verproviantierung unserer Stadt übernommen wie sie es in der ganzen Gegend getan haben, sie verteilen sehr viel mehr Butter

und Käse als es vorher gab. Sie nehmen alles was in den Molkereien für die Deutschen vorbereitet worden war. Sehen Sie sagte die Köchin aufgeregt, es ist Butter eingewickelt in Stanniol, oh die war vorbereitet für diese dreckigen Boches für die üble Brut und jetzt haben wir sie kommen Sie schnell Madame und kosten Sie. Sie hebt das Stanniolpapier auf als ein heiliges Andenken, die erste Beute vom Feind. Ach sagte sie sie haben uns zum Weinen gebracht seit vierzig und jetzt weinen sie. Natürlich ist es schwierig Medikamente zu bekommen, selbst die Deutschen haben nicht viel davon deshalb kann das Maquis sie ihnen nicht wegnehmen deshalb greift jeder zurück auf alte Kräutermittel. Die alten Leute werden immerzu konsultiert und gebeten sich zu erinnern was sie gemacht haben als sie jung waren, für Quetschungen nimmt man gestoßene wilde Verbenen und zum Desinfizieren und zum Abschwellen Umschläge aus Blütenblättern der weißen Lilie eingelegt in eau de vie und Fußbäder aus gekochtem Efeu.
Wie sie es schaffen weiß ich nicht aber die französischen Arbeiter in Deutschland kommen langsam zurück. Wie sie es wagen wollen sie nicht sagen aber in den letzten paar Tagen sind drei zurückgekehrt. Und sie beschreiben Deutschland wie es ist.
Und gerade heute sind wir furchtbar aufgeregt weil die Alliierten gerade eine Landung in Südfrankreich gemacht haben und wir liegen auf ihrem Weg herauf und es ist höchst aufregend. Eine Frau erzählte mir gerade daß sie zwei Zimmer übrig habe und daß sie obwohl es Himmelfahrt und ein Feiertag sei unverzüglich beginne sie für die ersten amerikanischen Soldaten herzurichten, und die ganze Bevölkerung will Englisch lernen und schnell.
Wie ich sagte haben einige Zwangsarbeiter ihren Weg aus Deutschland zurückgefunden, man weiß nie wie die Franzosen es machen aber sie wandern einfach immer zurück und augenscheinlich ohne sehr große Schwierigkeit, sie beschließen nach Hause zu kommen und sie kommen.

Wie ich sage sind ihre Beschreibungen von Deutschland komisch. Sie sagen die Zivilbevölkerung glaube noch stur an Sieg, sie habe sich nicht geändert aber die Armee sei völlig entmutigt, und außerdem trösten sie sich mit dem Erschießen ihrer Offiziere, es sehe so aus als habe Hitler angeordnet jeder Soldat solle jeden Offizier oder Soldaten erschießen den er gegen die Regierung habe sprechen hören, und sagen die Franzosen natürlich hat jeder Soldat der einen Groll hegt nichts anderes zu tun als den Mann zu erschießen gegen den er ihn hegt und zu sagen das geschehe weil er gegen die Regierung gesprochen hat und dann wird er beglückwünscht statt bestraft. Und überdies beginnt die deutsche Armee zu meutern, so sagen diese französischen Burschen, aber solange die Zivilisten noch an Sieg glauben wird Deutschland nicht aufgeben. Was alle Franzosen in Deutschland mit Schrecken erfüllt ist die Art wie die Deutschen die Russen behandeln, Frauen sowohl wie Männer, die Deutschen haben solche Angst vor ihnen daß sie ganz verrückt werden in ihrer Brutalität, das ist die französische Erklärung der Situation.
All das erinnert mich an einen Tag in Paris, wir hatten viele Leute zum Abendessen es war etwa '35 und sie sprachen über die Nazis und Hitler und ich sagte es sei Hitlers Absicht Deutschland zu zerstören, und zwar deshalb weil er Österreicher ist und ein Österreicher habe in seinem Herzen wenn auch unbewußt einen so großen Haß auf Deutschland daß er wenn er könnte Deutschland zerstören würde und Hitler kann und will das. Alle dachten ich wolle nur zu glänzen versuchen aber ganz und gar nicht es ist wahr, wenn Hitler Deutscher gewesen wäre hätte er die Deutschen nicht so zerstören können wie er es tut, es ist wie Napoleon der Italiener war und dem es natürlich gleichgültig war wie viele Franzosen umkamen. Es ist wieder einmal das salomonische Urteil, es ist die Stimme des Blutes, aber seltsamerweise hat das fremde Ungeheuer für die Nation die es zerstört einen Glanz den ein einheimisches Ungeheuer nicht haben könnte. Und so wartet Hitler ganz gemüt-

lich darauf daß das letzte Bataillon kämpft und gewinnt oder umkommt, vermutlich umkommt aber er hat in allen dieses Gefühl erweckt weil er ein Fremder ist und kein Deutscher, es ist die andere Seite des Propheten der nichts gilt im eigenen Land.
Nun gut in diesen Tagen schert sich keiner um den Tod aus Angst vor Himmel oder Hölle aber mit dem Tod ist und ist immer immer das Ende des Lebens verbunden und leben ist interessant, und für Hitler ganz bestimmt warum also aufhören.
Die kleinen Gruppen von Deutschen überall sind immer noch überall, unsere ging gerade gestern weg, sie war so harmlos wie Deutsche sein können, aber das waren in Wirklichkeit keine Soldaten die meisten waren Eisenbahnarbeiter und die wenigen Soldaten die sie als Bewachung bei sich hatten waren ziemlich jämmerliche Exemplare Opfer des russischen Rheumatismus, wie sie es nennen, und jetzt sind sie gegangen um zu den andern jenseits des Flusses zu stoßen und die fünfhundert in Aix-les-Bains sind weggegangen um wegzubleiben, aber zum Kummer der Bevölkerung von Aix sind sie zurückgekommen, das Maquis hat alle Verbindungen abgeschnitten und sie sind wieder da. Das Maquis sagt es wird sie erledigen und ich nehme an das wird geschehen. Wir sehen das Maquis jetzt, sie haben große Lastwagen und alle getarnt, ich sah so einen heute den ersten in einem kleinen Ort wo ich gelegentlich Kuchen kaufe, und als ich diesen Lastwagen sah erschrak ich, sind die Deutschen zurückgekommen aber nein eine kleine Trikolore flatterte freundlich vorne, und überall war das Kreuz von Lothringen und die Trikolore darauf gemalt, und alles war heiter und vergnügt ganz und gar nicht deutsch. Ich hörte heute daß Hauptmann Bouvet Befehlshaber dieser Gegend ist, er war ein netter Mann, er und ich hatten in den dunkelsten Tagen des Krieges oft lange Unterhaltungen an kalten Wintertagen zwischen Belley und Bilignin, aufgemuntert durch die Schlacht um London aufgemuntert durch den Beitritt der

Russen aufgemuntert durch Munterkeit, und natürlich wußte ich nicht daß er mit dem Maquis im Bunde war, bis die Deutschen kurz bevor sie Belley verließen versuchten ihn und seinen Schwiegersohn zu erwischen aber es gelang ihnen sich zu verstecken nicht zu schwierig dort in den Bergen, und die Deutschen erwischten sie nicht, er war pensionierter Berufsoffizier der sich auf den chemischen Teil der Sprengstoffe spezialisiert hatte deshalb war er natürlich großartig im Aufhalten aller Eisenbahnen und im Zerstören von Brücken, und jetzt kann jeder wissen daß er es war und das ist ein Vergnügen.
Aber man kann wirklich verstehen wieso die Deutschen niemals Kolonien hatten halten können, wenn man diese vereinzelten Teile der deutschen Armee zu gejagten Kaninchen werden sieht sobald sie nicht siegen, sie haben immer Angst selbst wenn sie meistens siegen und man muß wirklich in einem von ihnen besetzten Land gewesen sein um das zu erkennen und wenn man beinahe immer in Angst ist kann man sich natürlich keine primitiven Rassen unterwerfen. Sofern nicht eine Menge Deutsche in der Nähe waren taten sie keinen Schritt ohne geschultertes Gewehr und das bevor es das Maquis gab. Und das ist zweifellos wahr, wie könnten sie je eine dominierende Rasse sein, wie könnten sie nur. Jeder ist jetzt so vergnügt, alle machen ihre kleinen Fahnen für die Alliierten jeder selbst die Bauern mitten in der Ernte, die Frauen nehmen sich Zeit Fahnen zu machen. Sehr hübsch, oh sehr hübsch, wir können unsere Fenster offen lassen, und jeder ist vergnügt. Die armen Leute von Aix-les-Bains mit ihren fünfhundert zurückgekehrten Deutschen, es ist zu schlimm, aber es ist besser und die in Aix wissen das, daß es ihnen nicht möglich war wegzukommen, selbst wenn sie sie für kurze Zeit wieder zurück haben müssen. Alle Männer jung und alt wollen mitmachen sie wollen alle ganz dabei sein, sie beneiden diejenigen die bereits dazugehören und mitmachen, und die französischen Truppen sind im Süden gelandet und jetzt oh wie sie alle wünschen dabei zu sein.

Heute morgen gerade vor der Dämmerung wurden wir alle von Maschinenpistolen und Schnellfeuergewehren geweckt, aber es dauerte nicht an, anscheinend hatten sich die beiden Streitkräfte des Maquis nicht vereint und so gelang der Anschlag nicht, aber überall in Savoyen ergeben sich die Deutschen und die auf der anderen Seite des Flusses sagten daß sie es gerne tun würden vielleicht werden sie es tun und dann können wir mit dem Maquis friedlich leben bis die Amerikaner kommen, das wird dann das Buch beenden der erste amerikanische Tank und sicherlich wird er daherkommen, in einer Woche oder in zwei Wochen die Pessimisten sagen in drei Wochen niemand erwartet daß es einen Monat dauern wird, und sie sind dreißig Kilometer von Paris es ist ein banger Augenblick, liebes Paris, wir sahen es den Deutschen durch die Hände gehen vierzehn und jetzt vierundvierzig.
Heute waren wir zum ersten Mal in Gesellschaft eines wirklich lebenden Maquisard, wir waren in einem Taxi und er kam daher um nach Culoz zu gehen, und wir waren entzückt, er hatte die Trikolore an der Schulter und sah gebräunt und tüchtig aus, wir sind Amerikaner sagten wir, ja das wissen wir sagte er, und wir schüttelten uns feierlich die Hand und gratulierten einander, er war Hauptmann im Maquis, und er war deutscher Gefangener gewesen, war vor zwei Jahren geflohen und war zu seinem Beruf bei den Wasserwegen und Brücken zurückgekehrt und hatte sich dem Maquis angeschlossen und hatte seither immer dort mitgearbeitet, wir waren alle froh, aber jeder ist in diesen Tagen froh, man kann sich schwer vorstellen wie merkwürdig es wirkt jeden lächeln zu sehen und jeder lächelt.
Das Maquis war ganz wunderbar natürlich sind sie jetzt bewaffnet und zahlenmäßig den Deutschen mehr oder weniger überlegen sie greifen an und außerdem sind sie siegessicher aber als sie zuerst begannen das deutsche Transportsystem zu blockieren, waren sie praktisch unbewaffnet, sie waren zahlenmäßig unterlegen, wurden oft von ihren Landsleuten verraten

und doch gelang es ihnen Eisenbahnlinien zu unterbrechen Tunnels zu blockieren Brücken zu sprengen, und neben all ihren anderen Schwierigkeiten mußten sie das Material in Empfang nehmen das ihnen per Flugzeug geschickt wurde und es wegschaffen und verstecken und es zusammensetzen und alles zum Einsatz bringen angesichts eines schwer besetzten Landes mit feindlichen Wachen überall, und das arme Maquis viele von ihnen hungrig und frierend und von vielen ihrer Landsleute nicht zu freundlich angesehen, es war eine Art von Valley Forge ohne einen General Washington aber jede kleine Gruppe mußte sich selbst erhalten mit ihrer eigenen Nahrung ihren eigenen Plänen und ihrer eigenen Moral. Wir die mitten unter euch leben grüßen euch.

Während ich gestern abend spazieren ging und durch ein kleines Dorf kam drangen leise Stimmen aus der Dunkelheit die sagten fürchten Sie denn nicht das Ausgehverbot Madame.

Andererseits spielen die kleinen Jungen die in verstohlenen Ecken und im Geheimen Maquis gespielt hatten es jetzt auf offener Straße, mit rot weiß und blau auf der Schulter mit den Kriegshelmen ihrer Väter auf dem Kopf und ihren hölzernen Mitrailleusen in der Hand, als jemand sie fragte was würdet ihr tun wenn die Deutschen zurückkämen. Kein Deutscher kann zurückkommen.

Jeder wartet, man sagt es geht so rasch man kommt sich vor als wäre man im Kino. Man hat vollständig vergessen daß man bisher immer stöhnte und sagte wenn sie sich nur beeilen würden. Und außerdem ist man so sehr viel besser ernährt, leider nicht in den großen Städten, aber hier in den kleinen Orten, das Maquis übernimmt die Aufgaben der Polizei, es hat feierlich verkündet die Vichy-Regierung funktioniere nicht mehr und das Maquis sei die Regierung, und werde mit Hilfe des Bürgermeisters die Bevölkerung ernähren und die Aufgaben der Polizei übernehmen. Schon haben wir zusätzlich Butter Wein und Käse gehabt, und jetzt da sie hier sind spricht die

Bevölkerung ausgelassen von zusätzlichem Weißbrot und Sardinen aber das ist entschieden verfrüht, jedenfalls führt das Maquis jetzt das Kommando es schlägt seine Bekanntmachungen am Rathaus an es schickt den Stadtausrufer mit seiner Trompete herum um zu verkünden was wir tun sollen und jeder ist erfreut weil es französisch ist und einfach, und landläufig und alle die wollen können sich zusammentun und darüber sprechen. Ich kam die Straße entlang ich hörte einen Mann sagen ja vor dem vierzehner Krieg, ja man kann wieder über das sprechen was vor dem vierzehner Krieg war derart friedlich ist es nun Mitte August geworden.
Es ist nett frei zu sein meine Güte ja und jetzt haben wir unsere kleine Schlacht gehabt und sie war folgendermaßen. Die Deutschen hatten Culoz verlassen und sie hatten sich alle jenseits des Flusses in Vions zusammengetan es waren dann zwischen zweihundert und dreihundert. Vor ungefähr einer Woche beschloß das Maquis ihnen die Brücke wegzunehmen und ihnen Beine zu machen aber da gab es eine gewisse Schwierigkeit wegen der Signale, sie müssen alle herunterkommen von ihren Bergen und dabei gab es irgendeinen Irrtum. Zwei Deutsche waren auf der Brücke erschossen worden aber sie waren noch da. Gestern brachten sie bei vollem Tageslicht eine Kanone den Hügel hinauf und griffen die Brücke an, sie mußten zuerst die kleinen Jungen die in den Tümpeln der Rhône badeten wegweisen und zwei Frauen die später vorbeikamen wurden leicht verletzt, und dann stürmte das Maquis die Brücke und es war höchst aufregend, sechs Maquisarden griffen acht Deutsche an töteten zwei und die andern liefen davon, inzwischen kamen acht deutsche Flugzeuge aus Lyon aber sie halfen ihren gefährdeten Kameraden nicht sie setzten einfach ihren Weg nach Deutschland fort und wurden nicht mehr gesehen. Nur noch eine kleine Weile und die Deutschen waren fort so schnell sie konnten. Das Maquis hißte die Fahne auf der Brücke und schickte herüber zum Bürgermeister damit er dem Stadtausrufer sage die Brücke sei in den Händen des Maquis und niemand

solle sie überqueren, dann wurde es Nacht, das Maquis sammelte sich von allen Seiten griff die fliehenden Deutschen an und tötete in den Sümpfen annähernd fünfzig bis achtzig, der Neffe unseres Bäckers brachte fünf um und der Metzgerjunge brachte vier um, die Deutschen versuchten in Richtung Aix-les-Bains zu entkommen, aber dort wurden sie von anderen aus dem Maquis zurückgetrieben und es wurde eine regelrechte Kaninchenjagd, das Wetter war heiß und die Deutschen waren dort in den Sümpfen in einer schlimmen Lage, einige versuchten sich zu ergeben aber andere aus der Gruppe schossen und das Maquis brachte alle um, jeden einzelnen, und dann kam es zurück, und jeder war glücklich und es hieß jeder müsse flaggen deshalb liefen wir alle herum und versuchten Fahnen zu bekommen, und unser Kaufladen dessen Besitzer ein allseits bekannter Collabo war grub aus seinen Vorräten eine Menge französischer, englischer und amerikanischer Fahnen hervor wir bekamen eine hübsche und inzwischen hatte das Maquis dem Bürgermeister eine schöne große amerikanische Fahne gegeben und diese und die französische Fahne wurden vor dem Rathaus aufgehängt und wir waren sehr gerührt und die Frau Bürgermeister lehrte die Kinder die Fahne zu grüßen sagen vive la France et honneur aux maquis. Es ist ganz wunderbar wenn man denkt daß viele kleine Kinder nie eine Fahne gesehen hatten nie, die Deutschen hatten nie Fahnen und natürlich waren keine französischen erlaubt, und die kleinen Kinder gehen hin und berühren sie schüchtern, sie haben nie eine Fahne gesehen. Was für eine Stadt jeder ist ständig draußen auf der Straße, und zwischenhinein singt man die Marseillaise, jeder fühlt sich so leicht, es ist unmöglich jemandem klarzumachen was Besetzung durch Deutsche ist der es nicht erlebt hat, hier in Culoz war es so einfach wie nur möglich da die meisten Einwohner Eisenbahnangestellte sind und die Deutschen sie nicht reizen wollten, aber es war wie eine stickige Wolke unter der man nicht richtig atmen konnte, wir hatten eine Menge zu essen, und keine Einmischung von

Seiten der Deutschen aber es war da ein Gewicht das immer da war und jetzt fühlt sich jeder normal, man fühlt sich gut und man fühlt sich schlecht aber man fühlt sich normal, und das war unser Kampf, das ganze Maquis war dort unten an der Brücke man glaubt nicht an eine Rückkehr der Deutschen, aber man ist wachsam, gerade jetzt hörte man schießen aber es dauerte nicht an, es war also wahrscheinlich falscher Alarm, wir mögen das Maquis, honneur aux maquis.
Man sagt sechs von den verwundeten und getöteten Deutschen seien in die Berge entkommen und man sucht sie von Zeit zu Zeit aber da man sie nicht gefunden hat nimmt man als sicher an daß sie tot und dahin sind. Es ist wunderbar am Bahnhof vorbeizugehen und zu sehen daß das Blockhaus das die Deutschen gebaut hatten um sich zu verteidigen bereits fort ist der Stacheldraht bereits fort ist und die Kinder dort herumspielen wo die Boches so feierlich mit ihren Gewehren gestanden hatten bereit jeden zu erschießen. Die Eisenbahnangestellten sind sehr beschäftigt, sie bereiten alles vor damit die Eisenbahngleise repariert werden können und daß Züge fahren können sobald Frankreich frei ist, nun ja es ist frei aber nicht vollständig frei, in Lyon und Chambery den beiden Hauptstädten kämpft das Maquis noch gegen die Deutschen, aber bald ja bald jetzt können wir sagen bald.
Jeder freut sich daß das Maquis Vichy einnimmt, es ist ein großer Spaß une bonne blaque à la Française, nein es war nicht eine alliierte Armee sondern das Maquis das Vichy besetzte jeder freut sich über den Spaß daß sie ihren Haß gegen die Regierung vergessen haben, die Franzosen sind bestimmt sans rancune, sie können sich nicht sehr lange an ihren Haß erinnern es ist zugleich ihre Schwäche und ihre Stärke, aber es ist hübsch, ein großer Spaß wie das Maquis Vichy einnimmt und die ganze Regierung davonrennt wie sie das machen ist schon zum Lachen. Es ist heiß und trocken schrecklich heiß und trocken aber da jeder weiß daß es gut ist für die kämpfenden Armeen trockenes Wetter zu haben nehmen sie es zufrieden in

Kauf, selbst wenn das Gemüse vertrocknet, tant pis sagen sie, was macht's, wenn wir nur frei sind. Und jetzt gibt es eine größere Zuteilung von Wein und Butter und Käse, warum also sich sorgen.

Und jetzt hat man gerade im Radio angekündigt die Amerikaner seien in Grenoble und das ist nur achtzig Kilometer entfernt und kein Widerstand dazwischen, oh wenn sie nur hier vorbeikämen. Wir müssen sie sehen. Es gibt keine Möglichkeit dorthin zu kommen.

Und jetzt heute um halb eins sagte eine Stimme im Radio Achtung Achtung Achtung und die Stimme des Franzosen überschlug sich vor Aufregung und er sagte Paris ist frei. Gloria Halleluja Paris ist frei, man stelle sich vor weniger als drei Monate nach der Landung und Paris ist frei. Die ganze Zeit über wagte ich nicht die Prophezeiung der Heiligen Odile zu erwähnen, sie sagte Paris werde nicht niedergebrannt die Hingabe seiner Bevölkerung werde Paris retten und so war es vive la France. Ich kann Ihnen gar nicht sagen wie aufgeregt wir alle sind und wenn ich jetzt nur die Amerikaner nach Culoz kommen sehen kann, ich glaube alles was mit diesem Krieg zu tun hat wird zu Ende sein ja das glaube ich.

Heute abend es war genau wie am vierten Juli in meiner Jugend im San Joaquin Tal, es war genauso heiß und wir alle gingen heute da Paris befreit ist hinaus um Blumen auf das Soldatendenkmal zu legen, es war bereits mit Fahnen geschmückt und das Maquis marschierte die Hauptstraße von Culoz hinunter, und dann nahm jeder Haltung an und sang die Marseillaise, es war interessant zu sehen wer von den Einwohnern von Culoz Mitglied des kämpfenden Maquis war, und dann gab es eine andere Menge ihnen verbundener kämpfender Maquisaden. Ich nenne sie gern Maquisaden, genau das waren sie, als jeder Augenblick eine Gefahr war, sie mußten Waffen in Empfang nehmen sie mußten sie transportieren und sie mußten sie verstecken und sie mußten sabotieren und die ganze Zeit über vertraute ein sehr beträchtlicher Teil ihrer

Landsleute ihnen überhaupt nicht, und hier waren sie Arbeiter, Stationsvorsteher, Beamte, Schneider, Friseure, alles, niemand wußte es aber sie natürlich, und einige sahen ziemlich müde aus aber meine Güte jeder war glücklich, jeder hatte die Fahne auf der Schulter und ein paar Mädchen war es gelungen, nur der Himmel weiß wie, ein ganzes Kleid aus Trikolore-Bändern zusammenzunähen, Paris war mittags besetzt worden und bis acht Uhr hatte ganz Frankreich Kränze auf die Soldatendenkmäler gelegt weil natürlich jedes Dorf eins hat, honneur aux maquis, und man sagt in Aix-les-Bains seien Amerikaner nur fünfundzwanzig Kilometer entfernt wie gerne möchten wir sie sehen sogar noch ein bißchen lieber als der Rest der Bevölkerung was sehr viel heißen will. Wir fanden im hiesigen Dorfladen einige amerikanische Fahnenbänder, und wir gaben sie all den kleinen Jungen, genauso wie 1914-1918 als Amerika in den Krieg trat, wir fragten uns sogar ob nicht noch etwas von demselben Band übrig geblieben sei, schließlich gab es keinen besonderen Grund in diesem kleinen Ort daß der hiesige Dorfladen es sonst hätte haben sollen, vive la France vive l'Amerique vive les alliés vive Paris, und das nach diesem höchst aufregenden Tag. Oh ich vergaß, ich wollte natürlich meinen Hund Basket teilnehmen lassen und ging deshalb mit ihm hinunter zum Dorffriseur und ich sagte wollen Sie ihn nicht scheren und elegant machen, es ist nicht recht wenn die Amerikaner vorbeikommen und wenn Paris frei ist daß der einzige französische Pudel in Culoz der Amerikanern gehört nicht elegant sein sollte, so bekam Basket, während wir alle einschließlich er selbst weidlich schwitzten, seine Pfoten geschoren und seine Schnauze geschoren und er war elegant und so nahm er teil an der Abendfeier und alle kleinen Kinder sagten, Basket Basket komm her Basket, sie sagen das sehr schön und dann gab es Trompetengeschmetter und natürlich hatte er Angst und versuchte wegzulaufen, deshalb band ich ihn mit einem Taschentuch an und diese Mühe war zwar nicht so elegant aber trotzdem waren wir alle stolz auf uns.

Wir sind ganz erschöpft heute am nächsten Tag, wir waren so aufgeregt wir sind so glücklich wir sind ganz erschöpft, wir gehen einfach herum schütteln Hände und sind erschöpft.
Und so geht es nachdem wir alle gestern so glücklich waren, wird heute noch einmal in den Straßen von Paris gekämpft, liebes Paris und liebes liebes Paris, aber die Heilige Odile sagte es sei in Ordnung und obwohl besorgt nun jedenfalls um unsere Gedanken abzulenken jetzt gerade während ich im Bad war, ein Knall und das Haus zitterte ich stieg aus dem Bad und ein anderer lauter Knall, und das Haus zitterte, und dort unten im Tal waren Schwaden von Rauch, sie versuchten die Brücken über der Rhône zu treffen, die Köchin schrie und die Leute drängten sich auf dem Boden zusammen, und wir konnten die Eisenbahnbrücke sehen und sie schien unversehrt zu sein, aber das Maquis das sie bewachte, nun jetzt sagt jeder niemand sei verletzt.
Das waren die Boches die nach Hause fliegen weil sie nicht länger in Frankreich bleiben konnten und aus Rache Bomben warfen, wir sahen zwei Geschwader Flugzeuge in der Luft und jetzt da sie fort sind hatte ich Angst es seien Amerikaner die Bomben fallen ließen aber niemand traut den Amerikanern etwas Schlechtes zu, und vielleicht nicht, jedenfalls sind die Leute nicht so glücklich heute wie gestern aber heute ist heute und das ist's worüber man sich freute.
Und jetzt heute da Paris wirklich frei ist und man sich freut, ist es so wie die Heilige Odile gesagt hat.
Die Heilige Odile sagte die Welt wird weitergehen und der schlimmste aller Kriege wird kommen und Feuer wird von den Himmeln heruntergeworfen werden und es wird Frost und Hitze geben und die Flüsse werden voll Blut sein und schließlich wird der Feind gewinnen und jeder wird sagen und wie können sie nur so stark sein, und jeder wird sagen und gib uns Frieden und dann wird nach und nach die Schlacht um den Berg kommen und das ist bestimmt Moskau, weil es schon zur Zeit der Heiligen Odile wegen seiner vielen religiösen Häuser

der Heilige Berg genannt wurde und in der Tat war es dort wo der Feind seine erste Schlappe erhielt, und dann sagte sie, viel später wird in den Straßen der ewigen Stadt gekämpft werden, und Rom besetzt werden das sei nicht das Ende sondern der Anfang vom Ende (was wirklich so war) und daß Paris das in größter Gefahr sei gerettet werde durch die Heiligkeit seiner heiligen Frauen, Sainte Geneviève und jetzt ist es gerettet worden dank der Tapferkeit seiner Männer und seiner Frauen und wir sind alle so glücklich, honneur aux maquis.
Es ist herrlich am Sonntagabend auf den Dorfplatz hinunterzugehen und ihn voller Maquis in ihren hübschen Shorts und Khakihemden die Trikolore über der Schulter mit den Mädchen reden zu sehen jeder lächelt und noch keine zehn Tage her blieb jeder im Haus und die Deutschen waren auf dem Platz, noch keine zehn Tage her, was für eine Woche, und niemand ist wirklich daran gewöhnt, und doch ist es schwer zu glauben daß es nicht immer so war, es sind in unserer Stadt hundertfünfzig Maquisaden stationiert und es ist ein Vergnügen.
Gestern war ich draußen auf der Straße und es gab ein riesiges Gewitter und ich ging in ein Straßencafé, da saßen zwei Männer an einem Tisch mit F. F. I. auf der Brust und ich sagte guten Tag und Basket und ich waren sehr naß, und sie sagten guten Tag aber nicht ganz wie Franzosen, wir sprachen noch ein bißchen weiter und dann erkannte ich an ihrem Akzent daß es Spanier waren, ich sagte ich sei Amerikanerin und wir schüttelten uns feierlich die Hand und wir begannen zu erzählen, einer war der typische Barceloner Intellektuelle er erinnerte mich an Picassos Freund Sabatez, er und sein Kamerad sind jetzt mit zweihundertfünfzig anderen spanischen Flüchtlingen seit zwei Jahren beim Maquis, denn sagten sie da wir nicht in unserem eigenen Land für Freiheit kämpfen können kämpfen wir für Freiheit wo immer wir können, sie tun es jetzt seit zehn Jahren, sie wissen von Hemingway und als ich ihnen erzählte daß ich Picasso kenne standen sie auf und wir schüttelten uns feierlich die Hand, immer wieder. Dann fragte ich

wo sie herkämen und sie sagten Annecy und ich sagte Sie müssen meine Landsleute gesehen haben und sie sagten ja und eine Journalistin hätte sie interviewt und zu ihnen gesagt was tut ihr Spanier denn hier, und als sie es ihr erzählten sagte sie sie sei froh sie kennengelernt zu haben und daß sie Helden seien. Sie wollten nach Artemare gehen um ihre Frauen aufzusuchen die dort Zuflucht gefunden hatten und dann wollten sie zurück nach Annecy gehen. Wenn Sie sagte ich die Journalistin wiedersehen sagen Sie ihr daß ich sie sehen möchte, und ich sagte ihnen meinen Namen aber sie werden sich nicht erinnern aber jedenfalls war es ein Vergnügen eine Nachricht zu übermitteln. Es ist sehr quälend überall Amerikaner zuweilen nur zwanzig Kilometer entfernt und wir sehen sie nicht, wie gern wir sie sehen möchten und eine Nachricht nach Amerika schicken und etwas von ihnen erfahren. Heute nacht wurde ich überall von Moskitos gestochen beim Versuch mehr von ihnen zu erfahren. Ich ging hinunter zum Pont de la Lois zur einzigen übrig gebliebenen Brücke über die Rhône, sehr seltsamerweise war sie '40 nicht zerstört worden und ist jetzt wieder nicht zerstört worden. Dort in der Nähe war unsere kleine Schlacht geschlagen worden und dort in der Nähe sind neulich die Bomben abgeworfen worden oder war es erst gestern. Nun jedenfalls sprach ich mit dem Maquis das die Brücke bewachte, darunter ein Junge den ich aus Cezerieu kannte und sie erzählten mir ein Auto mit amerikanischen Offizieren habe die Brücke passiert, als ich es heute abend Alice Toklas erzählte sagte sie sie wolle ihre Schreibmaschine mit hinunternehmen und sie erwarten aber als ich ihr von den Moskitos erzählte wurde sie schwach, nun jedenfalls, einer der Bahngehilfen der auch dort war sagte daß sie Befehl erhalten hätten die Eisenbahnschienen zwischen Chambery und Culoz zu reparieren und daß es in drei Tagen getan werden müsse, weil sagte er die Amerikaner sie benutzen wollen und er versprach mir daß er wenn der erste Zug mit Amerikanern signalisiert werde, tags oder nachts, alles stehen und liegen lassen und heraufkommen

und mir Bescheid geben werde. Liebe Amerikaner wie gern wir sie sehen möchten.
Es ist herrlich am Abend die Stimmen der spielenden Kinder zu hören, so lange Zeit spielten sie ruhig sie hatten Angst auf den Straßen zu spielen oder auf dem Trottoir aber jetzt sind sie ausgelassen und die Erwachsenen lächeln nachsichtig und plötzlich hört man eine Kinderstimme schreien bumm bumm bumm, bumm bumm bumm, bumm bumm bumm so ist es, natürlich das ist ein Maschinengewehr das Boches niederschießt, jeder nennt sie jetzt Boches, und jeder fühlt sich erleichtert sehr erleichtert, ausgenommen natürlich diejenigen die Geld an den Deutschen verdient haben, und es gibt einige, und natürlich sind sie nervös. Das Maquis rächt sich natürlich ein wenig die Franzosen sind von Natur aus kein rachsüchtiges Volk aber die Deutschen haben so schreckliche Greueltaten in den Gebirgsgegenden begangen daß die Gebirgsburschen als sie die S. S. Truppen in Annecy fingen sie verständlich genug mit erhobenen Händen durch die Stadt marschieren ließen und sie dann auf die Hügel brachten und niemand weiß was dort mit ihnen geschehen ist, und natürlich hatten die Jungen die Bauernhöfe und Männer und Frauen und Kinder und auch das Vieh darin brennen sehen, wenn sie einen Deutschen gefangennehmen, können sie nicht anders als ihm einen Tritt in den Hintern geben. Aber die Franzosen sind kein rachsüchtiges Volk und sie werden bald jetzt da sie ihre Kraft fühlen nicht mehr rachedurstig sein.
Unser Freund Monsieur Godet kam gestern und sagte er wolle versuchen bis in die Schweiz durchzukommen, er hat Geschäfte dort, und deshalb hoffen wir daß er dann für uns nach Amerika kabeln kann und all unseren Freunden mitteilt daß es uns gut geht, er fuhr auf dem Fahrrad los mit einem Passierschein von der F. F. I. und wenn er erst einmal bis St. Julien gekommen ist, der Weg auf dem wir immer in die Schweiz gefahren sind, glaubt er werde er keine Schwierigkeiten haben. Es wird hübsch sein wenn er zurückkommt und uns Nachrich-

ten von den Amerikanern bringt. Wir haben ihn gebeten einen Mann oder eine Frau von einer Zeitung mitzubringen, oder zwei, es wäre schön wenn er das täte. Es gibt amerikanische Autos und Offiziere die so sagt man von Zeit zu Zeit vorbeikommen aber ich habe sie nicht gesehen und natürlich ist sehen glauben, weil bei der Bevölkerung der Wunsch so sehr Vater des Gedankens ist, aber sie werden kommen, sie seien gepriesen.

Ich traf heute Monsieur Burtin dessen Tochter an der Universität von Grenoble ist und die ihm immer wenn er über ihre studentischen Aktivitäten beunruhigt war sagte aber mein lieber Vater du verstehst nicht, dies ist unser Krieg nicht euer Krieg, und jetzt da die F. F. I. sich mit Ruhm bedeckt hat sagte sie zu ihrem Vater, siehst du wir hatten recht, gewiß Leute deines Alters sind weniger leichtgläubig als Leute unseres Alters, aber dieses Mal hatten wir recht auf unserer Leichtgläubigkeit zu bestehen, sieh dir die Ergebnisse an, sie sind großartig sagte der Vater, ja sagte die Tochter du kannst verstehen das war keine Arbeit für Veteranen.

Ein wenig später sprach ich mit einem jungen Burschen der jetzt in Culoz ist aber den ich oft in Belley gesehen hatte wo er im ersten Bataillon der Chasseurs war bevor sie demobilisiert wurden als das unbesetzte Gebiet nicht mehr existierte. Ich hatte ihn seitdem nicht mehr gesehen. Deshalb fragte ich ihn natürlich ob er in der Bewegung gewesen sei. Er sagte wegen seiner Gesundheit, seine Lungen sind nicht sehr kräftig sei er dazu nicht imstande gewesen aber tatsächlich seien alle seine Kameraden aus dem Bataillon in der Bewegung, nicht die Offiziere, sagte er, dies sei keine Offiziersbewegung, Berufsoffiziere hätten im allgemeinen nicht die Art von Intelligenz die einen Maquisaden ausmacht. Nein sagte ich, alle Berufsoffiziere die ich kenne die Patrioten waren, alle haben es irgendwie geschafft nach Afrika zu kommen und sich mit dem stehenden Heer zu vereinigen, ja sagte er die haben nicht die Art von Intelligenz die einen Maquisaden ausmacht, die Unteroffiziere schon, viele von ihnen sind in der Bewegung, es war sagte er herrlich geheimnisvoll Sie wissen vielleicht nicht sagte er daß einer der Führer der Pariser F. F. I. drei Monate in Culoz versteckt war, nein sagte ich wußten Sie es damals, o nein sagte er, ich war sehr vertraut mit seiner Schwester aber sie erwähnte es nie, wie alt ist er, sagte ich, oh ungefähr vierundzwanzig und die Deutschen kamen ihm auf die Spur zwei von der Gruppe wurden von den Deutschen gefaßt aber die anderen Anführer entkamen, und die zwei die gefangengenommen worden waren haben trotz schrecklicher Folterungen ihre Kameraden nicht preisgegeben, nach drei Monaten hörten sie daß die Deutschen ihre Spur verloren hätten also gingen sie alle zurück, und setzten ihre Arbeit fort, jetzt da alles vorüber ist erzählte mir seine Schwester alles darüber. Und woher sagte ich kamen all die Waffen die die Pariser anscheinend gehabt hatten, oh er lachte die meisten davon waren seit '40 versteckt gewesen, nicht möglich sagte ich, ja sagte er ich versichere es Ihnen. Gut honneur aux maquis, man kann es nicht oft genug sagen, es ist schön zwei Länder zu haben auf die man stolz sein kann zu denen man gehört meine sind natürlich Amerika und Frankreich.

Heute ist das Dorf aufgeregt schrecklich aufgeregt weil man die Köpfe der Mädchen schert die es während der Besetzung mit den Deutschen gehalten hatten, man nennt es die Frisur 1944, und natürlich ist es schrecklich weil das Scheren öffentlich gemacht wird, es wird heute gemacht. Es ist wie ich oft gesagt habe, Leben im Mittelalter, es ist bestimmt höchst interessant und logisch das ist es bestimmt.

Da ich gerade über all dies spreche es gibt Folgendes über eine Jüdin, eine Pariserin, gut bekannt in der Pariser Welt. Sie und ihre Familie fanden Zuflucht in Chambery als in Paris die Judenverfolgungen begannen. Und dann später, als es im Süden kein unbesetztes Gebiet mehr gab, sollten alle Juden diesen Vermerk auf ihre carte d'indentité und ihrer Lebensmittelkarte vermerkt haben, sie ging zur Präfektur um das zu tun und der Beamte den sie sah blickte sie streng an Madame sagte er, haben Sie irgendeinen Beweis bei sich daß Sie Jüdin sind, ach nein sagte sie, nun sagte er wenn Sie keinen richtigen Beweis haben daß Sie Jüdin sind, warum kommen Sie und belästigen mich, wie bitte sagte sie, nein sagte er ich bin nicht interessiert wenn Sie nicht beweisen können daß Sie Jüdin sind, guten Tag sagte er und sie ging. Sie selbst hat diese Geschichte erzählt. Die meisten französischen Beamten waren so wirklich so.

Und jetzt sagt jeder dauernd daß amerikanische Offiziere Culoz passieren, man kann sie das sagen alle an ihren großen Hüten erkennen. Tragen amerikanische Offiziere große Hüte, o ja sagen sie. Wirklich, frage ich mich, oder ist es nur eine Art Cowboy-Idee die die Bevölkerung hat. Vielleicht tragen die Amerikaner aber doch große Hüte, wir warten so brennend darauf es zu sehen.

Was für ein Tag was für ein Tag der Tage, wie ich immer gesagt habe werde ich dieses Buch beenden mit dem ersten Amerikaner der nach Culoz kommt, und am heutigen Tag oh glücklicher Tag am gestrigen Tag und am heutigen Tag, am ersten September 1944. Da waren sechs im Haus, zwei blieben über Nacht und dann waren noch drei da außer den drei ersten nicht hier in Culoz sondern in Belley. Oh glücklicher Tag, das ist alles was ich sag oh glücklicher Tag.

So ist es geschehen. Wir gehen ungefähr einmal im Monat nach Belley um einzukaufen und auf die Bank zu gehen und dergleichen und gestern Donnerstag war der Tag, also fuhren wir in einem Taxi hin, und als wir nach Belley kamen sagten mir beim Aussteigen aus dem Taxi mehrere Leute, die Amerikaner sind hier. Ich hatte das so oft gehört daß ich die Hoffnung eigentlich aufgegeben hatte und ich sagte ach Unsinn aber ja sagten sie, und dann kam der Sohn des Uhrmachers zu mir der der unerschütterlichste und leidenschaftlichste Pro-Alliierte selbst in den dunkelsten Tagen gewesen war und sagte die Amerikaner sind hier. Wirklich sagte ich ja sagte er nun sagte ich bringen Sie mich zu ihnen, gut sagte er sie sind im Hotel also gingen wir so schnell wir konnten weiter und als wir zum Hotel kamen versuchte man mich aufzuhalten aber wir sagten nein und gingen hinein. Ich sah den Hotelbesitzer und ich sagte ist es wahr Amerikaner sind hier, ja sagte er kommen Sie, und ich folgte ihm und da waren wir die keuchende Alice Toklas hinterher und Basket sehr aufgeregt und wir gingen in einen Raum voll von Maquis und der Bürgermeister von Belley dabei und ich sagte mit lauter Stimme sind Amerikaner hier und drei Männer standen auf und es waren Amerikaner Gott segne sie und wie entzückt wir waren. Wir drückten einander die Hand und wir schlugen einander auf die Schulter und wir setzten uns zusammen hin und ich sagte ihnen wer wir sind, und sie wußten es, ich gehe immer davon aus daß die Leute wissen wer ich bin und zur gleichen Zeit im letzten Augenblick zweifle ich ein bißchen, aber sie wußten es natürlich sie wußten es, es waren Leutnant Walter E. Oleson 120. Pionier Bataillon und Landser Edward Landry und Walter Hartze, und sie gehörten zu den Thunderbirds und wie wir sprachen und wie wir einander auf die Schulter klopften auf gut amerikanisch, und ich mußte wissen woher sie kamen und wohin sie gingen und wo sie geboren waren. Im letzten Krieg waren wir auf unsere ersten amerikanischen Soldaten gestoßen und es war nett gewesen aber nichts im Vergleich zu jetzt, nach fast zwei Jahren ohne ein Wort aus Amerika, da waren sie, alle drei. Dann gingen wir um uns ihren Wagen den Jeep anzuschauen, und ich hatte ihn mir viel kleiner vorgestellt aber er war ziemlich groß und sie sagten ob ich eine Fahrt damit machen wolle und ich sagte sicher wolle ich eine Fahrt machen und wir alle kletterten hinein und da fuhr ich in einem amerikanischen Militärwagen chauffiert von einem amerikanischen Soldaten. Alle waren so aufgeregt.

Dann sagten wir einander adieu und daß wir hofften sie wiederzusehen, und dann kauften wir weiter ein, dann waren plötzlich alle aufgeregt Militärlastwagen voller Soldaten kamen daher aber keine Amerikaner, das war die französische Armee auf amerikanischen Wagen und sie waren glücklich und wir waren glücklich und müde und glücklich und dann sahen wir zwei die wie Amerikaner aussahen in einem abseits stehenden Wagen und ich ging hinüber und sagte seid ihr Amerikaner und sie sagten sicher, und unterdessen war ich überzeugt und ich sagte ich sei Gertrude Stein und ob sie mit uns zurückkommen und bei uns übernachten wollten. Sie sagten nun ja sie dächten daß der Krieg schon einige Stunden ohne sie weitergehen könne also kamen sie, Alice Toklas stieg in den Wagen mit dem Fahrer und der Oberst kam mit mir, oh ein freudiger Augenblick und wir alle fuhren nach Hause und das Dorf war wild vor Aufregung und sie alle wollten dem Oberst die Hand schütteln und schließlich kamen wir ins Haus, und wie aufgeregt wir waren. Da waren die ersten Amerikaner tatsächlich bei uns im Haus, unmöglich zu glauben daß vor erst drei Wochen die Deutschen noch im Dorf gewesen waren und sich als Herren gefühlt hatten, es war wundervoll. Oberstleutnant William O. Perry Hauptquartier 47. Infanterie Division und Landser John Schmaltz, wundervoll das ist alles was ich darüber sagen kann wundervoll, und ich sagte Sie werden in Betten schlafen in denen vor sechs Wochen deutsche Offiziere geschlafen haben, wundervoll meine Güte ganz wundervoll.

Wie wir in dieser Nacht redeten, sie brachten einfach ganz Amerika zu uns jedes Stück davon, sie kamen aus Colorado, wunderschönes Colorado, ich kenne Colorado nicht aber so empfand ich es wunderschönes Colorado und dann waren alle übermüdet und sie gaben uns schöne amerikanische Spezialitäten und meine Güte wie glücklich wir waren, wir waren es, vollkommen und wahrhaft glücklich und vollkommen und gänzlich fertig vor Erregung. Am nächsten Morgen während sie frühstückten redeten wir noch mehr und wir klopften einander auf die Schulter und dann küßten wir einander und dann gingen sie fort. Gerade als wir uns zum Lunch gesetzt hatten, kamen vier weitere Amerikaner herein diesmal Kriegskorrespondenten, unsere Gefühle waren doch noch nicht erschöpft ebensowenig unsere Fähigkeit zu reden, wie wir redeten und redeten und wo sie geboren waren war Musik für unsere Ohren Baltimore und Washington D. C. und Detroit und Chikago, alles ist Musik für unsere Ohren so weit weit weit weg von den Namen der Orte in denen sie geboren waren. Nun sie haben mich gebeten mit ihnen nach Voiron zu gehen um mit ihnen am nächsten Sonntag eine Rundfunksendung für Amerika zu machen und ich werde gehen und der Krieg ist vorüber und dies bestimmt dies ist der letzte Krieg an den ich mich erinnere.

Schreiben Sie über uns sagten sie alle ein wenig traurig, und über sie schreiben will ich. Sie sagten alle auf Wiedersehen Gerty als der Zug abfuhr und dann sagten sie, wir werden Sie in Amerika sehen, und dann sagten sie wir werden Sie in Kalifornien sehen und dann sagte einer, Sie müssen zuerst nach New York kommen.

Es ist sehr herrlich und sehr schrecklich mit zwei amerikanischen Armeen in Frankreich vertraut und befreundet und stolz auf sie gewesen zu sein und nur siebenundzwanzig Jahre liegen dazwischen. Es ist herrlich und wenn ich noch siebenundzwanzig Jahre leben könnte könnte ich sie hier wiedersehen. Nein ich glaube doch nicht, vielleicht an anderen Orten aber nicht hier.

Im Anfang als die Amerikaner hier waren hatten wir Offiziere und ihre Fahrer-Kameraden. Sie waren Fahrer-Kameraden, Kameraden und Fahrer Fahrer und Kameraden. Die französische Revolution sagte, Freiheit Gleichheit Brüderlichkeit, jawohl sie sagte es und wir sind es, Gott sei Dank.

Selbstverständlich ist der Fahrer ein wenig stolzer wenn es ein Oberst ist als wenn es ein Leutnant oder Hauptmann ist, nun nur ein wenig. Der erste war Oberstleutnant Peary aus Colorado, er kam mit mir im Taxi von Belley und Miss Toklas fuhr mit Jake im Jeep, sein Name war nicht Jake aber der Oberst nannte ihn Jake weil er immer, während er im Jeep wartend saß, seinen Namen als Autogramm signierte für die Franzosen die sich um ihn scharten und es wollten, genau wie ein Filmstar, deshalb nannte der Oberst ihn Jake.*

Nun Miss Toklas fragte ihn ob der andere genau so ein Soldat sei wie er, sie waren unsere ersten Amerikaner und wir wußten nicht wie man den einen vom andern unterscheiden sollte da sie äußerlich alle gleich aussehen besonders wenn ihre Über-

* *jake:* prima, erstklassig; aber auch Bauernlümmel. Anm. d. Ü.

ziehjacke zugeknöpft ist, Miss Toklas fragte ihn und er sagte mit Befriedigung oh er sei ein Oberstleutnant.
Danach hatten wir eine Menge Offiziere und schließlich traf ich drei Majore in Aix-les-Bains. Ich sagte nun es ist in Ordnung, aber jetzt haben wir alles gehabt vom Unteroffizier bis zum richtigen Oberst und sogar verschiedene Exemplare von jedem jetzt möchte ich einen General. Die Majore wenigstens einer von ihnen sagte ich glaube ich kann Ihnen einen bringen. Hätten Sie gerne General Patch. Hätte ich, sagte ich, nun ja ich denke schon. Wenn Sie, sagte er, ihm eine Zeile schreiben bin ich sicher er wird kommen. Er gab mir eine alte Karte, ich hatte ihm bereits mein Autogramm auf einem französischen Papiergeld gegeben, man schreibt schwer auf französischem Papiergeld aber ich hatte mich endlich daran gewöhnt, so schrieb ich eine Zeile an General Patch und selbstverständlich dachten wir alle es sei ein Witz aber weit gefehlt. Etwa zehn Tage später kam der persönliche Sekretär von General Patch mit einem netten Fahrer aus Arkansas der bescheiden sagte er habe den General immer gefahren, und sie brachten mir einen reizenden Brief von dem General des Inhalts er würde sehr bald vorbeikommen, um meine Einladung zum Hühneressen anzunehmen. Der Sekretär sagte der General werde in etwa zwei Wochen vorbeikommen. Als es soweit war begannen heftige Kämpfe in den Vogesen, das Hauptquartier des Generals wurde aus unserer Gegend verlegt, und jetzt warten wir noch, aber bestimmt wird er kommen, er sagte er würde und er wird kommen.
Als sich die Freude und Aufregung wirklich Amerikaner hier zu haben sie wirklich hier zu haben ein wenig zu legen begann begann mir allmählich klar zu werden daß Amerikaner sich jetzt viel mehr unterhalten als früher, Amerikaner in jenen anderen Tagen, den Tagen vor diesen Tagen unterhielten sich nicht. Wie gut erinnere ich mich im letzten Krieg vier oder fünf an einem Tisch in einem Hotel gesehen zu haben und einen Mann der eine Art Monolog vor sich hin leierte über das

was er getan oder nicht getan hatte gehört zu haben und die andern aßen und tranken feierlich und ruhig und sagten kein Wort. Und wie ich die Soldaten an einer Ecke stehen oder irgendwo sitzen sah und sie waren da und Minuten Stunden vergingen und sie sagten kein Wort, und dann stand einer auf und ging fort und die andern standen auf und gingen fort und das war es. Nein diese Armee war nicht so, diese Armee unterhielt sich, sie sprach sie hörte zu, und jeder hatte etwas zu sagen nein diese Armee war nicht wie die andere Armee. Menschen ändern sich nicht nein sie tun es nicht, als ich nach fast dreißig Jahren Abwesenheit in Amerika war fragte man mich ob ich die Amerikaner nicht verwandelt fände und ich sagte nein in was können sie sich verwandeln außer ins Amerikanisch-Sein und jedenfalls hätte ich mit jedem von ihnen zur Schule gegangen sein können sie waren genau so wie die mit denen ich zur Schule gegangen bin und jetzt sind sie immer noch amerikanisch aber sie können sich unterhalten und sie sind interessant wenn sie sprechen. Die älteren Amerikaner haben immer Geschichten erzählt das war alles was es mit ihrem Reden auf sich hatte aber die heutigen erzählen keine Geschichten sie unterhalten sich und was sie sagen ist interessant und was sie hören interessiert sie und das macht sie anders nicht wirklich anders Gott segne sie aber so oder so sie sind nicht mehr ganz so wie sie waren.

Wir sprachen damals nicht darüber. Wir hatten zu viel zu erzählen und sie hatten zu viel zu erzählen als daß wir Zeit hätten verlieren können uns über Unterhaltung zu unterhalten. Was wir immer wissen wollten war der Staat aus dem sie kamen und was sie getan hatten bevor sie hier herüberkamen. Einer sagte daß er auf einer Rennbahn geboren war und in einem Nachtklub gearbeitet hatte. Ein anderer war der Golfchampion von Mississippi, aber was wir sie am liebsten sagen hören wollten war der Name des Staates in dem sie geboren waren und die Namen der anderen Staaten in denen sie gelebt hatten.

Nach jedem Krieg, es gab nur zwei solche aber ich glaube nicht daß man wenn man nur sagt nach dem letzten Krieg auch das fühlt was man fühlt, nein ich meine nach jedem Krieg, so fühlt man es, nach jedem Krieg wenn ich mit unserer ganzen Armee rede und ihr zuhöre, fühlt man es genauso, das was ich am liebsten habe sind die Namen aller Staaten der Vereinigten Staaten. Sie machen Musik und sie sind Poesie, man muß sie nicht alle aufzählen aber man muß nur einen zwei drei vier fünf davon sagen und man wird sehen sie machen Musik und sie machen Poesie.

Nach dem letzten Krieg wollte ich ein langes Buch schreiben oder ein Gedicht, ich tat weder das eine noch das andere aber ich wollte es, darüber wie verschieden Kansas von Iowa ist und Iowa von Illinois und Illinois von Ohio, und Mississippi von Louisiana und Louisiana von Tennessee und Tennessee von Kentucky, und alle andern von all den andern, es wäre höchst aufregend, weil jeder sich so vollständig von allen andern unterscheidet einschließlich ihrer Nachbarn. Und wenn man bedenkt wie gerade die Linien der Staaten gezogen sind, keine natürlichen Grenzen von Gebirgen oder Flüssen sondern eben liniiert mit einem Lineal gezogen mit dem man Linien macht und Winkel und dennoch hat jeder Staat seinen eigenen Charakter, seinen eigenen Akzent, genau wie die Provinzen in Frankreich die so alt sind. Es dauert nicht lange einen Staat anders zu machen als einen anderen Staat nicht so sehr lange, sie sind eben alle einfach amerikanisch aber sie sind alle so verschieden einer vom andern Dakota und Wyoming und Texas und Oklahoma. Oder sonst irgendeiner den man gern hat. Ich habe alle gern.

Schließlich ist jeder wie sein Land ist, wie das Klima ist, wie die Berge und die Flüsse oder ihre Ozeane sind wie der Wind und Regen und Schnee und Eis und Hitze und Feuchtigkeit sind, sie existieren einfach und deshalb haben sie ihre besondere Art zu essen ihre Art zu trinken ihre Art zu handeln ihre Art zu denken und ihre Art subtil zu sein, und selbst wenn die

Grenzlinien nur mit einem Lineal gemacht sind ist schließlich was innerhalb der rechten Winkel ist anders als die andern außerhalb der rechten Winkel, jeder Amerikaner weiß das.
Es ist einfach so, ich weiß nicht warum aber Arkansas berührte mich besonders, alles berührt mich jetzt besonders was amerikanisch ist. Es ist etwas daran an dieser Sache mit dem Heimatland und man kommt nicht davon los, in Friedenszeiten scheint man es nicht zu bemerken ganz besonders wenn man in fremden Gegenden lebt aber wenn Krieg ist und man ganz allein ist und vollständig abgeschnitten vom Wissen über sein Land nun dann ist es da, dein Heimatland ist dein Heimatland, ganz gewiß.
Nachdem all die Aufregung über all die Jeeps und all die Offiziere und all die Fahrer vorüber war waren wir für kurze Zeit ruhig und wir überlegten ob sie alle fortgegangen waren ob wir sie denn nicht wiedersehen, und dann begann Culoz das ein kleiner Ort ist aber ein Eisenbahnknotenpunkt sie zu haben und wir begannen sie zu haben.
Truppenabzüge begannen den Bahnhof zu passieren auf dem Weg zur Front.
Ich kam von einem Spaziergang nach Hause und ein F. F. I. sagte zu mir da steht ein Zug mit ihren Landsleuten auf einem Nebengleis grade da unten, ich nehme an Sie würden sie gerne sehen, danke sagte ich ich gehe hin und ich ging rasch hin. Da schlenderten und standen sie herum und ich sagte Hallo zu der ersten Gruppe und sie sagten Hallo und ich sagte ich bin Amerikanerin und sie lachten und sagten sie seien auch Amerikaner und wie es geschehen konnte daß ich hier hängen geblieben sei und ich erzählte ihnen wie ich den Krieg hier verbracht habe, und sie wollten wissen ob es im Winter Schnee auf den Bergen gibt und da war eine große Gruppe und ich erzählte ihnen wer ich bin, in der Annahme der eine oder der andere könnte von mir gehört haben aber es waren viele die von mir gehört hatten und sie umringten mich und wir sprachen und wir sprachen. Es war das erste Mal daß ich mit einer

so großen waschechten Infanterie zusammen war und sie sagten genau das seien sie. Wir begannen über die verschiedenen Staaten zu sprechen und sie wollten von unserem Leben unter den Deutschen wissen und ich erzählte ihnen und sie waren interessiert, und sie erzählten mir wo sie gewesen waren und was sie von den Leuten dachten die sie gesehen hatten und dann wollten sie Autogramme und sie gaben mir Geldscheine um darauf zu schreiben, und ein Pole der der extravaganteste war gab mir eine Hundertfrankennote um sie für ihn zu signieren, merkwürdig daß ein Pole am verschwenderischten mit seinem Geld umging, vielleicht wollte er es sowieso ausgeben, und einer erzählte mir daß sie von mir wüßten weil sie meine Gedichte zusammen mit anderer amerikanischer Dichtung in der Volksschule lernen und das freute mich enorm freute mich ganz gewiß und dann ging ich fort und sie gingen fort.
Beim Weggehen überlegte ich ja es waren junge amerikanische Leute aber sie hatten eine Gewandtheit heute und es fehlte ihnen vollständig der Provinzialismus der die letzte amerikanische Armee charakterisiert hatte, sie sprachen und sie hörten zu und sie hatten Sicherheit, sie waren ihrer selbst völlig sicher, sie hatten weder Zweifel noch Unsicherheit und sie hatten keine Erklärungen abzugeben. Die letzte Armee neigte eher zum Erklären, oh einfach alles, sie neigten zum Erklären, diese erklärten nicht, sie waren einfach gesprächig.
Dann kamen mehr Truppenzüge an und wir brachten ihnen Äpfel hinunter und wir sprachen mit ihnen und sie sprachen mit uns und ich war immer mehr beeindruckt von ihrem Anderssein, sie wußten wo sie waren und was sie waren und warum sie waren, ja sie wußten es, sie hatten Haltung und keiner war je betrunken, kein bißchen, es war höchst aufregend daß sie so waren.
Die letzte amerikanische Armee stellte immer Fragen, warum ziehen die Franzosen Mauern um ihre Häuser wovor fürchten sie sich was wollen sie verbergen. Warum wollen sie bleiben und diesen Boden bearbeiten wenn so viel besseres Land zu

finden ist. Die jetzige Armee stellt keine solche Fragen, sie bedenken daß Leute ihre Gewohnheiten haben und ihre Art zu leben, mit einigen kann man auskommen und mit anderen nicht, aber sie sind alle ganz verständnisvoll für die Leute die sie brauchen. Das ist die große Veränderung bei den Amerikanern, sie sind interessiert, sie sind aufmerksam, sie sind an verschiedene Arten von Menschen gewöhnt und an deren Art zu sein, sie sind sehr wißbegierig, aber überhaupt nicht kritisch, das ist die neue Armee. Das alles war sehr aufregend.
Dann sah ich eines Tages unten am Bahnhof, es regnete, drei amerikanische Soldaten stehen, ich sagte hallo was macht ihr, ach wir kamen gerade her, sagten sie, für ein paar Tage. Ich lachte. Ist es A.W.O.L.* sagte ich oder nennt ihr es jetzt irgendwie anders, nein nein sagten sie wir nennen es noch so. Und sagte ich was werdet ihr tun, einfach ein paar Tage bleiben sagten sie. Kommt mit, sagte ich, selbst wenn ihr A.W.O.L. seid werdet ihr etwas Tee und Kuchen haben wollen also kommt mit. Sie kamen mit. Einer aus Detroit, ein kleiner aus Tennessee, ein großer junger aus New Jersey. Wir unterhielten uns, es schien eher so wie bei der alten Armee, daß sie A.W.O.L. waren und auch ihr Entschluß ein paar Tage hier zu bleiben. Sie kamen mit mir zurück, und wir unterhielten uns. Sie waren interessiert, Tennessee sagte ehrlich er habe genug von den Zehn-Zoll-Patronen, er hätte einfach genug gehabt von den Zehn-Zoll-Patronen. Die andern beiden schienen einfach müde zu sein, sie gingen nicht auf Einzelheiten ein warum sie müde waren, sie waren einfach müde. Wir unterhielten uns und dann wurde mir bei der Unterhaltung klar daß Männer aus dem Süden offenbar ziemlich oft Männer sind die seit ihrer Kindheit Waisen waren, die Männer aus Tennessee und aus Arkansas neigten dazu sehr jung Waisen zu werden, sie waren Mitglieder von großen Familien und wenn die große Familie vollständig war, wurden sie prompt Waisen, mir

* A.W.O.L.: absent without leave; Abwesenheit ohne Erlaubnis

wurde auch klar, daß es eine Menge rein amerikanischer Familien gibt mit einer Menge von Brüdern und Schwestern. Bei der letzten Armee waren sieben bis elf in einer Familie selten, aber jetzt schien es ganz üblich zu sein. Keine Emigranten-Familien sondern rein amerikanische Familien. Das interessierte mich sehr. Und jetzt begann der Unterschied zwischen der alten Armee und der neuen für mich so wirklich zu sein daß ich begann die amerikanische Armee darüber zu befragen. In der Zwischenzeit zogen die drei A.W.O.L.'s nachdem sie ins Dorf eingezogen und dann hinausgezogen und dann wieder eingezogen waren schließlich ab. Sie kamen bei uns vorbei bevor sie weggingen, sie sagten nicht wohin sie gingen und sie sagten es wäre ein Vergnügen gewesen uns kennenzulernen.
In der Zwischenzeit waren fünf M.P.'s* gekommen um am Bahnhof zu bleiben um das Material auf den Zügen zu bewachen und dafür zu sorgen daß es nicht gestohlen wird, und mit diesen freundeten wir uns sehr gut an, und sie waren die ersten mit denen ich über den Unterschied zwischen der vorigen Armee und dieser Armee zu sprechen begann. Warum ist das so, fragte ich.
Sie sagten, ja wir wissen wir sind anders, und ich sagte und wie habt ihr es herausgefunden. Aus dem was wir über die andere Armee gehört haben, daher wissen wir daß wir sehr anders sind, ich sagte darüber besteht kein Zweifel, ihr trinkt nicht viel sagte ich, nein das tun wir nicht und wir sparen unser Geld sagten sie, wir wollen nicht nach Hause gehen und wenn wir dort ankommen kein Geld haben, wir wollen wenigstens tausend Dollar oder so haben um imstande zu sein uns umzuschauen und herauszufinden was wir wirklich tun wollen. (Selbst die drei A.W.O.L.'s dachten so über Geld.) Nun ich erklärte daß das worüber man sich immer bei amerikanischen Männern beschwerte war daß sie wenn sie älter werden nicht interessanter werden, sie werden langweiliger. Als ich '35 jene

* Militärpolizisten

Vorlesungsreise zu den amerikanischen Universitäten machte sagte ich oft, jetzt seid ihr an allen möglichen Dingen interessiert aber was wird in fünf Jahren mit euch sein wenn ihr in irgendeinem Beruf arbeitet, werdet ihr interessiert sein oder werdet ihr einfach langweilig werden. Ja sagte einer der Soldaten ja aber sehen Sie die Depression hat einen gelehrt daß ein Beruf auch nicht alles ist da es meistens keinen Beruf gab, und wenn, dann war es irgendeine Art von Beruf wie sie es sich nicht vorgestellt hatten, man konnte einen Mann von der Universität bei Straßenarbeiten sehen bei allem möglichen und so haben wir alle herausgefunden daß man ebensogut an allem möglichen interessiert sein kann da der eigene Beruf vielleicht ohnehin kein Beruf ist und wenn er es ist nun dann ist es nicht die Art von Beruf die er hätte sein können. Ja das hat viel ausgemacht, sagten sie alle, das hat bestimmt viel ausgemacht.
Ja sagte einer der Jüngeren selbst wenn man noch ein Kind war während der Depression mußte man es irgendwann so empfinden. Jedenfalls stimmten sie alle darin überein daß die Depression eine Menge damit zu tun hatte.
Es gibt etwas worin diese Armee nicht anders ist als die andere Armee das ist im Großzügig- und Reizend-Sein und vor allem im Nett-Sein zu Kindern.
Sie sind reizend und nett und aufmerksam sie alle, wie sie dran denken was man braucht und was einem Freude macht, so tat es auch damals die andere Armee und so tut es jetzt diese Armee.
Als unsere M.P.'s sich vollständig in ihrem Güterwagen eingerichtet hatten ging ich oft hinunter urn sie zu besuchen, und eines Tages erzählte mir eine der Mütter in der Stadt daß ihre neun Jahre alte Tochter jeden einzelnen Tag gebetet habe einen amerikanischen Soldaten zu sehen und daß sie niemanden gesehen habe und jetzt begann die Mutter zu fürchten ihr Kind könne den Glauben ans Gebet verlieren. Ich sagte ich würde sie mit hinunternehmen um die amerikanischen Soldaten zu

sehen und wir gingen. Natürlich waren sie reizend und jeder von ihnen dachte sich etwas aus um es ihr zu geben, Bonbons Kaugummi, einer gab ihr ein U. S. Abzeichen das sie an ihren Mützen tragen und einer gab ihr eine Medaille die der Papst in Rom gesegnet und den amerikanischen Soldaten gegeben hatte. Und sie war so glücklich, sie sang ihnen alle alten französischen Lieder vor, Claire de la Lune, The Good King Dagobert und Sur le Pont d'Avignon.
Dann als wir nach Hause gingen sagte ich zu ihr, den Kaugummi den mußt du kauen aber sei vorsichtig damit du ihn nicht verschluckst. O ja ich weiß sagte sie. Woher weißt du das fragte ich oh sagte sie weil als der letzte Krieg war meine Mutter ein kleines Mädchen war und die amerikanischen Soldaten ihr Kaugummi gaben und während dieses ganzen Krieges erzählte uns meine Mutter immer davon, und sie stieß einen verzückten Seufzer aus und sagte und jetzt habe ich ihn.
Noch mehr Amerikaner kamen um am Bahnhof von Culoz zu bleiben, diesmal Eisenbahnarbeiter und es wurde selbstverständlich sie dort zu haben, selbstverständlich für sie und selbstverständlich für uns. Sie alle wollten immer wissen wie es uns gelungen war den Deutschen zu entkommen und durch ihre Fragen und die Mitteilung daß im Monat August die Gestapo in meiner Wohnung in Paris gewesen war um alles durchzusehen, begann ich natürlich das zu bekommen was man nachträgliche Angst nennen könnte. Ich war ganz verängstigt. Die ganze Zeit über als die Deutschen hier waren waren wir so beschäftigt zu versuchen jeden Tag zu überstehen daß außer hin und wieder wenn etwas geschah man nichts wußte von Angst-Haben aber jetzt wußte man es natürlich durch die Fragen der amerikanischen Soldaten und das Hören was anderen geschehen war, aber jetzt hatte man Zeit es zu fühlen und so war ich ganz verängstigt, jetzt da es nichts Gefährliches gab und die ganze amerikanische Armee zwischen uns und der Gefahr war. So ist man.

Wie ich sage wir gewöhnten uns daran Amerikaner hier zu haben und sie gewöhnten sich daran hier zu sein.
Im Anfang als die amerikanische Armee in Jeeps und Lastwagen zum erstenmal vorbeikam, sagten die Amerikaner immer zu mir aber man scheint sich nicht an uns zu gewöhnen, wir sind bereits über eine Woche hier und man regt sich genauso auf wenn man uns sieht als hätte man uns nie zuvor gesehen. Ihr versteht nicht, sagte ich zu ihnen seht, jedesmal wenn man euch sieht wird einem klar es ist kein Traum es ist wahr daß die Deutschen fort sind und ihr seid hier ihr seid hier und die Deutschen sind fort. Jedesmal wenn man euch sieht ist es ein neuer Beweis, ein neuer Beweis daß es ganz wahr ist wirklich wahr die Deutschen sind wahrhaftig vollkommen und ganz und gar fort, fort fort.
Ja selbst jetzt da es so natürlich geworden ist sie hier zu sehen gibt es Augenblicke in denen es schwer ist es zu glauben. Ja natürlich sie sind wirklich hier.
Gerade heute abend sah ich eine Nonne die aus Aix-les-Bains herübergekommen war um hier einige Schwestern zu besuchen, sie war in einem Kloster in Connecticut gewesen. Sie sagte zu mir wissen Sie ich habe gerade einige amerikanische Soldaten auf dem Platz gesehen und ich mußte einfach mit ihnen sprechen ich mußte einfach.
So ging es uns allen wir mußten es einfach.
Es waren also mehr Amerikaner hier und natürlich redeten wir eine Menge, und eines Tages war einer von ihnen Ernest Humphrey aus Tennessee hier und ein französischer Freund war hier, er hatte die amerikanische Armee von '17 gekannt und auch er war beeindruckt von der Haltung und der Art der Konversation dieser Armee. Er stellte ihm eine Menge Fragen darüber, was Amerikaner von Frankreich halten von dem französischen Land und von französischen Mädchen und von amerikanischen Männern, und sagte mein Freund, nachdem Humphrey fort war, sie sind jetzt anders, es ist so leicht sich mit ihnen zu unterhalten, mit der letzten Armee kam man

leicht aus aber mit dieser Armee unterhält man sich leicht und da die Franzosen glauben daß Unterhaltung der feinste Teil der Kultur ist bedeutete das was er sagte natürlich sehr viel.
Ist es das Kino, sagte der Franzose, das ihnen beigebracht hat solche Männer von Welt zu sein, freilich fügte er hinzu auf unsere jungen Männer hat es nicht viel Wirkung.
Ich befragte viele darüber, wir hatten lange Gespräche darüber, sie stimmten alle überein daß die Depression viel damit zu tun gehabt hatte, ihretwegen hatten die Leute zu Hause bleiben müssen weil sie kein Geld zum Ausgehen gehabt hatten, gleichwohl sagten einige der Militärdienst den sie leisteten bevor wir in den Krieg kamen habe einiges damit zu tun, er ernüchtere jeden gewissermaßen, ließ sie gewissermaßen fühlen was es bedeute bereit zu sein. Einige sagten das Radio habe sehr viel damit zu tun, man gewöhne sich daran Informationen zu hören, und dann die Quiz-Sendungen die das Radio oft brachte die ließen einen in gewisser Weise fühlen daß es keinen Sinn hat einfach unwissend zu sein, und dann sagten einige Kreuzworträtsel hätten eine Menge damit zu tun.
Die Feststellung zu der man gemeinsam kam war daß tatsächlich die amerikanischen Männer endlich soweit gekommen waren interessiert und interessant und unterhaltend zu sein, und es war höchst interessant das zu sehen und zu hören. Natürlich tauschten wir sehr viele Bücher aus, ich habe alles mögliche hier und sie gaben mir was sie hatten, zwei gefielen mir enorm, Ernie Pyle, Here Is Your War, und Helen Mc Innes, Assignment in Brittany, einige Burschen die mit dem Zug durchkamen gaben mir das eine und die Eisenbahnburschen in Chambery gaben mir das andere, das Haus hier ist voll mit englischen Büchern die ich wann ich konnte während des Krieges mit anderem Kleinkram gekauft habe, es interessierte mich daß sie ein bißchen genug hatten von Detektivgeschichten, ich habe sie genauso gern wie immer aber nur deshalb weil ich so viel älter bin und sie haben Western gern und dann haben sie Abenteuergeschichten gern, und jeden längeren amerika-

nischen Roman. Sie machen sich nichts aus englischen, sie sagen sie können sich anscheinend nicht in sie hineinlesen. Sie gaben mir auch ein Buch über Kopfjäger auf den Salomon-Inseln das sie alle lesen. Nun im letzten Krieg gaben sie mir natürlich The Trail of the Lonesome Pine, sie lasen nicht viel nicht die die wir kannten. Zweifellos hat die Depression eine Menge damit zu tun, eine Menge.

Man bat mich nach Lyon zu kommen und am Radio zu den Franzosen zu sprechen. Als ich dort war sah ich Haufen von Amerikanern in den Straßen aber da ich im Wagen war konnte ich nicht mit ihnen sprechen aber eines Abends ging ich zu Fuß aus und in einer Schule in der Nähe fand ich eine Anzahl von ihnen. Natürlich nun ganz natürlich redeten wir, sie freuten sich mich zu sehen und ich freute mich sie zu sehen, es waren ungefähr dreißig und wir erzählten einander eine Menge. Einer der Schullehrer in North Carolina gewesen war ging mit mir nach Hause und wir interessierten uns sehr füreinander. Er sagte ich hätte ganz recht was den Unterschied zwischen den beiden Armeen angeht, er sagte er habe es bemerkt bevor er von zu Hause weggegangen war aber jetzt sei er sicher. Wir sagten wir werden uns wiedersehen aber in einem Krieg ist es immer sehr schwierig sich wiederzusehen, sehr oft unmöglich. Ich hoffe doch daß wir uns wiedersehen.

Natürlich muß man bedenken daß viele tatsächlich die meisten dieser Soldaten seit fast zwei Jahren nicht mehr zu Hause gewesen sind. Das ist lang sehr lang.

Als ich aus Lyon zurückkam wollten die Amerikaner hier in Culoz wissen worüber ich in Lyon gesprochen habe, ich sagte ich hätte den Franzosen erzählt was Amerikaner sind und sie sagten was sind sie, und ich sagte eben das habe ich ihnen erzählt und dann erzählte ich es ihnen. Sie waren interessiert.

Ich sagte daß ich damit begonnen hätte zu sagen daß schließlich Amerika heute das älteste Land in der Welt sei und der Grund dafür sei der daß es das erste Land sei das in das zwanzigste Jahrhundert eingetreten ist. Es hatte schon Zwanzigstes-Jahrhundert-Geburtstag während die anderen Länder noch ganz entweder im neunzehnten Jahrhundert oder noch weiter zurück in anderen Jahrhunderten waren, jetzt versuchen alle Länder außer Deutschland im zwanzigsten Jahrhundert zu sein, wenn man also die Welt als zwanzigstes Jahrhundert betrachtet ist Amerika am ältesten da es in den Achtzigern in das zwanzigste Jahrhundert kam ehe irgendein anderes Land irgendeine Idee hatte was das zwanzigste Jahrhundert sein werde. Und was ist jetzt das zwanzigste Jahrhundert das Amerika entdeckte. Das zwanzigste Jahrhundert ist ein Jahrhundert das herausfand daß die billigsten Artikel aus dem allerbesten Material gemacht werden sollten. Das neunzehnte Jahrhundert glaubte daß das beste Material nur für teure Gegenstände benutzt werden solle und daß billige Dinge aus billigem Material gemacht werden sollen. Die Amerikaner wußten daß man wenn man eine Menge Dinge machen will das heißt Dinge die sich billig verkaufen sie aus dem besten Material machen muß sonst kann man sie nicht schnell genug herstellen, das heißt Serienproduktion weil billiges Material der Belastung nicht standhalten kann. Deshalb begann Amerika in den Achtzigern mit dem Ford-Wagen und all der anderen Serienproduktion im zwanzigsten Jahrhundert zu leben.

Und deshalb ist Amerika im gegenwärtigen Augenblick das älteste Land der Welt weil es seinen Zwanzigstes-Jahrhundert-Geburtstag in den Achtzehnhundertachtzigern hatte, lange ehe irgendein anderes Land seinen Zwanzigstes-Jahrhundert-Geburtstag hatte.

Es gibt etwas das man bei Amerika bedenken muß, es hatte eine gewisse Schwierigkeit sich selbst als amerikanisch zu beweisen die keine andere Nation gehabt hat.

Schließlich ist jeder so wie sein Land und seine Luft. Jeder ist wie der Himmel tief oder hoch. Jeder ist wie wenn es Wind gibt oder keinen Wind. Das ist es was ein Volk bestimmt, seine Art des Aussehens bestimmt, seine Art des Denkens, seine

Feinheit und seine Dummheit, und sein Essen und sein Trinken und seine Sprache.
Ich war sehr beeindruckt von dem was ein amerikanischer Soldat sagte als er in England war. Er sagte wir sind gar nicht mit den Engländern ausgekommen bis sie endlich in ihre Köpfe kriegten daß wir keine Vettern sind, sondern Fremde, als sie das wirklich begriffen hatten, gab es keine Schwierigkeiten mehr.
Die Schwierigkeit ist oder war natürlich daß zu der Zeit als Amerika zu sich selbst fand jeder oder fast jeder lesen und schreiben konnte und daher die Sprache sich nicht änderte die sich natürlich geändert hätte wie die romanischen Sprachen sich änderten um jedem Land zu entsprechen, die französische, italienische und spanische, dann die angelsächsischen Länder England und Deutschland, die slawischen Länder etcetera, da jeder die Sprache lesen und schreiben konnte blieb die amerikanische Sprache statt sich zu ändern wie sie es in Ländern tat in denen während die Sprache sich formte niemand lesen und schreiben konnte, statt sich zu ändern blieb sie englisch, noch lange nachdem die Amerikaner in ihrem Naturell ihren Gewohnheiten ihren Gefühlen ihren Freuden und ihren Schmerzen nichts mehr mit England zu tun hatten.
So war die einzige Art in der die Amerikaner ihre Sprache ändern konnten das Wählen von Wörtern die ihnen besser gefielen als andere Wörter, das Nebeneinandersetzen von Wörtern in einer anderen Art als der englischen Art, das Herumschieben der Sprache bis endlich jetzt die Arbeit getan ist, wir benutzen dieselben Wörter wie die Engländer aber die Wörter sagen etwas ganz anderes aus.
Ja in dieser Beziehung haben sich die Amerikaner geändert, ich denke an die Amerikaner des letzten Krieges, sie hatten ihre Sprache aber sie besaßen sie noch nicht, und die Kinder der Depression wie diese Generation sich nannte begannen ihre Sprache zu besitzen aber es war noch ein Ringen aber jetzt ist die Arbeit getan, die G. I. Joes haben diese Sprache die ihre ist,

sie müssen sich nicht drum kümmern, sie beherrschen ihre Sprache und im Beherrschen ihrer Sprache die jetzt ganz die ihre ist haben sie aufgehört Jünglinge zu sein und sind Männer geworden.
Als ich '34 in Amerika war fragte man mich ob ich die Amerikaner nicht verändert fände. Ich sagte nein in welcher Richtung können sie sich verändern, sie können nur amerikanischer werden. Nein sagte ich ich könnte mit jedem zur Schule gegangen sein.
Aber trotzdem ja in dieser Richtung haben sie sich verändert sie sind amerikanischer geworden ganz amerikanisch, und die G. I. Joes zeigen es und wissen es, Gott segne sie.

Bibliothek Suhrkamp

Verzeichnis der letzten Nummern

898 E. M. Cioran, Widersprüchliche Konturen
899 Thomas Bernhard, Der Untergeher
900 Martin Walser, Gesammelte Geschichten
901 Leonora Carrington, Das Hörrohr
903 Walker Percy, Der Kinogeher
904 Julien Gracq, Die engen Wasser
905 Francesco Jovine, Die Äcker des Herrn
906 Richard Weiner, Spiel im Ernst
907 Gertrude Stein, Jedermanns Autobiographie
908 Pablo Neruda, Die Raserei und die Qual
909 Marie Luise Kaschnitz, Menschen und Dinge 1945
910 Thomas Bernhard, Einfach kompliziert
911 Alexander Kluge, Lebensläufe
912 Michel Butor, Bildnis des Künstlers als junger Affe
914 Wolfgang Koeppen, Der Tod in Rom
915 Catherine Colomb, Das Spiel der Erinnerung
916 Bohumil Hrabal, Sanfte Barbaren
917 Tania Blixen, Ehrengard
918 Bernard Shaw, Frau Warrens Beruf
919 Mercè Rodoreda, Der Fluß und das Boot
920 Adolf Muschg, Dreizehn Briefe Mijnheers
921 Jorge de Sena, Der wundertätige Physicus
922 Anatolij Kim, Der Lotos
923 Friederike Mayröcker, Reise durch die Nacht
924 Stig Dagerman, Deutscher Herbst
926 Wolfgang Koeppen, Tauben im Gras/Das Treibhaus/Der Tod in Rom
927 Thomas Bernhard, Holzfällen
928 Danilo Kiš, Ein Grabmal für Boris Dawidowitsch
929 Janet Frame, Auf dem Maniototo
930 Peter Handke, Gedicht an die Dauer
931 Alain Robbe-Grillet, Der Augenzeuge
934 Leonid Leonow, Evgenia Ivanovna
935 Marguerite Duras, Liebe
936 Hans Erich Nossack, Das Mal und andere Erzählungen
937 Raymond Queneau, Die Haut der Träume – »Fern von Rueil«
938 Juan Carlos Onetti, Leichensammler
939 Franz Hessel, Alter Mann
940 Bernard Shaw, Candida
941 Marina Zwetajewa, Mutter und die Musik
942 Jürg Federspiel, Die Ballade von der Typhoid Mary
943 August Strindberg, Der romantische Küster auf Rånö
944 Alberto Savinio, Maupassant und der andere
945 Hans Mayer, Versuche über Schiller
946 Martin Walser, Meßmers Gedanken
947 Ödön von Horváth, Jugend ohne Gott

948 E. M. Cioran, Der zersplitterte Fluch
949 Alain, Das Glück ist hochherzig
950 Thomas Pynchon, Die Versteigerung von No. 49
951 Raymond Queneau, Heiliger Bimbam
953 Marina Zwetajewa, Auf eigenen Wegen
954 Maurice Blanchot, Thomas der Dunkle
955 Thomas Bernhard, Watten
956 Eça de Queiroz, Der Mandarin
957 Norman Malcolm, Erinnerungen an Wittgenstein
958 André Gide, Aufzeichnungen über Chopin
959 Wolfgang Hoffmann-Zampis, Erzählung aus den Türkenkriegen
961 August Scholtis, Jas der Flieger
962 Giorgos Seferis, Poesie
963 Andrzej Kuśniewicz, Lektion in einer toten Sprache
964 Thomas Bernhard, Elisabeth II.
965 Hans Blumenberg, Die Sorge geht über den Fluß
966 Walter Benjamin, Berliner Kindheit, Neue Fassung
967 Marguerite Duras, Der Liebhaber
968 Ernst Barlach, Der gestohlene Mond
969 Tschingis Aitmatow, Der weiße Dampfer
970 Christine Lavant, Gedichte
971 Catherine Colomb, Tagundnachtgleiche
972 Robert Walser, Der Räuber
973 Franz Rosenzweig, Der Stern der Erlösung
974 Jan Józef Szczepański, Ikarus
975 Melchior Vischer, Sekunde durch Hirn/Der Hase
976 Juan Carlos Onetti, Grab einer Namenlosen
977 Vincenzo Consolo, Die Wunde im April
978 Jürgen Becker, Felder
979 E. M. Cioran, Von Tränen und von Heiligen
980 Olof Lagercrantz, Die Kunst des Lesens und des Schreibens
981 Hermann Hesse, Unterm Rad
982 T. S. Eliot, Über Dichtung und Dichter
983 Anna Achmatowa, Gedichte
984 Hans Mayer, Ansichten von Deutschland
985 Marguerite Yourcenar, Orientalische Erzählungen
986 Robert Walser, Poetenleben
987 René Crevel, Der schwierige Tod
988 Scholem-Alejchem, Eine Hochzeit ohne Musikanten
989 Erica Pedretti, Valerie
990 Samuel Joseph Agnon, Der Verstoßene
991 Janet Frame, Wenn Eulen schrein
992 Paul Valéry, Gedichte
993 Viktor Šklovskij, Dritte Fabrik
994 Yakup Kadri, Der Fremdling
995 Patrick Modiano, Eine Jugend
997 Thomas Bernhard, Heldenplatz
998 Hans Blumenberg, Matthäuspassion
999 Julio Cortázar, Der Verfolger
1000 Samuel Beckett, Mehr Prügel als Flügel

1001 Peter Handke, Die Wiederholung
1002 Else-Lasker-Schüler, Arthur Aronymus
1003 Heimito von Doderer, Die erleuchteten Fenster
1004 Hans-Georg Gadamer, Das Erbe Europas
1005 Hans Jonas, Das Prinzip Verantwortung
1006 Marguerite Duras, Aurelia Steiner
1007 Juan Carlos Onetti, Der Schacht
1008 E. M. Cioran, Auf den Gipfeln der Verzweiflung
1009 Marina Zwetajewa, Ein gefangener Geist
1011 Alexandros Papadiamantis, Die Mörderin
1012 Hermann Broch, Die Schuldlosen
1013 Benito Pérez Galdós, Tristana
1014 Conrad Aiken, Fremder Mond
1015 Max Frisch, Tagebuch 1966–1971
1016 Catherine Colomb, Zeit der Engel
1017 Georges Dumézil, Der schwarze Mönch in Varennes
1018 Peter Huchel, Gedichte
1019 Gesualdo Bufalino, Das Pesthaus
1020 Konstantinos Kavafis, Um zu bleiben
1021 André du Bouchet, Vakante Glut / Dans la chaleur vacante
1022 Rainer Maria Rilke, Briefe an einen jungen Dichter
1023 René Char, Lob einer Verdächtigen / Eloge d'une Soupconnée
1024 Cees Nooteboom, Ein Lied von Schein und Sein
1025 Gerhart Hauptmann, Das Meerwunder
1026 Juan Benet, Ein Grabmal / Numa
1027 Samuel Beckett, Der Verwaiser / Le dépeupleur / The Lost Ones
1028 Ulrich Plenzdorf, Die neuen Leiden des jungen W.
1029 Bernhard Shaw, Die Abenteuer des schwarzen Mädchens auf der Suche nach Gott
1030 Francis Ponge, Texte zur Kunst
1031 Tankred Dorst, Klaras Mutter
1032 Robert Graves, Das kühle Netz / The Cool Web
1033 Alain Robbe-Grillet, Die Radiergummis
1034 Robert Musil, Vereinigungen
1035 Virgilio Piñera, Kleine Manöver
1036 Kazimierz Brandys, Die Art zu leben
1037 Karl Krolow, Meine Gedichte
1038 Leonid Andrejew, Die sieben Gehenkten
1039 Volker Braun, Der Stoff zum Leben 1-3
1040 Samuel Beckett, Warten auf Godot
1041 Alejo Carpentier, Die Hetzjagd
1042 Nicolas Born, Gedichte
1043 Maurice Blanchot, Das Todesurteil
1044 D. H. Lawrence, Der Mann, der Inseln liebte
1045 Jurek Becker, Der Boxer
1046 E. M. Cioran, Das Buch der Täuschungen
1047 Federico García Lorca, Diwan des Tamarit / Diván
1048 Friederike Mayröcker, Das Herzzerreißende der Dinge
1049 Pedro Salinas, Gedichte / Poemas
1050 Jürg Federspiel, Museum des Hasses

1051 Silvina Ocampo, Die Furie
1052 Alexander Blok, Gedichte
1053 Raymond Queneau, Stilübungen
1054 Dolf Sternberger, Figuren der Fabel
1055 Gertrude Stein, Q. E. D.
1056 Mercè Rodoreda, Aloma
1057 Marina Zwetajewa, Phoenix
1058 Thomas Bernhard, In der Höhe, Rettungsversuch, Unsinn
1059 Jorge Ibargüengoitia, Die toten Frauen
1060 Henry de Montherlant, Moustique
1061 Carlo Emilio Gadda, An einen brüderlichen Freund
1062 Karl Kraus, Pro domo et mundo
1063 Sandor Weöres, Der von Ungern
1064 Ernst Penzoldt, Der arme Chatterton
1065 Giorgos Seferis, Alles voller Götter
1066 Horst Krüger, Das zerbrochene Haus
1067 Alain, Die Kunst sich und andere zu erkennen
1068 Rainer Maria Rilke, Bücher Theater Kunst
1069 Claude Ollier, Bildstörung
1070 Jörg Steiner, Schnee bis in die Niederungen
1071 Norbert Elias, Mozart
1072 Louis Aragon, Libertinage
1073 Gabriele d'Annunzio, Der Kamerad mit den Wimpernlosen Augen
1075 Max Frisch, Biedermann und die Brandstifter
1076 Willy Kyrklund, Vom Guten
1077 Jannis Ritsos, Gedichte
1079 Max Dauthendey, Lingam
1080 Alexej Remisow, Gang auf den Simsen
1082 Octavio Paz, Adler oder Sonne?
1083 René Crevel, Seid ihr verrückt?
1084 Robert Pinget, Passacaglia
1085 Wolfgang Koeppen, Eine unglückliche Liebe
1086 Mario Vargas Llosa, Lob der Stiefmutter
1087 Marguerite Duras, Im Sommer abends um halb elf
1088 Joseph Conrad, Herz der Finsternis
1090 Czesław Milosz, Gedichte
1091 Karl Kraus, Die letzten Tage der Menschheit
1092 Jean Giono, Der Deserteur
1093 Michel Butor, Die Wörter in der Malerei
1095 Max Frisch, Fragebogen
1097 Bohumil Hrabal, Die Katze Autitschko
1098 Hans Mayer, Frisch und Dürrenmatt
1099 Isabel Allende, Eine Rache und andere Geschichten
1100 Wolfgang Hildesheimer, Mitteilungen an Max
1101 Paul Valéry, Über Mallarmé
1102 Marie Nimier, Die Giraffe
1103 Gennadij Ajgi, Beginn der Lichtung
1104 Jorge Ibargüengoitia, Augustblitze
1105 Silvio d'Arzo, Des Andern Haus
1112 Jürgen Becker, Beispielweise am Wannsee

Bibliothek Suhrkamp

Alphabetisches Verzeichnis